Part of the **award-winning** MyLanguageLabs suite of online learning and assessment systems for basic language courses, MySpanishLab brings together—in one convenient, easily navigable site—a wide array of language-learning tools and resources, including an interactive version of the *Identidades* student text, an online Student Activities Manual, and all materials from the audio and video programs. Chapter Practice Tests, tutorials, and English grammar Readiness Checks personalize instruction to meet the unique needs of individual students. Instructors can use the system to make assignments, set grading parameters, listen to student-created audio recordings, and provide feedback on student work. MySpanishLab can be packaged with the text at a substantial savings. For more information, visit us online at http://www.mylanguagelabs.com/books.html.

A GUIDE TO *IDENTIDADES* ICONS

	Text Audio Program	This icon indicates that recorded material to accompany *Indentidades* is available in MySpanishLab (*www.mylanguagelabs.com*), on audio CD, or on the Companion Website (*www.pearsonhighered.com/identidades*).
	Pair Activity	This icon indicates that the activity is designed to be done by students working in pairs.
	Group Activity	This icon indicates that the activity is designed to be done by students working in small groups or as a whole class.
	Web Activity	This icon indicates that the activity involves use of the Internet.
	Video icon	This icon indicates that a culture-oriented video episode is available for the *Ventanas al mundo hispano* section. The video is available on DVD and in MySpanishLab.
	Student Activities Manual	This icon indicates that there are practice activities available in the *Identidades* Student Activities Manual. The activities may be found either in the printed version of the manual or in the interactive version available through MySpanishLab. Activity numbers are indicated in the text for ease of reference.

Identidades

Exploraciones e interconexiones

Third Edition

Elizabeth Guzmán
University of Iowa

Paloma Lapuerta
Central Connecticut State University

Judith E. Liskin-Gasparro
University of Iowa

Matilde Olivella de Castells
(Late)

PEARSON

Boston Columbus Indianapolis New York San Francisco Upper Saddle River
Amsterdam Cape Town Dubai London Madrid Milan Munich Paris Montréal Toronto
Delhi Mexico City São Paulo Sydney Hong Kong Seoul Singapore Taipei Tokyo

Senior Acquisitions Editor: Tiziana Aime
Executive Editor, Spanish: Julia Caballero
Editorial Assistant: Jonathan Ortiz
Editorial Coordinator: Regina Rivera
Executive Marketing Manager: Kris Ellis-Levy
Senior Marketing Manager: Denise Miller
Marketing Assistant: Michele Marchese
Development Editors: Scott Gravina, Harriet Dishman
Executive Editor, MyLanguageLabs: Bob Hemmer
Senior Media Editor: Samantha Alducin
Senior Managing Editor for Product Development: Mary Rottino
Associate Managing Editor (Production): Janice Stangel
Production Project Manager: María F. García

Senior Art Director: Maria Lange
Audio-Visual Project Manager: Gail Cocker
Interior Design: Element-Thomson North America
Cover Design: Red Kite Project
Senior Manufacturing and Operations Manager, Arts and Sciences: Nick Sklitsis
Operations Specialist: Alan Fischer
Full-Service Project Management: Element-Thomson North America
Composition: Element-Thomson North America
Printer/Binder: LSC Communications/Harrisonburg
Cover Printer: LSC Communications
Image Credit: © MANDY GODBEHEAR/Shutterstock
Publisher: Phil Miller

This book was set in 9.5/12 Janson Text by Element-Thomson North American and was printed and bound by Courier Kendallville. The cover was printed by Lehigh Press.

Library of Congress Cataloging-in-Publication Data
    Identidades: exploraciones e interconexiones/Elizabeth Guzmán . . . [et al.]. — 3rd ed.
    p. cm.
    Text in English and Spanish.
    Includes bibliographical references and index.
    ISBN-13: 978-0-205-03473-4
    ISBN-10: 0-205-03473-X
1. Spanish language—Textbooks for foreign speakers—English.   I. Guzmán, Elizabeth.

PC4129.E5I33 2011
468.2'421—dc23   2011042935

6   18

Student Edition, ISBN-13: 978-0-205-03473-4
Student Edition, ISBN-10:   0-205-03473-X
À la Carte Edition, ISBN-13: 978-0-205-03491-8
À la Carte Edition, ISBN-10:   0-205-03491-8

PEARSON

A nuestros estudiantes

Brief Contents

Scope and Sequence

	Title	Thematic Content
1	**¿Quiénes somos y de dónde venimos?** 1	• Hispanic identity and diversity • Ethnic groups • Diversity in customs, beliefs, and language
2	**Nuestra lengua** 31	• Diversity and identity through language • *Spanglish* as a linguistic and cultural phenomenon • The Spanish-speaking community in the United States
3	**Las leyendas y las tradiciones** 65	• Legends and traditions • Regional festivities • Personal changes and cultural trends
4	**El arte y la arquitectura** 93	• Ancient and modern architecture • Handicrafts, calendars • Sculpture, painting, music
5	**La tecnología y el ocio** 121	• Technology, sports, and leisure activities
6	**La comida** 151	• Variety of foods in the Spanish-speaking world • Origins of foods and food products • Work in food-related settings

Communicative Goals and Linguistic Content   Recycling

Scope & Sequence

	Title	Thematic Content
7	**Las relaciones humanas** 177	• Family relationships • Friendship • Human behaviors in relation to social change
8	**Cambios sociales y políticos** 205	• Political changes • Human rights • Social issues
9	**Nuestro entorno físico** 231	• Natural resources and their preservation • Natural phenomena • Pollution and other environmental problems
10	**Nuestro futuro** 265	• Globalization and multinational corporations • Advantages and disadvantages of technology

Communicative Goals and Linguistic Content   Recycling

- Analyzing and discussing human relations
- Describing and interpreting human behaviors
- Expressing opinions, doubts, and concerns about human relations

- Reflexive verbs and pronouns 185
- Present subjunctive with expressions of doubt and denial 195
- *Algo más:* Reciprocal verbs 199

- Present indicative
- Present subjunctive
- Preterit and imperfect

- Analyzing past and present social conditions and political issues
- Reporting and discussing social changes
- Supporting and opposing a point of view about social and political issues

- Indefinite and negative expressions 212
- Indicative and subjunctive in adjective clauses 221
- *Algo más:* Relative pronouns 224

- Present indicative
- Present subjunctive
- **Gustar** and similar verbs

- Reporting on geography and the environment
- Discussing causes and effects of current environmental problems
- Expressing purpose and conjecture
- Talking about future consequences of current situations

- Future tenses 238
- Indicative and subjunctive in adverbial clauses 254
- *Algo más:* Verbs followed by an infinitive 259

- Present indicative
- Present subjunctive
- **Se** in impersonal and passive expressions
- Infinitives

- Talking about current issues and values
- Giving opinions on controversial issues

- Imperfect subjunctive 272
- Hypothetical conditions using imperfect subjunctive and conditional 282
- *Algo más:* Summary of uses of **se** 284

- Future and conditional
- Present subjunctive
- Reflexive and reciprocal verbs
- **Se** in impersonal and passive expressions
- **Se** in double object pronoun constructions

We welcome you to the third edition of **Identidades**. The new features in this edition promote students' acquisition of Spanish language skills while continuing to present the richness of the Hispanic world and its people. By engaging with the cultural, artistic, and social manifestations that infuse the program, students will deepen their understanding that the Spanish-speaking world is made up of many races, ethnic groups, and cultures.

Identidades is a two-semester intermediate Spanish program that brings the goals of the National Standards to virtually every page of the text and its ancillary components. **Identidades** provides a much-needed balance to intermediate Spanish programs: It presents the cultures of the Hispanic world in ways that are both appealing and appropriate for college students, and it simultaneously maintains reasonable expectations for students' language use. Communicative and rich in cultural content, **Identidades** engages students, supports the language-learning process, and prepares students to continue their study of Spanish beyond the second year.

New to This Edition

The third edition of **Identidades** builds on the strengths of the previous editions. The changes to the third edition of **Identidades** will enhance student learning, facilitate instructors' use of the materials, and increase the value of the program. These changes include the following:

- **NEW Photos and Captions in *Vista panorámica*** Many new photos and captions update the content and give the program a fresh, new look. The captions preview chapter vocabulary and create connections between the images and chapter content.

- **NEW Focus on Lexical Development in *Vocabulario en contexto*** New activities in the *Vocabulario en contexto* section focus on developing active vocabulary knowledge and optimizing student output through exposure to a rich cultural context.

- **NEW Readings and Communicative Activities** Most of the readings are either new or have been substantially revised from the last edition to update them and increase their accessibility. New post-reading activities promote communication by drawing students to the texts and applying the content. The readings are sequenced to match students' developing abilities throughout the program.

- **NEW Grammar Illustrations and Simplified Presentations in *Aclaración y expansión*** Each grammar point is introduced with new line art that illustrates the connection between the structure and its communicative function. The grammar explanations have been shortened and the concepts made more accessible.

- **NEW Practice Activities** The new first activity in each *Aclaración y expansión* section, entitled *Práctica*, provides controlled practice to support students' understanding of the structure and bridge the gap from conceptual understanding to language use.

- **NEW *A escuchar* Listening Sections** Listening activities are now included in every chapter of the textbook and are supplemented by new practice activities in MySpanishLab and the Student Activities Manual.

- **NEW Expanded Instructor Annotations** The marginal annotations for instructors have been greatly expanded. Busy instructors will find that the new annotations reduce their planning time for each class. Cross-references to the Student Activities Manual and MySpanishLab will facilitate syllabus preparation and the integration of the ancillaries with the textbook. New **Standards annotations** in the margins of every chapter point out how specific readings and activities reflect the National Standards so that instructors can help students integrate and synthesize learning across the curriculum.

Key Features of *Identidades*

The third edition of *Identidades* remains faithful to the original goals of the program—to build the language skills of students in intermediate Spanish courses in rich communicative and cultural contexts.

- A **culturally rich, content-based approach** provides a wide variety of engaging topics that students will easily connect to their interests and experiences.
- An **interactive, student-centered approach** encourages collaboration and combines problem-solving, open-ended inquiry, and transfer of strategies from other academic disciplines. The *Identidades* program makes it possible for students to learn significant content at their linguistic level.
- A **strategy- and process-oriented approach to reading and writing** guides students to apply their cognitive skills to communication in a second language. Reading strategy activities and comprehension tips draw students' attention to key ideas or unfamiliar words and help them develop their comprehension skills. Writing strategies and tasks provide guidance for students to produce descriptions, narrations, and explanations. Research-oriented writing activities prepare students for courses beyond the second year.
- A **straightforward approach to grammar** that focuses on metalinguistic understanding, accessible explanations, and a sequence of activities that move from skill-building to communicative. The approach to grammar in *Identidades* responds to the linguistic readiness of students at the intermediate level and emphasizes linguistic functions and structures that are within their developmental range—comparison, explanation, narration, description, and expression and support of opinions.
- A **strategies-based approach to listening** integrates video and audio segments into every chapter. The accompanying activities aid literal comprehension and guide students to apply the content to their own experiences. The strategies-based approach builds students' overall comprehension skills.

Program Overview

Identidades third edition consists of ten chapters, all of which have an identical structure and balance of activities. Each chapter opens with a list of communicative goals, thematic and cultural content, and an outline of each section. A photo spread, *Vista panorámica*, prepares students for the upcoming readings and the rich cultural content that infuses each chapter. The images and captions provide contexts for brainstorming and activation of background knowledge. A list of active vocabulary ends the chapters.

Primera parte

A leer

- **Vocabulario en contexto** Activities introduce students to the general topic of the reading selection by activating their knowledge at several levels: (a) general background knowledge about the thematic area, (b) specific topical knowledge related to the content of the text, (c) development of active vocabulary, and (d) linguistic knowledge of vocabulary crucial to comprehending the text. Throughout this section students are introduced to vocabulary in the context of the upcoming reading selection.

- **Estrategias de lectura** Pre-reading activities direct students' attention to features of the text (e.g., title, headings, first sentence of each paragraph, key words). Using techniques such as skimming and scanning, students familiarize themselves with the text before beginning to read it closely.

- **Lectura** The readings are designed to enhance students' reading skills in Spanish as well as their knowledge related to the chapter theme. Relevant to students' lives and experiences, the selections cover a broad range of engaging cultural topics, including sports, ecology, politics, human relations, globalization, and technology.

- **Reading tips** Marginal notations placed strategically throughout each reading text help students maintain concentration, focus on the main ideas of each paragraph, and anticipate and solve linguistic difficulties. The tips counteract the tendency of many intermediate students to read for words, rather than for ideas, and they help students develop reading fluency.

- **Comprensión y ampliación** Post-reading activities expand comprehension of the text both locally and globally through vocabulary building, understanding textual content, making connections with related disciplines, and applying the ideas in the text to students' lives and cultural contexts.

Aclaración y expansión

The philosophy that underlies the presentation of grammar in *Identidades* is that students, as adult language learners, benefit from straightforward explanations and examples, as well as from opportunities to use structures in both controlled and open-ended activities in meaningful communicative contexts.

Ventanas al mundo hispano

The culture-oriented video segments appear between the two main sections of the chapter. The *Ventanas al mundo hispano* section guides students' comprehension and analysis of the video segments through previewing, viewing, and post-viewing activities.

Segunda parte

The **A leer** and **Aclaración y expansión** sections are identical in format to the *Primera parte*.

Algo más These boxes and their accompanying activities present supplementary structures and other linguistic forms that coordinate thematically or grammatically with the chapter content.

A escuchar The listening comprehension section presents an audio text related to the chapter theme. Pre-listening and post-listening activities reinforce the content and build students' comprehension skills.

A escribir Following a process approach, students analyze texts and use them as models to produce their own writing.

A explorar Students are guided through mini-research projects using their choice of Web sources. The projects are designed so that students expand their knowledge of the history, art, public institutions, and important individuals of the Spanish-speaking world and develop their presentation skills in Spanish. The culminating activity is a presentation in which students make use of the vocabulary, grammatical structures, and cultural themes of the chapter.

Program Components

In addition to the student textbook, the *Identidades* program has the following components:

Instructor Resources

- **Annotated Instructor's Edition** The AIE has ample marginal notes for the instructor on how to approach activities and expand on them as appropriate for one's students. Suggestions for additional vocabulary and grammar activities found in the Student Activities Manual are highlighted for instructors in the margins.

- **Instructor's Resource Manual** The Instructor's Resource Manual presents instructors with timely information on topics such as the acquisition of Spanish by students at the intermediate level and strategies for assessing language skills using the framework of the National Standards. It also includes complete syllabi and lesson plans, and audio and video scripts.

- **DVD** The DVD consists of mini-documentaries on topics that reflect the cultural themes in each chapter. The video is available on DVD or on MySpanishLab.

- **Testing Program** Electronic files containing the testing program in Word format, which allows instructors to customize exams, are available in MySpanishLab.

Student Resources

- **Audio for the text** The audio program corresponds to the listening comprehension section, *A escuchar*, and the reading, *Lectura*, found in each chapter. These recordings are also accessible in MySpanishLab.

- **Student Activities Manual** The Student Activities Manual includes language practice exercises for listening, reading, grammar, and writing.

- **Audio CDs for the Student Activities Manual** These CDs contain the entire audio program for the listening comprehension materials in the Student Activities Manual.

- **Answer Key for the Student Activities Manual** The answer key is intended for use in conjunction with the paper version of the Student Activities Manual. Instructors may wish their students to use the Answer Key to self-correct their homework.

- **DVD** The DVD consists of mini-documentaries on topics that reflect the cultural themes in each chapter. The video is available on DVD or on MySpanishLab.

Course Management/Online Resources

Companion Website™ The Companion Website™ *www.pearsonhighered.com/ identidades* is organized by textbook chapter. It provides access to the audio programs for the complete text and the Student Activities Manual.

MySpanishLab with eText to Accompany *Identidades* (*http://myspanishlab.com*)

The moment you know Educators know it. Students know it. It's that inspired moment when something that was difficult to understand suddenly makes perfect sense. Pearson's MyLab products have been designed and refined with a single purpose in mind—to help educators create that moment of understanding for their students.

MyLanguageLabs deliver **proven results** in helping individual students succeed. They provide **engaging experiences** that personalize, stimulate, and measure learning for each student. And, they come from a **trusted partner** with educational expertise and an eye on the future.

MyLanguageLabs can be linked out to any learning management system. To learn more about how the MyLanguageLabs combine proven learning applications with powerful assessment, visit http://www.mylanguagelabs.com

Acknowledgments

Identidades is the result of a collaborative effort between the authors, our publisher, and our colleagues. We are especially indebted to many members of the Spanish teaching community for their time, candor, and insightful suggestions as they reviewed this edition of ***Identidades.*** Their critiques and recommendations helped us to sharpen our pedagogical focus and improve the overall quality of the program. We gratefully acknowledge the contributions of the following reviewers:

Ana M. Alonso, *Northern Virginia Community College*
Gerardo T. Cummings, *Indiana State University*
Melanie L. D'Amico, *Indiana State University*
Lisa DeWaard, *Clemson University*
Jason Fetters, *Purdue University*
H. J. Manzari, *Washington & Jefferson College*
Jerome Miner, *Knox College*
David L. Paulson, *Southwest Minnesota State University*
Maricelle Pinto Tomás, *University of Wisconsin-Parkside*
Patricia E. Reagan, *Randolph-Macon College*
Fanny Roncal Ramírez, *The University of Iowa*
Amy C. Williamson, *Mississippi College*
U. Theresa Zmurkewycz, *Saint Joseph's University*

¿Quiénes somos y de dónde venimos?

1

Objetivos comunicativos

- Identifying characteristics and facts about Hispanic communities
- Describing people and their activities
- Comparing and contrasting people's customs and beliefs

Contenido temático y cultural

- Hispanic identity and diversity
- Ethnic groups
- Diversity in customs, beliefs, and language

Vista panorámica

La población hispana se caracteriza por la gran diversidad de los grupos étnicos que la componen. Incluye no solamente a personas de origen europeo, africano, asiático e indígena, sino también a grupos de diversas etnias. Esta mezcla étnica y racial da origen al sector mestizo, que es el predominante. La mezcla de culturas es evidente en la música, la comida, la lengua y también en la religión.

Aunque los términos *latino* e *hispano* se usan hoy en día para referirse a las personas de origen latinoamericano, tienen procedencias diferentes. *Hispano*, que se relaciona con Hispania, el antiguo nombre de España, incluye todos los pueblos hispanoparlantes y sus descendientes. *Latino*, probablemente una forma abreviada de *latinoamericano* en inglés, se refiere más directamente a las personas y comunidades latinoamericanas y a sus descendientes.

El Censo de Estados Unidos ahora usa el término *Hispanic or Latino*. El uso de *Hispanic* apareció en el Censo por primera vez en 1980, y la terminología actual se introdujo en el Censo del año 2000.

El mestizaje cultural es evidente en el traje tradicional de las mujeres aimaras en Bolivia. El traje consiste en una falda ancha de origen español, que se llama *pollera*, una chaqueta y un sombrero al estilo del famoso bombín inglés (*bowler*). Este sombrero, según algunas personas, fue introducido en Bolivia por obreros ingleses que trabajaban en la construcción de los ferrocarriles a principios del siglo XX.

La música latina es muy variada y tiene influencias indígenas, africanas y europeas. Este joven caribeño toca una música con mucho ritmo, gracias a los tambores de origen africano.

Vista panorámica

La mayor proporción de población indígena se concentra en México, algunos países de Centroamérica y en los países andinos—Ecuador, Perú y Bolivia. En esta foto las mujeres de Nebaj en Guatemala llevan su traje tradicional. El traje tiene una falda larga llamada *corte*. La parte superior se llama *huipil* y se caracteriza por sus bordados y diseños artísticos. También es típica de esta región la cinta que usan las mujeres en el pelo.

El Caribe es la región que tiene una mayor población de origen africano. Su influencia es muy importante en la música y en la comida. En varios países del Caribe se conservan religiones de origen africano, en muchos casos asimilando elementos de la religión católica, llevada allí por los españoles.

Los países del sur, Argentina y Uruguay, son los que tienen una mayor proporción de población de origen europeo. En efecto, muchos argentinos y uruguayos tienen apellidos italianos, alemanes o españoles.

01-01 to 01-08

A leer

Vocabulario en contexto

1-1 ¿Qué significa? Las siguientes palabras le van a ayudar a hablar sobre el origen y la identidad de los pueblos. Asocie cada expresión de la columna de la izquierda con su significado en la columna de la derecha.

1. _____ heterogéneo/a   a. en Estados Unidos, una persona que tiene raíces en un país de habla española o portuguesa

2. _____ latino/a   b. persona de padre y madre de raza indígena y europea

3. _____ sangre   c. variado/a

4. _____ lengua   d. rutinas, tradiciones

5. _____ costumbres   e. línea divisoria, límite territorial

6. _____ frontera   f. líquido rojo que corre por el cuerpo de un individuo

7. _____ mestizo/a   g. idioma

1-2 Clasificación. Clasifique las siguientes palabras y expresiones en la columna correspondiente. Algunas pueden ir en más de una columna.

africano	indígena	latín
comer con la familia	español	comer hamburguesas
castellano	dormir la siesta	inglés
adorar a un dios	portugués	ir a la iglesia
griego	adorar al sol	latino

Comunidad cultural	Lengua	Costumbre

1-3 Su herencia. *Primera fase.* Prepárense para hablar sobre la herencia cultural en su comunidad o país. Sigan las siguientes instrucciones.

1. Indiquen un grupo étnico o cultural que ha dejado huellas (*has left traces*) significativas en la vida de su comunidad o país.
2. Escriban dos costumbres del grupo étnico o cultural que han elegido.
3. Hagan una lista de adjetivos que ustedes asocian con las costumbres.
4. Escojan la costumbre que más les gusta, indicando su origen y por qué les gusta.

Segunda fase. Compartan con la clase sus respuestas para la *Primera fase.*

MODELO: Beber chocolate caliente es una costumbre que procede de la cultura azteca. Los norteamericanos beben chocolate caliente con frecuencia porque es saludable beberlo, especialmente cuando hace frío.

Estrategias de lectura

1. Antes de leer el texto, infórmese sobre el tema.
   a. Cuando piensa en el título "Los hispanos", ¿en quiénes piensa?
   b. Hable con un compañero/una compañera sobre quiénes son considerados hispanos en Estados Unidos.
   c. Piense en los antecedentes históricos de los hispanos. ¿Qué importancia tiene la fecha 1492 para la historia de los hispanos?
2. Examine el texto antes de leerlo.
   a. Mire el mapa. ¿Qué cree usted que tienen en común las ciudades marcadas en el mapa?
   b. Mire la foto. ¿Qué sabe usted de Puerto Rico? ¿Qué relación tiene con Estados Unidos?
   c. Las fechas y nombres (de personas, lugares, pueblos, etc.) en un texto nos ayudan a anticipar el contenido. Pase su marcador por las fechas y los nombres de pueblos o lugares que usted reconoce.

EXPRESIONES CLAVE

¿Comprende estas expresiones? Si tiene dudas, revise *Vocabulario en contexto* antes de leer el texto.

la costumbre	el/la indígena
étnico/a	el/la latino/a
la frontera	la lengua
la herencia	el/la mestizo/a
la huella	la sangre

LECTURA

Los hispanos

Lo que en Estados Unidos se conoce bajo el común denominador de *hispanos* es un grupo heterogéneo de personas que proceden de diversos países en los cuales
5 se habla el español. A veces se prefiere el término *latinos*. En Estados Unidos, hay hispanos procedentes de todos los países hispanohablantes, aunque mayormente de México, del Caribe y de Centroamérica.

⌃ ¿Quiénes somos los hispanos? ¿De dónde venimos?

10 Desde el punto de vista étnico los hispanos somos un grupo mestizo: en nuestras venas hay sangre indígena, africana, europea e incluso asiática en distintas proporciones. Por ejemplo, en Perú, Bolivia, Ecuador y

Al leer el párrafo, busque la respuesta a estas dos preguntas.

Ahora conteste las preguntas: ¿Quiénes son los hispanos? ¿De dónde son?

¿Qué significa *mestizo*? Busque la definición en este párrafo.

Guatemala, la población indígena sobrevivió en gran número a los ataques de los conquistadores, y a las plagas y enfermedades que estos trajeron consigo. Por el contrario, en los países del Cono Sur de América (Argentina, Chile, Uruguay, Paraguay) la población indígena murió en grandes cantidades después de la llegada de los conquistadores, y los que se establecieron allí fueron principalmente de origen europeo. Luego empezó el mercado de esclavos. En el Caribe es abundante la población de origen africano ya que muchos de los barcos que trajeron esclavos al continente americano hacían su entrada en los puertos de Cuba, Puerto Rico o la antigua Española, hoy dividida entre Haití y República Dominicana. Por otro lado, muchos asiáticos se establecieron hace tiempo en toda la costa americana del Pacífico y en el Caribe.

Tenemos el Talento para Cor por Puerto Rico

⌃ Jóvenes puertorriqueños

15

20

25

30

El año 1492 marca el punto de encuentro entre dos mundos: el europeo y el americano. Los españoles, grandes aventureros y navegantes, se encontraron con un continente desconocido para Europa mientras buscaban nuevas rutas para el comercio con Asia. En sus primeros viajes los españoles no sabían que era un "mundo nuevo" y pensaron que sus habitantes eran asiáticos. En este mundo había civilizaciones muy antiguas y muy avanzadas, como la de los incas en Perú y la de los aztecas en México.

35

Los españoles introdujeron en América su lengua, el castellano, que procede del latín, su arquitectura, la religión católica y muchas de sus costumbres. Aunque la española no es la única herencia que poseen los latinoamericanos, el dominio español, que duró tres o cuatro siglos dependiendo de las regiones,

40

❓ ¿Por qué hay pocos indígenas en algunas regiones de América Latina? Se mencionan dos razones en el párrafo. Encuéntrelas.

❓ Se explican en este párrafo varios aspectos del impacto cultural de los españoles en las Américas. Al leer, busque la información.

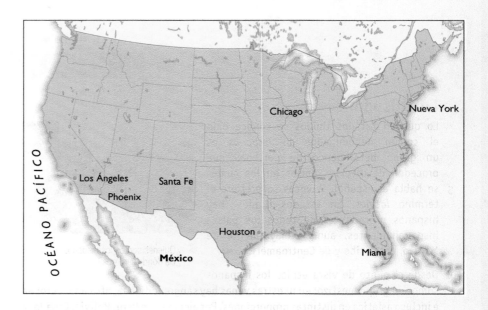

OCÉANO PACÍFICO

Chicago

Nueva York

Los Ángeles

Santa Fe

Phoenix

Houston

Miami

México

dejó su huella por todo el continente americano. Por ejemplo, muchos nombres geográficos, como Florida, California, Nevada, San Francisco y San Diego, indican el legado español en Norteamérica.

45 Por lo tanto, no todos los hispanos en Estados Unidos son inmigrantes recientes ya que muchos de ellos vivían en esos territorios antes de la formación de Estados Unidos como país, y otros llegaron hace varias generaciones. Sin embargo, muchos hispanos siguen llegando a este país en busca de oportunidades económicas y laborales. Hoy en día hay más de cuarenta millones de hispanos en Estados
50 Unidos y son una fuerza económica y política importante. Muchos de ellos viven en Los Ángeles, la tercera ciudad del mundo donde más se habla español, después de la Ciudad de México y Buenos Aires. Por otro lado, se calcula que a mediados del siglo XXI la mitad de la población de Estados Unidos hablará español. A pesar de las distintas variedades regionales de la lengua, las diferencias étnicas,
55 las distintas costumbres y las diferencias entre sus países de origen, los hispanos forman en Estados Unidos una verdadera identidad.

 Al leer el párrafo, busque dos estadísticas sobre la población hispana en Estados Unidos.

Comprensión y ampliación

1-4 Comprensión. Conteste las preguntas según la lectura.

1. ¿De dónde procede la mayoría de los hispanos que viven en Estados Unidos?
2. ¿En qué año tiene lugar el primer encuentro entre europeos y americanos?
3. ¿Cuáles son algunas de las civilizaciones más antiguas del continente americano?
4. ¿De qué lengua procede el castellano o español?
5. ¿Qué ciudad de Estados Unidos es la tercera del mundo donde se habla más español?

1-5 Ampliación. Asocie los lugares de la columna de la izquierda con las afirmaciones de la columna de la derecha, de acuerdo con el texto y sus propios conocimientos.

1. _____ San Diego
2. _____ Cono Sur
3. _____ Perú
4. _____ Caribe
5. _____ México
6. _____ Brasil
7. _____ Puerto Rico

a. región situada en las islas frente a América Central
b. ciudad del sur de California
c. región que incluye a Argentina, Chile, Uruguay y Paraguay
d. país de Latinoamérica donde los incas tenían su gobierno central
e. Estado Libre Asociado
f. país de América del Norte donde hay restos de la civilización azteca
g. país donde se habla el portugués

VARIACIONES

En español los nombres de países se escriben generalmente sin artículo, por ejemplo: Colombia, México, España. Sin embargo, en algunos casos se usa el artículo. El nombre *la Argentina* indica que el nombre completo del país es la República Argentina; *el Perú* es una forma que se ha mantenido desde los tiempos en que Perú era un virreinato y su nombre completo era el Virreinato del Perú. Lo mismo ocurre con otros países que constituyen una unidad histórica, como la India o los Estados Unidos. Los hispanohablantes usan indiferentemente estas formas.

1-6 Conexiones. Primera fase. Pongan en orden cronológico (1 = más remoto; 5 = más reciente) los siguientes acontecimientos históricos mencionados en el texto.

a. _____ Los incas tenían una civilización muy avanzada en lo que ahora es Perú.
b. _____ Barcos con esclavos africanos llegaron al Caribe.
c. _____ Los españoles llegaron al continente americano.
d. _____ Algunos hispanos vivían en los territorios que ahora pertenecen a Estados Unidos.
e. _____ Muchos indígenas murieron y las tierras fueron repobladas.
f. _____ Muchos hispanos siguen llegando a Estados Unidos.

Segunda fase. Ahora añadan un detalle para cada evento en la *Primera fase*, de acuerdo con la información en el texto. Después, compartan estos detalles con otra pareja.

Aclaración y expansión

01-09 to
01-16

Uses of *ser* and *estar*

Uses of *ser*

Ser has various functions in communication. Here are the most common:

• Identify people, places, or objects	Perú y Bolivia **son** países latinoamericanos. La Habana **es** la capital de Cuba.
• Time and date	Hoy **es** viernes. **Es** el 12 de octubre de 1492. **Son** las tres de la tarde.

- Nationality and place of origin

  Su madre **es** mexicana y su padre **es** de España.

- Profession or occupation

  Alicia **es** estudiante y su hermano **es** antropólogo.

- Possession with the preposition **de**

  ¿**De** quién **es** este libro sobre el pueblo azteca? **Es de** María.

- To identify the material of which something is made with the preposition **de**

  Muchas joyas (*jewelry*) incaicas **son** de plata.

- When and where an event takes place

  La conferencia sobre el mestizaje cultural **es** a las dos. **Es** en el auditorio.

Uses of *estar*

- Location or spatial relationships

  Los estudiantes **están** en República Dominicana.
  Su hotel **está** en la capital.

- Health

  Uno de los estudiantes **está** enfermo.

- Actions in progress (**estar** + present participle)

  Alicia **está leyendo** un artículo sobre la inmigración hispana en Estados Unidos.

- In certain expressions with the preposition **de**

estar de acuerdo	*to be in agreement*
estar de buen/mal humor	*to be in a good/bad mood*
estar de espaldas	*to have one's back turned away (not facing)*
estar de frente	*to be facing*
estar de pie	*to be standing*
estar de vacaciones	*to be on vacation*
estar de viaje	*to be away/traveling*

Ser and *estar* with adjectives

Ser and **estar** convey different meanings when they are used with adjectives.

- **Ser** + *adjective* describes what someone or something is like; these are characteristics.

Ella **es vieja.**	*She* **is elderly.**
El agua del lago **es fría** y muy **clara.**	*The water of the lake* **is cold** *and very* **clear.**
	(These are characteristics of the water in the lake.)

- **Estar** + *adjective* expresses a condition, a change from the norm, or how one feels about a person, object, or event.

Ella **está vieja.**	*She* **looks old.**
	(This is her appearance, not her actual age.)
El agua del lago **está fría** y muy **clara** hoy.	*The water in the lake* **is cold** *and very clear* **today.**
	(This is the condition of the lake today.)

- The meaning of a sentence can differ depending on the use of **ser** or **estar** with the adjective.

Su amigo **es aburrido.**	*His friend **is boring.***
Su amigo **está aburrido.**	*His friend **is bored.***
Las alumnas **son listas.**	*The students **are smart.***
Las alumnas **están listas.**	*The students **are ready.***
Ese señor **es malo.**	*That man **is bad / evil.***
Ese señor **está malo.**	*That man **is ill** (he feels bad).*
Las uvas **son verdes.**	*The grapes **are green** (color).*
Las uvas **están verdes.**	*The grapes **are not ripe.***

1-7 Práctica. Complete el párrafo con la forma correcta de *ser* o *estar*, según el contexto.

La artista Carmen Lomas Garza (1) _____ de Kingsville, Texas, que (2) _____ en el sur del estado. Sus cuadros (3) _____ de gouache, que (4) _____ un tipo de pintura basada en agua. Las personas en muchas de sus obras (5) _____ contentas, porque (6) _____ divirtiéndose con su familia o con miembros de la comunidad. Una escultura basada en una pintura de Lomas Garza (7) _____ en exposición en el Aeropuerto Internacional de San Francisco y otras pinturas suyas (8) _____ en el Museo para Niños en Austin, Texas y en el Museo Smithsonian de Arte Americano en Washington, D.C.

 1-8 Una feria en Reynosa, Texas. Con su compañero/a, describan la escena de una feria local. Incluyan las respuestas a las preguntas en su descripción.

1. ¿Quiénes son las personas?
2. ¿Dónde están?
3. ¿Cómo son?
4. ¿Qué están haciendo los adultos? ¿Y los niños?
5. ¿Quiénes están de pie? ¿Quiénes están sentados?

⌃ La Feria en Reynosa, Carmen Lomas Garza, 1987

 1-9 Un concierto en el Club de Estudios Hispánicos. Primera fase.
Usted y su compañero/a de cuarto recibieron una invitación para un concierto. Su
compañero/a está fuera de la ciudad y lo/la llama para pedirle información sobre el
concierto. Conteste sus preguntas de acuerdo con la información que aparece en la
invitación.

Segunda fase. Ahora explíquele a su compañero/a qué están haciendo las personas
en los dibujos en la invitación.

Información que necesita	Invitación
1. lugar del concierto	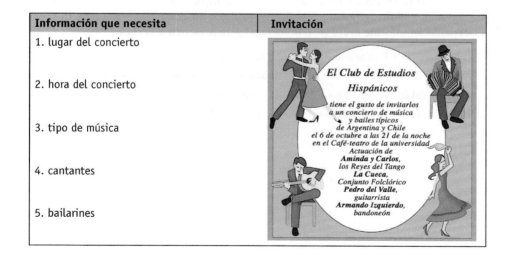
2. hora del concierto	
3. tipo de música	
4. cantantes	
5. bailarines	

1-10 ¡Me muero de curiosidad! Hágale preguntas a su compañero/a, usando los verbos **ser** o **estar,** para obtener la siguiente información. Después comparen sus respuestas para ver qué semejanzas y diferencias hay entre ustedes.

1. Lugar donde nació

   _____

2. Descripción de su lugar de nacimiento

   _____

3. Detalles sobre su personalidad

   _____

4. Sus actividades favoritas

   _____

5. Sus estudios actuales y/o su trabajo

   _____

6. Localización de la casa de su familia

   _____

7. Nombre y personalidad de su mejor amigo/a

   _____

8. Actividades de su amigo/a

   _____

1-11 Lugares impresionantes. Usted y su compañero/a deben escoger uno de los siguientes edificios, puentes, esculturas o ruinas. Busquen información en Internet y preparen un informe breve (5–6 oraciones) para presentar a la clase.

Las pirámides de Teotihuacán	La Alhambra	El Pukará de Quitor
Las líneas de Nazca	El puente del Alamillo	Las ruinas de Copán
El Museo del Oro (en Colombia o Perú)	El Templo de Tenochtitlán	
La Misión de San Juan Capistrano	Las ruinas de Machu Picchu	

📖 VENTANAS AL MUNDO HISPANO

La presencia de los hispanos en Estados Unidos

Antes de ver

1-12 ¿Quiénes son los protagonistas? En este segmento del video, usted conocerá a dos chicos hispanos, Denis e Itandehui. ¿Cuánto sabe usted de su mundo?

Denis

❶ Denis vivió en Colombia gran parte de su vida. Marque (✓) las ciudades que están en este país. Hay más de una respuesta correcta.

___ a. Cali

___ b. Medellín

___ c. Caracas

❷ La música es muy importante en la vida de los colombianos. Marque (✓) los dos ritmos que provienen de este país.

___ a. el vallenato

___ b. el flamenco

___ c. la cumbia

Itandehui

❸ Itandehui es de Oaxaca. ¿En qué país está esta ciudad? Márquelo (✓).

___ a. en Chile

___ b. en México

___ c. en Guatemala

❹ Itandehui trabaja en una academia de mariachi. ¿Qué es el mariachi? Marque (✓) la respuesta correcta.

___ a. un deporte

___ b. un tipo de música

___ c. una escuela de teatro

🎬 Mientras ve

1-13 ¿Cierto o falso? Indique si las siguientes afirmaciones son ciertas (**C**) o falsas (**F**) según la información que aparece en el video. Si la respuesta es falsa, corrija la información.

❶ Sobre la población hispana en Estados Unidos:

___ a. Es numerosa y tiene cierto poder.

___ b. Es muy homogénea.

❷ Sobre Denis:

___ a. Es periodista.

___ b. Ahora vive en Jackson Heights, en Nueva York.

___ c. Cree que la vida en Colombia y en Nueva York es muy semejante.

❸ Sobre Itandehui:

___ a. Es de México.

___ b. Trabaja en una academia en Nueva York.

___ c. Cree que en Nueva York la gente tiene más tiempo para todo.

Después de ver

1-14 Cosas en común. Primera fase. Señale (✓) las cosas que tienen en común Denis e Itandehui. Si la información no es correcta, corríjala.

❶ ___ Son de México.

❷ ___ No les gusta vivir en Nueva York.

❸ ___ Les gusta la música.

❹ ___ Trabajan en el mismo lugar.

👥 **Segunda fase: Hispanos famosos.** Piensen en hispanos famosos que usted conoce. Descríbalos y compárenlos con Denis e/o Itandehui.

MODELO: Shakira y Denis son colombianos pero Shakira es más famosa que Denis.

A leer

01-21 to 01-30

Vocabulario en contexto

1-15 Instrumentos de Hispanoamérica. Asocie las fotos de los instrumentos en la columna izquierda con la descripción correcta en la columna derecha. Luego, compare sus respuestas con las de un compañero/una compañera.

1. ___

a. El güiro es un instrumento de percusión hecho con una calabaza (*gourd*) abierta que suele pintarse y decorarse. Se toca raspando la calabaza con un palo (*stick*). Es muy popular en Puerto Rico, pero hay versiones diferentes del güiro en otros países.

2. ___

b. El timbal es un tipo de tambor con cabeza de metal, que se usa mucho en la música caribeña, sobre todo en la salsa, el merengue y el reggaetón.

3. ___

c. Las claves son un instrumento de origen africano que consiste en dos palos cortos de madera, aunque hoy en día también los hacen de plástico duro, que se tocan friccionando el uno contra el otro. Se usan mucho en la música brasileña.

4. ___

d. La conga también es de origen africano. Es un tambor largo y estrecho que se usa para tocar la rumba y otras piezas de música latina popular.

1-16 ¿Cuánto saben ustedes? Indiquen si están de acuerdo (**A**) o en desacuerdo (**D**) con las siguientes afirmaciones generales sobre la música hispana. Fundamenten su opinión.

1. ____ Sólo algunos países hispanos poseen su propia música criolla o autóctona.

2. ____ Los diversos géneros de música latina tradicionalmente mantienen intactas sus características, es decir, no evolucionan.

3. ____ La música latina representa un buen ejemplo del crisol, es decir, de la fusión armoniosa entre las músicas indígenas, criollas y afroamericanas o de otros orígenes.

4. ____ La riqueza de la música del altiplano se debe a la utilización de instrumentos autóctonos de viento y de cuerda (*string*).

5. ____ La apertura o tendencia a aceptar la influencia de otros ritmos y géneros en la música autóctona es una característica de la música latina.

6. ____ Para algunos, la salsa dominicana es difícil de bailar porque tiene giros rápidos que requieren mucha agilidad física.

1-17 ¿Bailes o instrumentos musicales? Primera fase. Agrupen las siguientes expresiones en la columna apropiada.

las claves	el corrido	la rumba	la samba
la conga	el güiro	la salsa	el timbal

Bailes	Instrumentos

Segunda fase. Seleccionen un instrumento musical o una danza de la *Primera fase* e investiguen lo siguiente: a. su origen, b. sus características, c. la región geográfica donde se toca el instrumento o se baila la danza, d. las ocasiones en que se practica. Prepárense para compartir la información con la clase.

Estrategias de lectura

1. Infórmese sobre el tema antes de leer.

   a. ¿Qué significa el título? ¿Se refiere a cantantes, a canciones o a los dos? ¿Cómo lo sabe?

   b. ¿Conoce la *Chica de Ipanema*? ¿Conoce a Lila Downs? Si no las conoce, busque información en Internet. Escriba unas notas al margen.

2. Examine el texto antes de leerlo.

   a. Pase su marcador por la primera oración de cada párrafo del texto (las dos primeras oraciones del primer párrafo). Ahora lea las oraciones que ha marcado. ¿Parecen ser un resumen del texto? ¿De qué trata el texto?

   b. Lea el primer párrafo. Anote la idea principal.

   c. Busque en el texto los nombres de unos cantantes. ¿Cuáles conoce? ¿Cuáles no conoce? Busque información sobre estos cantantes en Internet antes de leer el texto.

EXPRESIONES CLAVE

¿Comprende estas expresiones? Si tiene dudas, revise *Vocabulario en contexto* antes de leer el siguiente texto.

el altiplano	el giro
autóctono/a	el güiro
el/la azteca	heredar
las claves	el/la inca
la conga	el/la maya
el corrido	la riqueza
el/la criollo/a	la rumba
el crisol	la samba
evolucionar	el timbal
el género	el viento

LECTURA

Música latina: de la *Chica de Ipanema* a Lila Downs

❓ Muchas veces el primer párrafo contiene la idea principal del texto. Al leerlo, preste atención a la idea principal.

¿Quién no ha bailado alguna vez la salsa? En ningún lugar del mundo hay tanta riqueza musical como en América Latina, con su mezcla de músicas indígenas, melodías criollas, ritmos afroamericanos, jazz latino y pop. La música que se escucha desde las playas del Caribe hasta el altiplano de la cordillera andina es todo un crisol de variedad cultural y riqueza expresiva que invita a bailar, a relajarse o a comunicar experiencias humanas. 5

❓ Exprese la idea principal del párrafo en una sola palabra.

En realidad, no existe un solo género musical llamado "música latina". Cada país de Latinoamérica tiene sus géneros musicales, y poco tienen que ver la rumba cubana, el tango de Argentina o el corrido mexicano, por citar sólo unos cuantos. 10

❓ Este párrafo trata de la historia de la música latina. Al leer, busque las cuatro influencias culturales importantes.

⌃ Una pareja baila el tango en las calles de Buenos Aires.

Ya en la época precolombina era importante 15 la música, especialmente entre los incas, los mayas y los aztecas. La música indígena de los países andinos heredó de la cultura inca el uso de los instrumentos de viento. En la América Central y el Caribe, pero incluso en Colombia y Perú, las influencias 20 europeas y africanas se mezclaron con las músicas autóctonas para crear ritmos como la salsa, un género que hoy día se escucha en todas partes del mundo. Son músicas híbridas que se formaron a partir de ritmos de distintas procedencias, en ocasiones tan variadas que resulta complicado conocer su origen. La bossa nova brasileña, por ejemplo, procede de la samba, que se desarrolló de una 25 música afrobrasileña conocida como lundú. Aunque su ritmo tiene origen en la samba, la bossa nova incorpora rasgos de la música europea y del jazz estadounidense. Este complejo mestizaje produce maravillas de sorprendente simplicidad, como la famosa canción *Garota de Ipanema* (en español *Chica de Ipanema*), de 1962. 30

⌃ Instrumentos de percusión

❓ ¿Cuáles son las cuatro influencias culturales más importantes en la música latina de hoy?

La música latina no deja de evolucionar. La incorporación de ritmos afrocubanos al jazz que hicieron los jazzistas Dizzie Gillespie y Stan Kenton marca el comienzo de un proceso de apertura de la música latina hacia una 35 mayor variedad de ritmos, giros acelerados e improvisación. Con los ritmos de los instrumentos de percusión como la conga, el timbal, el güiro y las claves, el jazz latino alcanza altísimos niveles de calidad. Cualquier grabación de 40 Bebo Valdés, Michel Camilo o Tito Puente lo demuestra.

Recientemente, la influencia del pop, el rock, el reggae, el hip-hop y el rhythm &
blues ha añadido más riqueza a estos géneros musicales. Famosos artistas como
45 los colombianos Shakira y Juanes, la mexicana Julieta Venegas, la mexicana-
americana Lila Downs, la cubana-americana Gloria Estefan, el puertorriqueño
Ricky Martin y el español Alejandro Sanz llevan sus canciones a todos los rincones
del mundo. La música latina despierta hoy gran interés incluso en países no
hispanohablantes, por lo que se puede considerar una magnífica exportación
50 del idioma español, que se extiende culturalmente más allá de sus fronteras
geográficas habituales, como ocurrió antes con la música en inglés.

Comprensión y ampliación

1-18 Comprensión. Primera fase. Según la lectura, relacione los tipos de música
que se dan a la izquierda con los países o regiones de la derecha.

1. ___ rumba   a. Brasil
2. ___ corrido   b. Cuba
3. ___ tango   c. Estados Unidos
4. ___ jazz   d. Argentina
5. ___ bossa nova   e. Caribe
6. ___ salsa   f. México

Segunda fase. En sus propias palabras, explique las siguientes afirmaciones
adaptadas de la lectura.

1. La música latina es todo un crisol de variedad cultural y riqueza expresiva.
2. Poco tienen que ver la rumba cubana, el tango de Argentina o el corrido
   mexicano.
3. La música indígena de los países andinos heredó de la cultura inca el uso de los
   instrumentos de viento.
4. Las músicas de Latinoamérica son músicas híbridas que se formaron de la
   mezcla de ritmos de distintas procedencias.
5. La música latina despierta hoy gran interés incluso en países no
   hispanohablantes, por lo que se puede considerar una magnífica exportación
   del idioma español.

1-19 Ampliación. Responda a las siguientes preguntas, según su experiencia
personal.

1. ¿Conoce usted la música de Latinoamérica? ¿Conoce algún cantante o músico
   hispano? ¿Qué tipo de música le interesa a usted?
2. ¿Qué tipos de música cree usted que son típicos de Estados Unidos? ¿Puede dar
   algún ejemplo de canciones típicas de la música norteamericana?
3. ¿Sabe usted qué instrumentos se usan más en la música latinoamericana? ¿Toca
   usted algún instrumento? ¿Qué instrumento/s le gustaría tocar? ¿Por qué?
4. ¿Le gusta a usted bailar? ¿En qué ocasiones baila? ¿Conoce alguno de estos
   bailes: el merengue, la salsa, el tango? Describa el baile que más le gusta.

1-20 Conexiones. Primera fase. Además de la música, la cultura latina se manifiesta de diversas maneras en Estados Unidos. Conversen entre ustedes sobre los siguientes puntos.

1. Los productos hispanos que pueden comprarse en los supermercados
2. Los distintos tipos de restaurantes hispanos que hay en su comunidad
3. Los deportistas hispanos que están jugando en grandes campeonatos
4. Los actores hispanos que trabajan en Estados Unidos y las películas que hacen
5. Otros personajes hispanos públicos conocidos en Estados Unidos

 Segunda fase. Con su compañero/a, investiguen uno de los temas de la *Primera fase* para compartir con la clase. Incluyan la siguiente información en su presentación:

1. Lugar de origen (de la persona, restaurante, productos, etc.)
2. Por qué es famoso/a, popular, conocido/a
3. Su opinión sobre esta persona/restaurante/producto

A escuchar

1-21 Hispanos célebres. Primero, lea la lista de personas famosas; luego, escuche las descripciones de cada persona y complete la tabla.

Persona célebre	Profesión o actividad	Nacionalidad
Diego Rivera		mexicano
Fernando Botero		
Isabel Allende	escritora	
Celia Cruz		cubana
Santiago Ramón y Cajal		español
Rigoberta Menchú		

Aclaración y expansión

01-31 to
01-41

Comparisons of equality

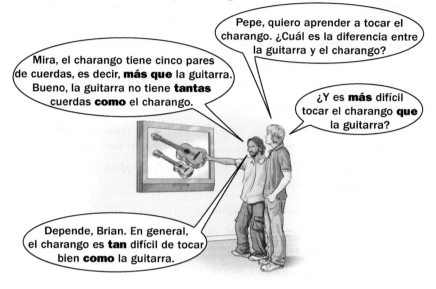

- When comparing two entities (objects/people/events) using adjectives and adverbs, Spanish signals equality using **tan... como.**

La música del Caribe es **tan** popular **como** la música colombiana.	*Music from the Caribbean is as popular as Colombian music.*
Esa orquesta toca **tan** bien **como** la otra.	*This orchestra plays as well as the other one.*

- To compare two nouns, Spanish signals equality with **tanto(s)/tanta(s)... como.**

Bogotá produce **tanto** vallenato **como** Cali.	*Bogota produces as much vallenato music as Cali.*
Hay **tanta** música en las calles de Buenos Aires **como** en las de Santiago.	*There is as much music on the streets of Buenos Aires as in those of Santiago.*
Hay **tantos** tesoros prehispánicos en Perú **como** en México.	*There are as many pre-Hispanic treasures in Peru as in Mexico.*
Hay **tantas** ruinas interesantes en Perú **como** en México.	*There are as many interesting ruins in Peru as in Mexico.*

- To indicate that two actions are equal or equivalent, Spanish uses **tanto como.**

Los arqueólogos trabajan **tanto como** los científicos para saber más sobre las culturas antiguas.	*Archeologists work as much as scientists to learn more about ancient cultures.*

To talk about a person's age, Spanish speakers usually use **mayor. Más viejo** is used to refer to old objects, buildings, etc.

Ella es **mayor que** Pepe.
She is older than Pepe.

Su teléfono celular es **más viejo que** el mío.
Her cell phone is older than mine.

Comparisons of inequality

- To express comparisons of inequality between nouns, adjectives, verbs, or adverbs, Spanish uses **más / menos... que.**

Hay **más** hispanohablantes en Colombia **que** en Panamá.

*There are **more** Spanish speakers in Colombia **than** in Panama.*

Este baile es **menos** rápido **que** ese.

*This dance is **less** fast **than** that one.*

Los salseros mueven las piernas **más** rápidamente **que** los merengueros.

*Salsa dancers move their legs **faster than** merengue dancers.*

- Spanish uses **de** instead of **que** before numbers.

Hay **más de** 400 millones de hispanohablantes en el mundo.

*There are **more than** 400 million Spanish speakers worldwide.*

España tiene **menos de** 50 millones de habitantes.

*Spain has **fewer than** 50 million inhabitants.*

- The following adjectives have both regular and irregular forms.

bueno	**más bueno / mejor**	*better*
malo	**más malo / peor**	*worse*
pequeño	**más pequeño / menor**	*smaller*
joven	**más joven / menor**	*younger*
grande	**más grande / mayor**	*bigger*
viejo	**más viejo / mayor**	*older*

- The regular forms **más bueno** and **más malo** usually refer to a person's moral qualities, whereas **mejor** and **peor** refer to quality and performance.

Ricky Martin es **más bueno que** Marc Anthony.

*Ricky Martin is **better** (a nicer person) **than** Marc Anthony.*

Esta casa de discos es **mejor que** la otra.

*This record company is **better** (has better music) **than** the other one.*

1-22 Práctica. Complete la comparación entre un charango y una guitarra española. El tipo de comparación está indicado: igualdad (**IG**) o desigualdad (**DE+** o **DE–**).

El charango es un instrumento de cuerda usado generalmente en la música del altiplano de la Cordillera de los Andes. Hoy en día, sus acordes y música son (IG) _____ escuchados dentro _____ fuera de esa región. Sin embargo, en el siglo pasado, el charango tenía (DE–) _____ prestigio _____ la guitarra. Se lo llamaba despectivamente "el instrumento de los indios".

La manufacturación de un charango toma (IG) _____ tiempo _____ la de la guitarra. Existen (IG) _____ tipos de charangos _____ regiones donde se fabrican. Sin embargo, el material básico del que se hacen es semejante. (IG) _____ la guitarra _____ el charango se construyen de madera.

Hoy en día, la guitarra es (DE+) _____ conocida _____ el charango, porque es (DE+) _____ antigua. No obstante, este último ya se toca (IG) _____ en el continente americano _____ en Europa.

⌃ Charango

⌃ Guitarra española

1-23 Dos diseños para un DVD. Primera fase. Su compañero/a y usted dirigen una empresa de música y tienen que decidir entre dos diseños para ilustrar un DVD de jazz latino. Para justificar su elección comparen los dos diseños en relación a los colores, las formas, los sentimientos que expresan, etc.

MODELO: E1: Me gusta más el diseño 2 porque hay más instrumentos que en el diseño 1.
E2: Sí, pero los colores en el diseño 2 son menos variados.

1.

2.

Segunda fase. Determinen cuál de los dos diseños representa mejor lo que se dice en las siguientes afirmaciones. Expliquen si están de acuerdo o no.

1. Expresa mejor la variedad de sonidos del jazz latino.
2. Es más interesante para la gente más joven.
3. El motivo es menos complicado y probablemente el diseño es más barato.
4. . . .

1-24 Comparaciones. Primera fase. Piense en dos músicos o dos actores. Después, compárelos considerando los siguientes aspectos. Su compañero/a debe hacerle preguntas para obtener más información.

MODELO: E1: Los dos músicos que me gustan son Carlos Santana y Juanes. Los dos tienen muchos discos, pero Carlos Santana tiene más que Juanes.
E2: ¿Y quién tiene mejores canciones?
E1: En mi opinión, las canciones de Santana son tan buenas como las de Juanes.

1. Número de discos/películas (cuatro, muchas, pocas, etc.)
2. Temas de las canciones/películas (interesantes, aburridos, absurdos, etc.)
3. Visión de la vida (realista, optimista, pesimista, etc.)
4. Cualidades humanas (generoso/a, egoísta, trabaja por la justicia, etc.)

Segunda fase. Su compañero/a debe averiguar qué cantante o qué actor/actriz le gusta más a usted y por qué.

1-25 Museos de música. Investigue en Internet la siguiente información sobre dos museos de música en diversos continentes: el Museo de la Música Popular Guayaquileña en Guayaquil, Ecuador y el Museo de la Música en Barcelona, España.

- Antigüedad
- Tamaño de la colección de música
- Tipos de música

ALGO MÁS

Superlatives

- To talk about the highest / utmost or lowest degree of a quality, Spanish uses *definite article* + *noun* + **más / menos** + *adjective* + **de.** You may omit the noun when it is clear to your reader or listener what you are referring to.

La lengua es **el elemento más importante de** una cultura.
*Language is the **most important element of** a culture.*

Muchas expresiones artísticas son parte de una cultura pero, para muchos, **la más importante** es la música.
*Various elements make up a culture, but for many, **the most important** of all is music.*

- **Más** or **menos** is not used with **mejor, peor, mayor,** or **menor.**

Las mejores palabras de cualquier lengua son las que expresan amor.
***The best words** in any language are those that express love.*

La mejor ópera latinoamericana se encuentra en Buenos Aires.
***The best** Latin American opera can be found in Buenos Aires.*

1-26 Práctica. Complete el siguiente texto sobre uno de los íconos musicales de los últimos años.

En América, Europa o Asia, sin duda Lady Gaga es (1) _____ personalidad
(2) _____ influyente en la música en inglés hoy. Aunque no es (3) _____ mujer
(4) _____ rica del mundo, se encuentra entre (5) _____ (6) _____ poderosas.

Además, en abril del 2010, su videoclip *Bad romance* fue (7) _____ (8) _____
visto en la historia de *YouTube*. Sus videos son siempre (9) _____ (10) _____
originales, según sus seguidores.

Aparte de su popularidad como cantante, Lady Gaga también se ha convertido en
un ícono de la moda. En la gala de los Premios MTV VMA, su vestido de carne
cruda fue declarado (11) _____ (12) _____ "icónico" de 2010 por la revista
OK! Magazine.

1-27 Los/Las mejores o los/las peores. Háganse preguntas para averiguar las preferencias u opiniones de cada uno. Digan por qué.

MODELO: La mejor comida: la italiana, la mexicana o la japonesa
E1: En tu opinión, ¿cuál es la mejor comida?
E2: Para mí, es la mexicana. Es muy variada y deliciosa.

1. El lugar histórico más visitado por los turistas: las pirámides de Egipto, las pirámides mayas de Guatemala o la Casa Blanca

   _____

2. La ciudad hispana más interesante para los norteamericanos: Madrid, Cancún o Buenos Aires

   _____

3. La lengua más difícil para los norteamericanos: el español, el chino o el árabe

   _____

4. La ciudad con el peor clima en el invierno: San Francisco, Key West o Minneapolis

   _____

5. La mejor comida rápida en Estados Unidos: los tacos, las papas fritas o las hamburguesas

   _____

6. El peor lugar para aprender español rápidamente: La Paz, Miami o la ciudad donde usted vive

   _____

7. El mejor vino: el español, el francés o el estadounidense

   _____

8. La ciudad latinoamericana menos visitada por los turistas: Ciudad de México, Ciudad de Panamá o Caracas

   _____

1-28 Los países hispanos. Primera fase. Cada uno de ustedes debe escoger un país hispano diferente y buscar la siguiente información en Internet. Después comparen la información que obtuvieron.

Datos	El país de su elección	El país de su compañero/a
Información general		
Extensión territorial	_____	_____
Número de habitantes del país	_____	_____
Nombre de la capital	_____	_____
Número de habitantes de la capital	_____	_____
Datos económicos		
Exportaciones (valor en dólares)	_____	_____
Importaciones (valor en dólares)	_____	_____

Segunda fase. Comparen los resultados obtenidos y decidan cuál es el país que tiene mayor población, tamaño, etc. Después infórmenle a la clase sobre los resultados finales.

A escribir

01-42

Estrategias de redacción: La descripción

¿Qué características tiene una buena descripción?

Describir es como pintar un cuadro. Les damos vida a los personajes, los objetos, los eventos y las experiencias en un ambiente (*setting*).

Considere las siguientes sugerencias al escribir una descripción.

- Presente el *objeto*, el individuo, el evento o la experiencia en un tiempo y espacio apropiados. Una casa de campo, por ejemplo, se ve diferente en verano y en invierno.

- Cree el *efecto* deseado para que el lector/la lectora u oyente pueda sentir, disfrutar, ver o imaginar lo que se describe.

- Use apropiadamente las palabras (sustantivos, adjetivos) para presentar las imágenes, el color, la textura, la intensidad, los sonidos, los sabores, etc.

- Use la comparación o el contraste para destacar (*highlight*) las características únicas del individuo, objeto, evento o experiencia.

En la siguiente sección usted reconocerá y practicará algunas estrategias básicas de la descripción en español. Recuerde que su experiencia con la descripción en su lengua materna lo/la ayudará a describir en español.

1-29 Análisis. Primera fase. Lea la siguiente descripción y contexto.

CONTEXTO: El señor Roberto Durán, un ejecutivo de un estudio de grabación en Los Ángeles, necesita tomar una decisión sobre una candidata al puesto de asistente de grabación. Él le pide información específica a la ex-jefa de ella. Esto es lo que la ex-jefa escribe.

Estimado señor Durán:

Con mucho gusto le doy la información que necesita. La señorita Andrea Fernández trabajó con nosotros durante cinco años. Pero por razones familiares, se muda a Los Ángeles.

En lo profesional, Andrea es muy responsable y dedicada. Trabaja mucho y siempre termina su trabajo puntual y eficientemente. Como asistente de grabación, tiene habilidades especiales. Tiene buenos conocimientos musicales y sabe usar muchos programas computacionales que facilitan el trabajo en un estudio de grabación. También es bilingüe. Habla y escribe inglés y español perfectamente, lo cual es ideal para entenderse con músicos de todo el mundo.

Finalmente, Andrea es muy simpática y amigable. Mantiene excelentes relaciones con sus colaboradores.

Si usted quisiera más información sobre ella, por favor, hágamelo saber.

Atentamente,

Josefina Paredes

Josefina Paredes

 Segunda fase. Ahora marque la alternativa apropiada en la caja.

1. El grado de interés de la descripción para el lector	_____ interesante	_____ aburrida
2. La organización de la información	_____ lógica y coherente	_____ pobre
3. El efecto de la descripción	_____ buen uso de imágenes	_____ pocas imágenes
4. El uso del vocabulario y las expresiones	_____ uso eficiente del vocabulario	_____ términos ambiguos o imprecisos
5. Aspectos formales del texto	_____ muchos errores (puntuación, acentuación, uso de mayúsculas, etc.)	_____ pocos / sin errores

1-30 Preparación. Primera fase. Seleccione uno de los siguientes temas sobre el cual a usted le gustaría escribir.

1. Un lugar ideal en Estados Unidos para una familia hispana de inmigrantes con hijos pequeños. Desean encontrar una ciudad o pueblo seguro y con buenas escuelas para sus hijos.

   Lector: Padres de familia que hablan un poco de inglés
   Propósito (*Purpose*): Usted desea convencer a los padres de que existe el lugar que ellos buscan.

2. Un músico hispano famoso que, según usted, puede servir de modelo para los jóvenes.

   Lector: Los jóvenes hispanos que acaban de emigrar a Estados Unidos
   Propósito: Usted quiere describir la vida, el carácter y los logros (*accomplishments*) de un personaje público norteamericano o extranjero que los jóvenes emigrantes hispanos probablemente no conocen bien.

Segunda fase. Lea nuevamente las estrategias de la redacción en la página 25 y prepare un bosquejo (*outline*).

1. Planifique el texto.
   • Consulte diversas fuentes (*sources*) tales como libros, revistas, periódicos, enciclopedias e Internet.
   • Tome notas y seleccione la información necesaria.
   • Organice la información para lograr su propósito.
2. Prepare el vocabulario. Escriba las palabras clave (de uso obligatorio y frecuente).
   • Para variar su vocabulario, haga una lista de sinónimos o antónimos que lo/la ayuden a expresar sus ideas con precisión.
3. Planifique las estructuras gramaticales.
   • Piense en el tiempo / los tiempos que va a utilizar en su texto: ¿Va a usar el presente, el pasado, el futuro, etc.?
4. Revise su bosquejo: Verifique si su planificación cumple el propósito de su texto.

1-31 ¡A escribir! Ahora escriba su descripción paso a paso.
• A medida que usted escribe, consulte sus notas y evalúe su mensaje leyéndolo varias veces.
• Aclare las ideas confusas o el vocabulario impreciso.
• Elimine la información innecesaria o tediosa para su lector/a.
• Verifique si las estructuras gramaticales que usó son correctas.
• Mejore el estilo de su descripción variando el vocabulario.
• Use sinónimos y antónimos.

1-32 ¡A editar! Lea su texto al menos una vez más con una actitud crítica.
• Analice el contenido (cantidad, calidad de información para el lector/la lectora) y forma del texto (ortografía, puntuación, acentuación, mayúsculas, minúsculas, uso de la diéresis, etc.).
• Si es necesario, consulte la *Guía gramatical* en la página 293 y haga los cambios necesarios para lograr una buena descripción.

A explorar

01-43

1-33 Los tesoros del mundo hispano. Primera fase: Investigación. Seleccionen uno de los temas a continuación. Luego, busquen información sobre el tema en Internet.

1. Un lugar donde se puede aprender más sobre la historia de un país hispano: ruinas, fuertes militares, museos, etc.
2. Una persona hispana famosa en una de las siguientes áreas: la pintura, la composición de música popular, las ciencias, la arquitectura, los deportes, la política, etc.
3. Un símbolo cultural: un billete (*paper currency*), un sello postal (estampillas), un escudo nacional (*coat of arms*), etc.

Segunda fase: Preparación. Usen la siguiente guía para describir el lugar, la persona o el símbolo cultural que escogieron en la *Primera fase*.

1. Nombre
2. Información sobre el país donde se encuentra el lugar, o el origen de la persona o símbolo cultural
3. Descripción detallada del lugar, de la persona o del símbolo. Hablen de sus características (físicas, espirituales, psicológicas o sociales) y su función en la comunidad donde existe
4. Comparación con algo/alguien similar en la cultura de ustedes

Tercera fase: Presentación. Compartan con sus compañeros/as la información de la *Segunda fase*. Para crear más interés, usen algún producto cultural: dibujos, fotos u objetos.

1-34 La música latina. Primera fase: Investigación. Busquen información en Internet sobre uno de los siguientes elementos musicales de un país hispano de su elección.

1. Un músico/a o cantante
2. Un tipo de danza
3. Un instrumento típico de la música del país

Segunda fase: Preparación. Hagan lo siguiente.

1. Identifiquen el país de origen de la persona, danza o instrumento.
2. Describan sus características físicas y musicales.
3. Comparen a la persona, danza o instrumento que eligieron con otra/o equivalente de su propia cultura.

Tercera fase: Presentación. Compartan la información con el resto de la clase. Usen PowerPoint o algún producto cultural: instrumento, canción, video.

Expresiones útiles para describir o clasificar un objeto o símbolo

Descripción o clasificación física

Tamaño:	grande, pequeño/a, mediano/a, gigantesco/a
Forma:	redondo/a, cuadrado/a, rectangular, ovalado/a
Color:	rojo/a, azul, verde, naranja, oscuro/a, claro/a, transparente, etc.
Material:	de madera, de metal, de plástico

Localización con respecto a otros elementos: al lado de, detrás de, entre, cerca de, en el ángulo inferior/superior de, en el centro de

Descripción espiritual

Características espirituales y morales: arrogante, modesto/a, valiente, puro/a, majestuoso/a, fuerte, débil, etc.

Expresiones útiles para dar una opinión personal

En mi / nuestra opinión . . .   Según yo / mi compañero/a . . .
Para mí / mi compañero/a, él o ella . . .   Yo creo / Nosotros creemos que . . .

🔊 Vocabulario del capítulo

Grupos étnicos, pueblos y civilizaciones

el africano/la africana	*African*
el/la aimara	*Aymara*
el/la azteca	*Aztec*
el criollo/la criolla	*Creole*
el español/la española	*Spaniard*
el griego/la griega	*Greek*
el hispano/la hispana	*Hispanic*
el/la inca	*Inca*
el/la indígena	*indigenous person*
el latino/la latina	*Latino/a*
el/la maya	*Mayan*
el mestizo/la mestiza	*person of mixed race*
el peruano/la peruana	*Peruvian*
el portugués/la portuguesa	*Portuguese*

Conceptos que se asocian con una cultura y su historia

el altiplano	*plateau*
los antecedentes	*background*
autóctono/autóctona	*indigenous*
el billete	*paper currency; ticket*
el castellano	*Castillian Spanish (language)*
la costumbre	*custom*
el crisol	*melting pot*
la diversidad	*diversity*
el escudo nacional	*coat of arms*
el español	*Spanish (language)*
étnico/a	*ethnic*
la frontera	*border*
la herencia	*heritage*
la huella	*trace, mark*
el inglés	*English (language)*
el latín	*Latin (language)*
la lengua	*language*
mestizo/a	*of mixed race*
el puerto	*port, harbor*
los restos	*remains*
las ruinas	*ruins*
la sangre	*blood*
el sello postal	*postage stamp*
el valor/los valores	*(moral) value/values*

Instrumentos y bailes

las claves	*Cuban percussion instrument*
la conga	*conga*
el corrido	*Mexican song form*
la cumbia	*music and dance from the Caribbean coast of Colombia*

el giro	*twirl, whirl*
el güiro	*percussion instrument used in Caribbean music*
la rumba	*rumba*
la samba	*samba*
el timbal	*kettledrum*
el viento	*wind*

Artistas y reconocimientos

el/la cantante	*singer*
el compositor/ la compositora	*composer*
el escritor/la escritora	*writer*
el escultor/la escultora	*sculptor*
el logro	*accomplishment*
el/la muralista	*mural artist*
el pintor/la pintora	*painter*
el músico/la música	*musician*
el premio	*award, prize*

Características

cuadrado/a	*square*
el género	*gender*
heterogéneo/a	*heterogeneous*
homogéneo/a	*homogenous*
ovalado/a	*round*
redondo/a	*oval*
la riqueza	*wealth*
saludable	*healthy*

Verbos

adorar	*to worship*
comparar	*to compare*
compartir	*to share*
conquistar	*to conquer*
destacar (q)	*to emphasize*
encontrar (ue)	*to find*
escoger (j)	*to choose*
evolucionar	*to develop, evolve*
explicar (q)	*to explain*
heredar	*to inherit*
mantener (ie, g)	*to maintain*

Palabras y expresiones útiles

antes	*before*
propio/a	*own*
la semejanza	*similarity*
el significado	*meaning*
sin duda	*no doubt*

Notas: For expressions with **estar + de**, see page 9.
For adjectives that change meaning when used with **ser** and **estar**, see page 10.

Nuestra lengua

2

Objetivos comunicativos
- Narrating in the past
- Discussing language variation and language use
- Describing events, people, and objects in the past

Contenido temático y cultural
- Diversity and identity as expressed through language
- *Spanglish* as a cultural and linguistic phenomenon
- The Spanish-speaking community in the United States

Vista panorámica

Cuando se hablan dos lenguas en el mismo espacio geográfico, estas suelen influirse mutuamente. Los hablantes bilingües transfieren a veces palabras y formas gramaticales de una lengua a otra. En Estados Unidos estos intercambios han resultado en lo que algunos llaman *espanglish*, o *Spanglish*, como se ve en este anuncio.

Isabel Allende, chilena, es la autora de *La casa de los espíritus* que tuvo mucho éxito en su versión cinematográfica. Otras películas de éxito, como *En el tiempo de las mariposas* de Julia Álvarez y *Como agua para chocolate* de Laura Esquivel, son adaptaciones de novelas escritas por hispanos originalmente en español o en inglés.

La *Gramática castellana* de Elio Antonio de Nebrija, publicada en 1492, es la primera gramática de la lengua española. El castellano, o español, era la lengua oficial de Castilla y Aragón en la época en que Colón llegó a América con el apoyo de los Reyes Católicos.

A diferencia de otros grupos étnicos establecidos en Estados Unidos, los hispanos generalmente conservan su idioma original, el español. La cercanía de la zona lingüística del español y el influjo de nuevos hispanohablantes nativos facilitan el uso de esta lengua. Hoy en día el español se escucha y se habla en prácticamente todos los espacios sociales y culturales, pues es la segunda lengua más importante del país.

Vista panorámica

Rosario Ferré es una de las escritoras puertorriqueñas más conocidas. Ha escrito numerosas novelas, ensayos y poesía en español y en inglés. Actualmente vive en Puerto Rico. Otros escritores de origen hispano, como Sandra Cisneros, de origen mexicano, y Junot Díaz, de origen dominicano, escriben principalmente en inglés, aunque sus textos están llenos de referencias a su identidad bicultural.

El ingenioso hidalgo don Quijote de la Mancha es la obra maestra de Miguel de Cervantes Saavedra, escritor español del siglo XVII. Esta novela es generalmente considerada uno de los grandes libros de la literatura universal, y por esta razón, al referirse a la lengua española a veces se dice "la lengua de Cervantes".

Gabriela Mistral, poeta chilena, fue la primera mujer latinoamericana en recibir el Premio Nobel de Literatura en 1945. Otros escritores de la lengua española han recibido el prestigioso premio, como el colombiano Gabriel García Márquez, que recibió el Premio Nobel en 1982 y Mario Vargas Llosa, peruano, en 2010.

La educación bilingüe en Estados Unidos sigue varios modelos. Algunas escuelas siguen el sistema dual, en el cual los estudiantes angloparlantes aprenden español y los hispanohablantes aprenden inglés. En otras escuelas bilingües, los hablantes hispanos reciben la educación en su lengua materna mientras aprenden inglés.

BiSA
BILINGUAL SCHOOLS ASSOCIATION

En Latinoamérica y en España, el español está en contacto con otras lenguas. En el mapa 1, vemos las lenguas más habladas entre los indígenas de América. En el mapa 2, tenemos algunas de las lenguas que se hablan en España.

Náhuatl
Lenguas mayas
Quechua
Aymara
Guaraní
Mapuche

1

PORTUGUÉS

GALLEGO   ASTURIANO
           VASCUENCE
                    ARAGONÉS
                    CATALÁN
CASTELLANO

2

A leer

Vocabulario en contexto

2-1 Asociación. A continuación, hay una breve lista de lenguas. Asocien cada lengua con el lugar o la comunidad donde se habla hoy.

1. ____ griego   a. países del norte de África y del sudoeste de Asia

2. ____ quechua   b. Israel y otras comunidades judías del mundo; la usan en ritos religiosos

3. ____ árabe   c. varios países andinos de Sudamérica, entre ellos Perú, Bolivia y Ecuador

4. ____ hebreo   d. centro-sur de México y algunos países de Centroamérica

5. ____ guaraní   e. Grecia y áreas vecinas

6. ____ náhuatl   f. Paraguay y regiones vecinas

 2-2 Percepción sobre las lenguas. ¿Cuánto saben ustedes sobre las lenguas en general? Lean las siguientes afirmaciones y marquen (✓) si están de acuerdo o no con ellas. Prepárense para justificar sus respuestas.

De acuerdo	En desacuerdo	
1.		Cada lengua posee un amplio sistema que permite que las personas que la hablan se entiendan entre sí.
2.		En general, las lenguas poseen complejos códigos lingüísticos y no evolucionan, es decir, se mantienen intactas a través del tiempo.
3.		Los hablantes de una lengua, es decir, las personas que la hablan, siempre saben escribirla.
4.		El español es patrimonio cultural de los españoles solamente.
5.		El inglés, por ser una lengua dominante, no adopta palabras de otros idiomas, es decir, no tiene préstamos (*loans*) de otras lenguas.
6.		El dialecto o variedad de inglés que se habla en una región es igual al que se habla en otras regiones de un país.
7.		Algunos hispanos en Estados Unidos mezclan el inglés y el español cuando hablan entre ellos, lo cual resulta en una lengua franca que les permite reivindicar su identidad cultural.

2-3 Las lenguas en contacto. Primera fase. Adoptar palabras de otras lenguas o usar préstamos (*loans*) es un fenómeno inevitable en la comunicación. Lean los siguientes préstamos de otras lenguas en inglés y expliquen qué significa cada uno de ellos y de qué lengua proviene. Observen el ejemplo.

Préstamo: Expresión en inglés	Significado: Expresión en español	Lengua de origen
calamari	*calamares; es un marisco*	*italiano*
a la carte		
adobe		
virtuoso		
al fresco		
siesta		
saffron		

Segunda fase. Escriban palabras o expresiones en inglés que son préstamos de las siguientes lenguas. Luego, expliquen su significado. Observen el modelo.

MODELO:

Lengua de origen	Expresión en inglés
latín	*per capita*

La expresión *per capita* viene del latín. Se usa cuando se habla de finanzas, estadística, etc.

Lengua de origen	Expresión en inglés
italiano	
alemán	
griego	
francés	

Estrategias de lectura

1. Infórmese sobre el tema antes de leer.
   a. Al leer el título, "El español, una lengua universal", ¿en qué piensa? ¿Qué significa *universal* cuando se refiere a una lengua?
   b. ¿Dónde se habla la lengua española? Haga rápidamente una lista de estos países.
   c. ¿Se habla español en Estados Unidos? ¿Es diferente el español de Estados Unidos del español que se habla en otros países? ¿De qué manera?
2. Examine el texto antes de leerlo.
   a. Cada párrafo de un texto tiene una idea principal que generalmente está al comienzo del párrafo. En conjunto, estas oraciones forman un resumen del texto. Pase su marcador por la primera oración de cada párrafo de este texto. Después lea estas oraciones en conjunto para tener una idea del texto en su totalidad.
   b. Pase su marcador por la palabra *espanglish*, que aparece tres veces en el texto. Lea las oraciones donde aparece la palabra *espanglish*, y luego, escriba al margen una definición preliminar.
3. Lea rápidamente el texto para descubrir unos ejemplos del español que resultaron del contacto con otra lengua.
 4. Para más información sobre el *espanglish*, consulte algunos sitios de Internet y tome apuntes. Después comente con un compañero/una compañera lo que descubrió.

 ## LECTURA

El español, una lengua universal

El español es una lengua universal. La comunidad lingüística de hispanohablantes es mucho más amplia que la de una nación. Es una comunidad de aproximadamente 400 millones de hablantes nativos de distintos orígenes y culturas.

El origen de esta lengua es el latín. El latín evolucionó lentamente hacia el castellano en España, que en aquella época era una provincia del Imperio   5
romano llamada *Hispania*. El castellano, que apareció en el norte de la península como un dialecto del latín, con el tiempo se convirtió en la lengua popular del Reino de Castilla. Por eso, además de conocerlo como *español*, hoy día lo denominamos *castellano*.

La lengua castellana rompió fronteras con la llegada a América de los   10
conquistadores. A partir de 1492, los españoles llevaron su lengua tan lejos como pudieron por el nuevo mundo. Por eso, el español o castellano es hoy en día patrimonio común de los hablantes de muchas naciones.

Cuando diversas lenguas entran en contacto, se experimentan cambios que afectan su estructura y enriquecen su vocabulario. En el caso del español, hay palabras de   15
origen griego, godo (*Goth*), celta, árabe y hebreo; también hay otras procedentes de lenguas indígenas de América, como el guaraní, el quechua, el náhuatl y el maya. Además, hay palabras procedentes del francés y más recientemente del inglés, sobre todo las que se refieren al deporte (e.g., el béisbol, el básquetbol)

En este párrafo se explica por qué el español es una lengua universal. Al leer, busque la explicación.

¿Cuál es la conexión entre el latín y el español? Al leer, busque la información.

¿Qué es el castellano*? ¿Por qué tiene este nombre?*

Según el párrafo, ¿cómo y cuándo llegó el español a las Américas?

En este párrafo se habla del efecto del contacto entre dos lenguas. Al leer, apunte unos ejemplos de palabras en español que provienen del inglés.

20 y a la tecnología (e.g., hacer clic, el software). El contacto entre las lenguas es inevitable y los préstamos de palabras resultan de la interacción cultural y lingüística. Un buen ejemplo de este fenómeno son las palabras *tomate* y *chocolate*, alimentos desconocidos para los europeos hasta el momento de su contacto con las civilizaciones del continente americano. Es comprensible entonces que los

25 españoles tomaran estas palabras de las lenguas indígenas para nombrar una nueva realidad. En el siglo XVIII, el escritor español Benito Jerónimo Feijoo defendió en su artículo "Voces nuevas" la necesidad de tomar del francés palabras que describían nuevos conceptos científicos y filosóficos. Hoy en día el inglés es la lengua universal de la ciencia y la tecnología y por eso, muchas palabras

30 del inglés se están incorporando a otras lenguas, a pesar de los esfuerzos de algunas organizaciones por evitar lo que algunos consideran "contaminación" de las lenguas.

El contacto entre las lenguas produce a veces otros fenómenos problemáticos, como el del *espanglish* o *Spanglish*, un híbrido entre el inglés y el español que

35 ocurre principalmente en Estados Unidos. Algunos aseguran que el *espanglish* es una nueva lengua que va unida a la identidad hispana en Estados Unidos, otros lo ven más como un dialecto o simplemente como un cambio del código lingüístico, es decir, de alternar entre dos lenguas cuando se habla o se escribe.

Sin embargo, el *espanglish* no es un fenómeno único de los que hablan

40 mayoritariamente español sino también de aquellos hispanos que hablan principalmente inglés y de forma voluntaria introducen expresiones en español para reivindicar su identidad latina. La literatura es un buen ejemplo de esto. Los escritores hispanos rechazan la separación del inglés y el español y construyen una

45 nueva identidad en que las lenguas y las culturas se sobreponen y se mezclan. En los siguientes versos, la escritora chicana Pat Mora reivindica este mestizaje:

I became bilingual,
learned to roll
50 palabras in my mouth
just to taste them,
chew, swallow
fruta dulce.

En cualquier caso, el *espanglish* puede ser muy
55 creativo; por eso, hay muchos artistas, escritores y cantantes que lo utilizan como forma de expresión artística.

⌃ Pat Mora, escritora hispana

Al leer los próximos dos párrafos, recuerde su definición preliminar del *espanglish*. Busque información que cambie o que confirme su definición.

¿Qué ha comprendido? ¿Qué es el *espanglish*? ¿Por qué algunas personas hablan *espanglish* voluntariamente?

El español, y su variedad americana, el *espanglish*, es por lo tanto un canal de comunicación que une a las comunidades hispanohablantes en Estados Unidos. Son comunidades que viven en Estados Unidos y que comparten la experiencia del bilingüismo y del multiculturalismo.

60 El español es hoy una lengua internacional. Se habla en partes de Europa, Asia, África y las Américas. Además, es una de las lenguas importantes de la Unión Europea y la aprenden miles de estudiantes por todo el mundo. Su comunidad de hablantes es mucho más amplia y diversa hoy que en sus modestos orígenes. Y es una lengua bastante homogénea que, a pesar de sus variaciones dialectales,
65 crea una identidad multicultural que traspasa las diferencias de origen y de raza.

Comprensión y ampliación

 2-4 Comprensión. Complete las siguientes oraciones según la información del artículo y compárelas con las de un/a compañero/a.

1. El origen del español es...
2. Al idioma español se lo llama también castellano porque...
3. El español llegó a América cuando...
4. Los españoles tomaron algunas palabras de las lenguas indígenas para...
5. El *espanglish* es un fenómeno que...
6. El español es una lengua internacional porque...

 2-5 Ampliación. Responda a las siguientes preguntas, según su experiencia personal. Luego, comparta sus respuestas con su compañero/a.

1. ¿Qué quiere decir "pertenecer a una comunidad lingüística"? ¿Qué comunidades lingüísticas conoce usted además de la del español? ¿A qué comunidad(es) lingüística(s) pertenece usted?
2. ¿Conoce usted el origen de su propia lengua? ¿En qué países se habla? ¿Se habla de manera muy diferente de un lugar a otro? ¿Cuáles son algunas de esas diferencias: el acento, el vocabulario, otras? ¿Puede dar algún ejemplo?
3. ¿Piensa usted que dentro de una comunidad lingüística todas las personas hablan de la misma manera? ¿Usa usted las mismas palabras y expresiones cuando habla con sus profesores, con sus padres o con sus amigos? ¿Qué diferencias nota usted?
4. ¿Conoce usted a gente cuya (*whose*) lengua materna es el español? ¿Conoce a alguien que hable *espanglish*? En su opinión, ¿es el *espanglish* una manifestación de la evolución de una lengua (como la del latín hace cientos de años) o de la contaminación entre el español y el inglés? Explique.

 2-6 Conexiones. Hablen entre ustedes de los siguientes temas relacionados con la lectura. Usen las preguntas para organizar su conversación.

1. El bilingüismo: ¿Cuántas lenguas hablan ustedes? ¿Qué lenguas hablan? ¿Dónde las hablan? ¿Conocen a alguien que hable más de dos lenguas? ¿Piensan que es más fácil aprender otras lenguas cuando uno es bilingüe? ¿Por qué?
2. La variedad del español: ¿Conocen muchas variedades del español? ¿Cuáles son las diferencias entre unas y otras? ¿Es distinto el acento? ¿Cómo es? ¿Saben ustedes cómo se dice *potato* en España? ¿Y en Latinoamérica? ¿Cómo se dice *corn* en México? Y ¿en España?
3. El *espanglish*: ¿Conocen algún ejemplo de *espanglish*? ¿Tienen amigos o conocidos que hablen *espanglish*? ¿Conocen la letra de alguna canción en *espanglish*? ¿Algún poema?

Aclaración y expansión

The preterit

Spanish has several tenses to express the past. This chapter reviews the preterit and the imperfect.

- Use the preterit to talk about past events, actions, and conditions that are viewed as completed or that have ended, regardless of the time they lasted (an instant, a short while, or a long period of time).

Los europeos **encontraron** el tomate y el cacao en las Américas.	*Europeans **found** the tomato and chocolate in the Americas.*
El contacto entre el español y el francés **cambió** ambas lenguas.	*Contact between Spanish and French **changed** both languages.*

- Use the preterit when narrating a sequence of events, actions, and conditions seen as completed in the past. Such a sequence of actions denotes a forward movement of narrative time.

Hernán Cortés **nació** en Extremadura, al oeste de España, en 1485.	*Hernán Cortés **was born** in Extremadura, in western Spain, in 1485.*
De joven, **estudió** en la Universidad de Salamanca. Pero después de dos años **salió** para buscar aventuras en las Américas.	*As a young man, he **studied** at the University of Salamanca. But after two years, he **left** to seek adventure in the Americas.*
Después de un largo viaje, los españoles **llegaron** a Mesoamérica.	*After a long journey, Spaniards **arrived** in Mesoamerica.*
Algunos grupos **se establecieron** cerca de la costa, y otros **continuaron** hacia las tierras altas.	*Some groups **settled** near the coast, and others **continued** toward the highlands.*

- The preterit may also indicate the beginning of an event or a feeling.

Después de un largo viaje, **se sintió** muy feliz cuando **vio** la costa a lo lejos.	*After a long journey, he **felt** (started to feel) very happy when he **saw** the coast in the distance.*

Regular verbs

	hablar	comer	vivir
yo	hablé	comí	viví
tú	hablaste	comiste	viviste
Ud., él/ella	habló	comió	vivió
nosotros/as	hablamos	comimos	vivimos
vosotros/as	hablasteis	comisteis	vivisteis
Uds., ellos/as	hablaron	comieron	vivieron

Irregular verbs

- Stem-changing **-ir** verbs

  Stem-changing **-ir** verbs change **e → i** and **o → u** in the **usted, él/ella** and **ustedes, ellos/ellas** forms in the preterit.

e → i		o → u	
pedir	pidió, pidieron	dormir	durmió, durmieron
sentir	sintió, sintieron	morir	murió, murieron

- The verb **dar**

  Dar uses the endings of **-er** and **-ir** verbs without any accent marks.

  dar   di, diste, dio, dimos, disteis, dieron

- The verbs **ir** and **ser**

  Ir and **ser** have identical forms in the preterit. Context will determine the meaning.

  ir
  ser   fui, fuiste, fue, fuimos, fuisteis, fueron

LENGUA

Remember that the preterit form of **hay** is **hubo** (*there was, there were*) and that it is invariable: **Hubo** un accidente terrible. **Hubo** muchos muertos y heridos.

Verbs that do not stress the last syllable in the *yo* and the *usted, él/ella* forms	
u in the stem	
andar	anduve, anduviste, anduvo, anduvimos, anduvisteis, anduvieron
estar	estuve, estuviste, estuvo, estuvimos, estuvisteis, estuvieron
poder	pude, pudiste, pudo, pudimos, pudisteis, pudieron
poner	puse, pusiste, puso, pusimos, pusisteis, pusieron
saber	supe, supiste, supo, supimos, supisteis, supieron
tener	tuve, tuviste, tuvo, tuvimos, tuvisteis, tuvieron
i in the stem	
hacer	hice, hiciste, hizo, hicimos, hicisteis, hicieron
querer	quise, quisiste, quiso, quisimos, quisisteis, quisieron
venir	vine, viniste, vino, vinimos, vinisteis, vinieron

The verbs **decir, traer**, and all verbs ending in **-ducir** (e.g., **producir**) have a **j** in the stem and use the ending **-eron** instead of **-ieron** in the **ustedes, ellos/as** form. **Decir** also has an **i** in the stem.

j in the stem	
decir	dije, dijiste, dijo, dijimos, dijisteis, dijeron
producir	produje, produjiste, produjo, produjimos, produjisteis, produjeron
traer	traje, trajiste, trajo, trajimos, trajisteis, trajeron

2-7 Práctica. ¿Recuerda la primera clase de español que usted tomó? Complete las afirmaciones con la expresión entre paréntesis. Conjugue el verbo en pretérito.

1. El primer día de clase, yo _____ (llegar) temprano al salón de clase.
2. El profesor _____ (hablar) en español desde el primer momento.
3. Todos los estudiantes _____ (ponerse nerviosos) cuando escucharon al profesor hablar en castellano.
4. Una chica _____ (abrir) el libro de texto varias veces para buscar algunas palabras desconocidas.
5. El profesor _____ (dar) información sobre el curso.
6. Al final de la clase, nosotros _____ (decir) algunas palabras en español.

2-8 ¿Experiencias semejantes o diferentes? Ahora, escriba las afirmaciones de la actividad **2-7** que reflejan su experiencia personal del primer día de clase de español y añada otras. Compare sus experiencias oralmente con las de su compañero/a. Hágale una pregunta a su compañero/a para averiguar lo que hizo inmediatamente después de su primera clase.

2-9 ¡Mi examen de español! Primero, observen las siguientes escenas y, luego, túrnense para narrar detalladamente lo que le ocurrió a Carolina. Consulten las Expresiones útiles.

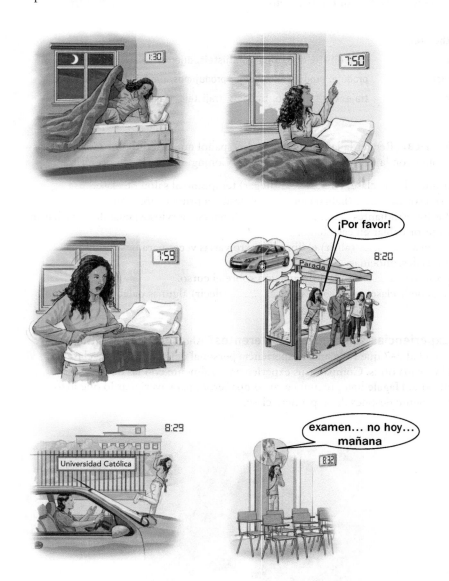

Expresiones útiles

Sustantivos	Verbos		
despertador	abrir	desesperarse	pedir ayuda
parada del autobús	acostarse	despertarse	preguntar
pasajeros	bajarse	dormir profundamente	recoger (*pick up*)
puerta	bajarse del bus	levantarse de prisa	tomar
ropa	descomponerse (*break down*)	llamar por teléfono	vestirse

2-10 Metí la pata (*I goofed*). Primera fase. Durante la primera semana de estudios en México, un grupo de alumnos fue a un restaurante para practicar su español y probar comida de la región. Completen el siguiente texto para saber qué les ocurrió.

Al llegar al restaurante, yo (1) _____ (sentarse) a la mesa. Mi amiga Meghan (2) _____ (ir) a la sala de baño. El mesero (3) _____ (traer) el menú y Sara y yo lo (4) _____ (abrir) y lo (5) _____ (leer), pero no comprendíamos muchos de los nombres de los platos o de los ingredientes. Sara (6) _____ (ver) un plato llamado *Pastel azteca* y lo (7) _____ (pedir); pensó que era un postre indígena. Cuando el plato (8) _____ (llegar) a la mesa, Sara (9) _____ (darse cuenta) de su error. El pastel azteca no es un plato dulce, sino muy picante que contiene chiles, queso, tomates, crema y otros ingredientes. Sara (10) _____ (pagar) por su plato, pero ella no (11) _____ (poder) probarlo. Sara (12) _____ (meter) la pata por su limitado conocimiento del español.

Segunda fase. Cuéntense una historia personal, real o ficticia, sobre un evento inesperado. Usen la *Primera fase* como modelo y digan lo siguiente:

- dónde y cuándo ocurrió
- qué ocurrió
- quién(es) estuvo/estuvieron envuelto(s) en la situación
- cómo terminó la situación

2-11 Mis orígenes en pocas palabras. Primera fase. Escriba en una secuencia lógica los orígenes probables o imaginarios de uno/a de sus parientes o antepasados.

Verbos útiles			
casarse	establecerse	quedarse	viajar
crecer	llegar	salir	vivir
emigrar	mudarse	trabajar	volver

MODELO: Mi abuelo **llegó** de Italia con sus padres a este país en el año 1935. **Se establecieron** en Nueva York. Unos años más tarde, mi abuelo **conoció** a mi abuela. La familia de mi abuela también **emigró** de Italia a Estados Unidos. Después de un tiempo **se casaron** y **se mudaron** a Chicago. Mi abuelo **empezó** a trabajar como mecánico, **compraron** una casa y **se quedaron** en Chicago.

Segunda fase. Sin usar sus notas, explíquele a su compañero/a la historia de su pariente. Él/Ella debe hacerle al menos tres preguntas para obtener más detalles.

2-12 ¿Malentendidos? Piense en alguna situación en que usted experimentó (*experienced*) un malentendido (*misunderstanding*) o un problema de comunicación. Dígale a su compañero/a todo lo que le sucedió. Su compañero/a debe hacerle preguntas para obtener más detalles.

📖 Ventanas al mundo hispano

Nuestra lengua

Antes de ver

2-13 ¿Cuánto sabe usted sobre el español? Marque (✓) la respuesta correcta.

① El español comenzó a hablarse en el continente latinoamericano aproximadamente en el siglo…

_____ a. XVI.
_____ b. XIX.
_____ c. XX.

② Además del español, en España se hablan también… (Hay más de una respuesta correcta.)

_____ a. gallego.
_____ b. catalán.
_____ c. mapuche.

③ Otros idiomas oficiales de algunos países latinoamericanos son… (Hay más de una respuesta correcta.)

_____ a. guaraní.
_____ b. valenciano.
_____ c. quechua.

④ Hoy en día el número de hablantes nativos y no nativos de español en el mundo es aproximadamente…

_____ a. 100 millones de personas.
_____ b. 300 millones de personas.
_____ c. 500 millones de personas.

🎬 Mientras ve

2-14 ¿Cierto o falso? Indique si las siguientes afirmaciones son ciertas (**C**) o falsas (**F**), según la información que aparece en el video. Si la respuesta es falsa (**F**), dé la información correcta.

① Con respecto a los hablantes de español:

_____ a. El español se habla en todos los países de América del Sur.
_____ b. En Estados Unidos hay más de 30 millones de hispanohablantes.

② Con respecto a las características del español:

_____ a. El español tiene diferencias regionales.
_____ b. Las lenguas indígenas no han influido en el español.

③ Con respecto al origen de algunas palabras:

_____ a. Las palabras _chocolate_, _cacao_ y _maíz_ provienen de lenguas indígenas.

④ Con respecto a las diferencias regionales para referirse al _autobús_:

_____ a. La palabra _guagua_ se utiliza en Puerto Rico y Cuba.
_____ b. La palabra _camión_ se utiliza en México.
_____ c. La palabra _góndola_ se utiliza en Colombia.

Después de ver

2-15 ¿Cuánto recuerda usted? Primera fase. Marque (✓) los temas que se mencionan en este segmento del video.

_____ a. el número aproximado de hablantes de español en la actualidad
_____ b. la presencia de hispanos en Estados Unidos
_____ c. el origen del español en España
_____ d. la llegada del español a América
_____ e. las variantes regionales del español

 Segunda fase. Piense en una experiencia o anécdota relacionada con el español. Cuéntele a su compañero/a los detalles de lo que sucedió.

A leer

02-23 to
02-30

Vocabulario en contexto

2-16 Reflexiones sobre las lenguas. Indique si las siguientes afirmaciones son ciertas (**C**) o falsas (**F**) con respecto a las lenguas en general. Si son falsas, diga por qué.

1. ___ Los términos *lengua* e *idioma* se consideran sinónimos.
2. ___ La lengua les permite a los seres humanos nombrar (*name*) objetos, lugares y personas, además de expresar o describir experiencias, sentimientos y eventos.
3. ___ En general, cada lengua se asocia con un solo territorio.
4. ___ Las lenguas evolucionan.
5. ___ Todas las personas que hablan una lengua hablan de la misma manera.
6. ___ Hay palabras que tienen más de un significado, dependiendo del contexto en que se usen.
7. ___ Hay hablantes bilingües o políglotas que mezclan las lenguas cuando hablan o escriben.
8. ___ El español se habla solamente en España e Hispanoamérica.

2-17 Llamemos a cada cosa por su nombre. Observe las dos escenas
(pp. 46–47) y responda a las preguntas.

1. *Extrañar* a una persona quiere decir que...
   a. cuando alguien está ausente, su presencia les hace falta a las otras personas.
   b. cuando alguien está presente, su presencia es desagradable para otros.
   c. cuando alguien está ausente, otras personas quieren ir a un lugar extraño.

2. Un *mercado callejero* es un lugar...
   a. donde los mecánicos venden repuestos y se reparan carros.
   b. en la calle donde los vendedores compran productos de otros vendedores a precios módicos.
   c. en la calle, no en un edificio, donde las personas pueden comprar productos tales como frutas, verduras, repuestos o animales.

3. El verbo *perfeccionar* significa...
   a. aprender.
   b. crear.
   c. mejorar.

 2-18 Aplicación. Respondan a las siguientes preguntas. Prepárense para compartir
sus respuestas con el resto de la clase.

1. ¿Extraña usted a sus padres? ¿A sus amigos de la escuela secundaria?
2. ¿Qué actividades hace usted con su mejor amigo/a? ¿Van a la bolera a jugar bolos (*bowling*)?
3. ¿Hay mercados callejeros en su ciudad o región? ¿Qué se puede comprar allí?

Estrategias de lectura

1. Infórmese sobre el tema antes de leer.
   a. Examine el título del texto. ¿Cómo se explica el cambio de código lingüístico en el título?
   b. ¿Qué sabe usted acerca de las diferencias en el español entre los países hispanoparlantes? ¿Sabe algunos ejemplos de palabras diferentes según la región donde se usan? ¿Puede dar algunos ejemplos de palabras diferentes en el inglés de varias regiones de Estados Unidos?
   c. ¿Qué recuerda acerca del *espanglish*? ¿Recuerda algún ejemplo de la primera lectura de este capítulo?
2. Examine el texto antes de leerlo.
   a. ¿Qué tipo de texto es? ¿Quién escribe el texto? ¿Para quién lo escribe?
   b. Pase su marcador por todas las palabras y frases en letra cursiva. Clasifíquelas como 1) vocabulario de un país latinoamericano, 2) un préstamo del inglés al español o 3) una mezcla de códigos lingüísticos.

LECTURA

Un email desde Estados Unidos

Queridos abuelos:

¿Cómo están? ¿Siguen bien de salud? Ya me contó mamá que ustedes están preocupados por mí. Quizá ella les dijo que estaba triste. No es verdad. Los primeros meses fueron un poco difíciles, pero ahora todo va bien. Pues, ahora les escribo para contarles sobre mi vida.   5

Mi vida en este país está mejorando poco a poco. Ya no extraño tanto a mis amigos como antes. Mi inglés se va perfeccionando, y ahora ya entiendo las explicaciones de los profesores en clase. Hablo más con mis compañeros y empecé a hacer algunas amistades, especialmente entre los hispanos que están aquí. Hay un chico de la Argentina que me habla de *vos*, dos simpáticas mexicanas que   10 siempre dicen *padre* cuando algo les gusta (*llevas una gorra muy padre, ¡Qué padre!*) y varios puertorriqueños. Con ellos juego al béisbol los domingos.

Mi mejor amigo se llama Andrés y es de Cuba. Lleva tantos años aquí que mezcla el inglés y el español. En realidad, esto es algo común entre la gente que vive en este país por algún tiempo. Cuando Andrés cumplió 18 años, sus padres le   15 permitieron comprar un carro de segunda mano con el dinero que ganó trabajando los fines de semana en una hamburguesería. Primero, me dijo que había ido al *dealer* y no pude entender bien sus palabras. "Sí, hombre, donde venden carros nuevos y de segunda mano". Le pregunté si había encontrado algún carro barato

Al leer el primer párrafo, busque las respuestas a estas preguntas: ¿A quiénes está dirigido el email? ¿Dónde está la persona que escribe?

En este párrafo Roberto describe a sus amigos. ¿Qué dice acerca de su amigo argentino? ¿Qué palabra usan sus amigas mexicanas? ¿Qué hace con sus amigos puertorriqueños?

¿Qué ha aprendido? ¿Qué palabra usan las amigas mexicanas? ¿Tiene un significado positivo o negativo?

En este párrafo Roberto describe a su amigo Andrés. Al leer, haga una lista de los ejemplos de cómo Andrés mezcla el español y el inglés.

20 y me dijo: "El *salesman* me propuso un deal estupendo". Quería decirme que el vendedor de carros le ofreció una buena oportunidad de compra. Cuando lo vi, quedé impresionado: ¡un Toyota Corolla de 22 años que estaba impecable! Es un carro parecido al del abuelo, pero más grande y de color azul metálico. El sábado probamos el carro por primera vez: salí con Andrés y dos amigas cubanas, Marta y

25 Juani; fuimos a la bolera a jugar una partida. No piensen que me voy a enamorar tan pronto, queridos abuelos... aunque hay una compañera de Guatemala que me gusta muchísimo. De momento sólo hablo con ella a la hora del *lonche*, es decir, a la hora del almuerzo.

Los extraño mucho y me gustaría que ustedes estuvieran aquí. Encontrarían una
30 ciudad llena de lugares atractivos: lindos parques, restaurantes de todas las naciones del mundo, un mercado callejero bien *cool* y un inmenso *mall* en el que se encuentra de todo a un precio bastante *cheap*. Como ven, ya se me está pegando el *espanglish*. Ahora recuerdo lo que siempre dijiste, abuelo: que los carros de Estados Unidos son más grandes que los de nuestro país. Pero no sólo son grandes los carros. También

35 son grandes las carreteras, los edificios, los jardines y hasta las canchas de béisbol. También son grandes los pantalones medio caídos (*baggy pants*) de mis compañeros de clase. En la universidad hay estudiantes afroamericanos, blancos, asiáticos... y muchos hispanos. Al principio, sólo les oía hablar en inglés. Pero la verdad es que los hispanohablantes somos bastantes y hablamos casi siempre español entre

40 nosotros. Cuando vengan a verme, seguro que van a oír a menudo nuestro idioma por las calles. Y es que, en el fondo, las cosas no son tan diferentes aquí.

Un abrazo de su nieto que los quiere y piensa mucho en ustedes.

Roberto

En este párrafo Roberto menciona algunas cosas que le impresionan. Al leer, haga una lista.

Comprensión y ampliación

2-19 Comprensión. Indique si las siguientes afirmaciones son ciertas (**C**) o falsas (**F**) de acuerdo con la información de la lectura anterior. Si son falsas corríjalas.

1. ____ Los primeros meses de Roberto en Estados Unidos fueron difíciles.
2. ____ Roberto ha hecho buenas amistades con jóvenes latinos.
3. ____ Los mexicanos usan el *vos* cuando hablan.
4. ____ A Roberto le gusta mucho una compañera guatemalteca.
5. ____ Roberto no usa nunca palabras en *espanglish* con sus amigos.
6. ____ Los pantalones que usan los jóvenes son cortos y estrechos.
7. ____ En la universidad sólo hay hispanoparlantes.
8. ____ Roberto y sus amigos hablan entre ellos en inglés.

2-20 Ampliación. Elija la palabra en español más apropiada para sustituir la palabra en inglés en los siguientes contextos.

1. El amigo de Roberto fue a *un dealer* para comprar un carro.
   a. una gasolinera
   b. un vendedor
   c. un garaje

2. En mi barrio, hay un *mall* donde venden de todo.
   a. centro comercial
   b. mercado
   c. supermercado

3. Los pantalones que lleva mi amigo son muy *cool*.
   a. elegantes
   b. padres
   c. frescos

4. Andrés y yo vamos a invitar a Carmela a un *lonche*.
   a. desayuno
   b. cena
   c. almuerzo

5. El carro que compré era bastante *cheap*.
   a. caro
   b. barato
   c. bueno

2-21 Conexiones. Primera fase. Lea el anuncio y conteste las siguientes preguntas.

1. ¿Qué palabras se usan en el anuncio en inglés? ¿Y en español?

2. ¿Por qué se utiliza el *espanglish*? ¿Es un uso voluntario o un error? Si es voluntario, ¿cuál es, en su opinión, el propósito?

Segunda fase. Busquen ejemplos de *espanglish* en revistas, carteles de anuncios o en Internet. Analicen esos anuncios teniendo en cuenta las preguntas de la *Primera fase*. Lleven sus ejemplos a clase y compartan su análisis.

A escuchar

2-22 ¿Qué sabe usted sobre el español? Usted va a escuchar una presentación sobre la historia del español. Primero, lea las siguientes afirmaciones y luego, escuche la presentación. Indique si las afirmaciones reflejan (**R**) o no reflejan (**NR**) el contenido de la presentación del lingüista. Si no reflejan el contenido, corríjalas.

1. _____ El Profesor Hart se refirió a los orígenes del español en España.

2. _____ Al igual que ocurre con países donde se hablan otras lenguas, cada país hispanoamericano tiene una manera particular de hablar el español.

3. _____ La lengua española vino a América desde Europa, pasó por el Caribe y, finalmente llegó a Sudamérica.

4. _____ Las diferencias de habla entre los diversos países hispanoamericanos se pueden explicar por la lengua nativa de Cristóbal Colón.

5. _____ Desde el comienzo, el español de América no fue influido por las lenguas indígenas locales.

6. _____ El español de México y Perú o Bolivia es semejante al español que se habla en la totalidad de España.

7. _____ La distancia entre los países hispanos y los centros administrativos y culturales, como Ciudad de México y Lima, puede explicar con más precisión las diferencias del español hispanoamericano.

2-23 ¿Qué otro nombre tiene? Piensen en otras palabras que se usan para nombrar lo siguiente. Digan dónde se llama así. Escríbanlas y compárenlas con las de sus compañeros.

1. papa
2. cacahuates
3. aguacate
4. arvejas (*green peas*)
5. autobús
6. automóvil
7. saco (de vestir)

02-31 to 02-40

Aclaración y expansión

The imperfect

- The imperfect is another tense that you may use when talking about the past. Contrary to the preterit, which expresses the beginning or end of a past event, action, or condition, the imperfect describes the nature of an event, action, or condition while it was going on but does not make reference to its beginning or end.

Uses of the imperfect

- Express habitual or repeated actions in the past

<table>
<tr><td>Antes Roberto **escribía** cartas, pero ahora prefiere mandar mensajes de texto.</td><td>*Before, Roberto **used to write** letters, but now he prefers to send text messages.*</td></tr>
</table>

- Describe mental and physical characteristics and conditions in the past

<table>
<tr><td>Su primer profesor de inglés **era** muy alto y **tenía** barba. **Era** muy divertido e interesante.</td><td>*His first English teacher **was** very tall and he **had** a beard. He **was** very funny and interesting.*</td></tr>
</table>

- Express an action, event, or state that was in progress in the past, but without mentioning when it started or ended.

<table>
<tr><td>Unas personas **hablaban** en voz alta durante la clase. ¡Qué descortesía!</td><td>*Some people **were talking** loudly during the class. How rude!*</td></tr>
</table>

- Express two actions that occur simultaneously in the past

<table>
<tr><td>Mientras Carla **caminaba** a clase, **escuchaba** su música favorita.</td><td>*While Carla **walked** to class, she **listened** to her favorite music.*</td></tr>
</table>

- Tell time in the past

  Eran las siete en punto cuando llegó a su barrio.

  *It **was** seven o'clock sharp when she arrived in her neighborhood.*

- Talk about age in the past

  Roberto **tenía** veinte años cuando fue a Estados Unidos a estudiar.

  *Roberto **was** twenty years old when he went to the United States to study.*

- Express intent or future time in relation to a past time with **ir** + **a** + *infinitive*

  La profesora nos dijo que **iba** a hablar más sobre el *espanglish*.

  *The professor told us that she **was going** to talk more about Spanglish.*

LENGUA

You may also use the imperfect progressive if you want to emphasize the ongoing nature of a past action, event, or state.

Roberto **estaba hablando** de los diferentes nombres para la palabra *banana* en español con sus amigos.

*Roberto **was talking** with his friends about the different names for the word banana in Spanish.*

Imperfect of regular and irregular verbs

Regular verbs			
	hablar	**comer**	**vivir**
yo	habl**aba**	com**ía**	viv**ía**
tú	habl**abas**	com**ías**	viv**ías**
Ud., él/ella	habl**aba**	com**ía**	viv**ía**
nosotros/as	habl**ábamos**	com**íamos**	viv**íamos**
vosotros/as	habl**abais**	com**íais**	viv**íais**
Uds., ellos/as	habl**aban**	com**ían**	viv**ían**

Irregular verbs	
ir:	iba, ibas, iba, íbamos, ibais, iban
ser:	era, eras, era, éramos, erais, eran
ver:	veía, veías, veía, veíamos, veíais, veían

2-24 Práctica. Complete esta narración usando la forma correcta del imperfecto.

Cuando nosotros (1) _____ (ser) niños, (2) _____ (vivir) en un pueblo pequeño en Texas en la frontera con México. En nuestro barrio (3) _____ (haber) anglos y latinos, y todos los niños (4) _____ (jugar) juntos. Nosotros (5) _____ (ser) bilingües, porque todo el mundo (6) _____ (hablar) tanto español como inglés todos los días. Como adolescentes, (7) _____ (cruzar) la frontera casi todos los fines de semana. Algunos de nuestros amigos (8) _____ (tener) primos mexicanos, y ellos siempre (9) _____ (salir) con nosotros. Ellos nos (10) _____ (llevar) a sus restaurantes y clubes favoritos. A veces nuestros primos nos (11) _____ (visitar) e (12) _____ (ir) con nosotros a partidos de fútbol americano. La vida bilingüe y bicultural (13) _____ (ser) normal en la frontera en aquellos tiempos.

2-25 La casa de mi infancia. Primera fase. Piense en la casa o apartamento donde vivía con su familia cuando era niño/a. Descríbale la casa/el apartamento a su compañero/a. Incluya información sobre los cuartos, los muebles que recuerda más, sus lugares favoritos y las actividades que hacía en el patio (*yard*). OJO: ¡No se olviden de usar el imperfecto!

Segunda fase. Ahora, escriban por lo menos cinco oraciones en las que comparen sus casas/apartamentos. Usen verbos diferentes en sus frases.

MODELO: *Yo vivía en un apartamento en la ciudad y Miguel vivía en una casa en el campo.*

2-26 La infancia de Roberto. Primera fase. Roberto, cuyo (*whose*) email a sus abuelos usted leyó en este capítulo, hacía las siguientes actividades en su infancia. ¿Qué hacían usted y sus hermanos/primos? Escríbalo.

Para divertirse, Roberto...	Para divertirnos, mis hermanos/ primos y yo...
1. jugaba con sus videojuegos todos los días.	_____
2. practicaba fútbol con sus amigos.	_____
3. leía libros de cuentos fantásticos.	_____
4. escribía poesía en secreto.	_____
5. a veces no hacía su tarea.	_____
6. viajaba mucho con su familia.	_____
7. visitaba mucho a sus abuelos.	_____
8. escuchaba muchos tipos de música.	_____
9. lavaba su propia ropa.	_____
10. pasaba mucho tiempo con su familia.	_____

Segunda fase. Ahora, compare sus respuestas con las de su compañero/a. ¿Qué actividades tenían en común? Hagan una lista para compartir con la clase.

2-27 Nuestro pasado. Primera fase. Elijan uno de los temas. Túrnense para describir cómo eran sus vidas cuando eran niños.

MODELO: *Cuando era niña, mis hermanos y yo íbamos a campamentos en nuestro pueblo. Nadábamos mucho y jugábamos fútbol y tenis. Cuando llovía, hacíamos proyectos de cerámica o dibujábamos. Nos divertíamos mucho.*

- los veranos
- las vacaciones
- los cumpleaños

- las celebraciones con la familia
- las actividades con los amigos
- la escuela primaria

Segunda fase. Presente su descripción a la clase. Sus compañeros deben hacerle preguntas.

2-28 Una persona inolvidable. Primera fase. Individualmente, piensen en alguien que era muy amigo suyo/amiga suya cuando eran niños, pero con quien ya no están en contacto. Luego, intercambien la siguiente información con su compañero/a.

1. Características físicas y de personalidad de esa persona: ¿Cómo era?
2. Lugar de residencia de esa persona: ¿Vivía cerca de usted? ¿Dónde se veían?
3. Algunos detalles interesantes de esa persona: ¿Qué cosas le gustaba hacer? ¿Qué actividades hacían juntos/as?

Segunda fase. Comparen a las personas de quienes hablaron en la *Primera fase*, teniendo en cuenta las características de cada una y algunos detalles interesantes.

The preterit and the imperfect

• Both the preterit and the imperfect express past time, but they have different meanings. In general, use the preterit for actions or situations that you view as completed. Use the imperfect when you do not mention the beginning or end of the action or situation.

Use the preterit to . . .	Use the imperfect to . . .
1. Express actions that the speaker views as completed. Carlos **compró** un Toyota viejo. *Carlos bought an old Toyota.*	1. Express habitual or repeated actions and events in the past. Linda **llevaba** a su hermanita a clase todos los días. *Linda took her little sister to class every day.*
2. Express the beginning or end of an action. El concierto **empezó** a las ocho y **terminó** a las diez. *The concert started at eight and ended at ten.*	2. Describe an ongoing action in the past without mentioning its beginning or end. Ana **leía** un libro cuando la vi en la biblioteca. *Ana was reading a book when I saw her in the library.*

Use the preterit to . . .	Use the imperfect to . . .
3. Narrate a **series** of actions or events in the past. **Fuimos** al mall, **compramos** unos regalos, **almorzamos** y luego, **vimos** una película. *We went to the mall, bought some gifts, had lunch, and then, we saw a movie.*	3. Give background information and descriptions in the past. La película **era** muy cómica. *The movie was really funny.*
4. To express **how long** something lasted. Daniel **estudió** en Costa Rica por nueve meses. *Daniel studied in Costa Rica for nine months.*	4. To tell time or describe weather conditions. **Eran** las doce de la noche y **llovía** fuerte. *It was midnight and it was raining hard.*
5. To express changes in mental, emotional, or physical states. La directora **se puso** furiosa al descubrir el vandalismo. *The director became furious when she discovered the vandalism.*	5. To describe mental, emotional, or physical states. El niño **era** muy tímido, no le **gustaba** jugar con otros niños. *The child was very shy; he did not like to play with other children.*

2-29 Práctica. Complete esta narración con el pretérito o el imperfecto, según el contexto.

Un día, cuando Maribel (1) _____ (ser) pequeña, su madre (2) _____ (llevar) a su hija al colegio. (3) _____ (Ser) un día agradable y soleado. La gente (4) _____ (caminar) sin prisa por las calles para disfrutar del primer calorcito de la primavera. En una esquina alguien (5) _____ (vender) jugos y café, la gente (6) _____ (entrar) en los cafés, los hombres y las mujeres (7) _____ (dirigirse) a sus trabajos y los niños (8) _____ (ir) de la mano de sus padres o en grupos de dos o tres charlando animadamente. (9) _____ (Ser) realmente un día normal. Pero, de pronto, todo (10) _____ (cambiar). El cielo (11) _____ (ponerse) oscuro y se (12) _____ (escuchar) un ruido ensordecedor y tenebroso como un rugido (*roar*). La gente (13) _____ (empezar) a correr y a gritar desesperadamente. El suelo (14) _____ (temblar) y (15) _____ (empezar) a caer una lluvia de ceniza (*ashes*). Maribel y su madre (16) _____ (refugiarse) en un portal abierto por unos diez minutos. Por suerte no (17) _____ (pasar) nada más. Un poco más tarde ellas (18) _____ (salir) otra vez a la calle. Después (19) _____ (oír) la noticia de una enorme explosión. Maribel y su madre afortunadamente (20) _____ (estar) sanas y salvas.

2-30 En una playa del Caribe. Observen los siguientes dibujos y después túrnense para describir las escenas y narrar detalladamente lo que ocurrió.

a.

b.

c.

d.

 2-31 Un viaje inolvidable. Primera fase. Piense en un viaje que usted hizo hace unos años (*a few years ago*). Hable con su compañero/a sobre el viaje e incluya los puntos siguientes.

1. Lo que usted sabía sobre el lugar antes de visitarlo
2. Algo nuevo que descubrió después de llegar
3. Lo que quería hacer allí
4. Lo que hizo y lo que no hizo
5. La persona más interesante que conoció allí
6. Lo que más recuerda ahora acerca del viaje

Segunda fase. Decidan entre ustedes cuál fue el viaje más interesante y por qué. Compartan esta información con la clase.

2-32 ¡Un plan de viaje frustrado! Primera fase. Recuerde un plan de viaje frustrado que usted o alguien que usted conoce tenía pero no pudo realizar. Tome apuntes que incluyan la siguiente información.

1. Explique el plan del viaje.
   a. Describa el lugar adonde pensaba ir.
   b. Describa el ánimo (*mood*) de las personas antes del viaje.
2. Explique el problema que arruinó el plan.
   a. Diga cómo supo del problema.
   b. Dé por lo menos tres detalles de lo que ocurrió.
3. Describa las reacciones.
   a. ¿Cómo reaccionaron las otras personas?
   b. ¿Cómo reaccionó usted?
4. Indique la solución.
   a. ¿Cómo se resolvió la situación?
   b. ¿Cómo se sintió usted? ¿Cómo se sintieron los otros?

Segunda fase. Su compañero/a debe escuchar sus planes frustrados y hacerle preguntas para obtener más información. Después, cambien de papel.

2-33 Una investigación. Primera fase. Durante la noche alguien entró en la oficina de su profesor/a y robó el examen de español. Ustedes tienen que averiguar quién lo hizo. Túrnense para preguntarle a un miembro de su grupo sobre sus actividades de la noche anterior: dónde estaba, con quién estaba y qué hizo entre las seis y las doce de la noche.

Segunda fase. Escriban un informe sobre las actividades de los miembros de su grupo. Es posible que el ladrón (*thief*) esté en su grupo.

ALGO MÁS

Hace with time expressions

- **Hace** + *length of time* + **que** + *preterit* indicates the time that has passed since an action was completed. This idea is expressed as *ago* in English. Note in the sentences below that you can change the order of the words. If you begin the sentence with the preterit tense of the verb, do not use **que**.

Hace tres meses **que** leí ese libro sobre el *espanglish*.	*I read that book about Spanglish three months ago.*
Leí ese libro sobre el *espanglish* **hace** tres meses.	

- **Hace** + *length of time* + **que** + *present tense* indicates that an action began in the past and continues into the present. If you begin the sentence with the present tense of the verb, do not use **que**.

Hace una hora **que** estamos en el autobús.	*We have been on the bus for one hour.*
Estamos en el autobús **hace** una hora.	

2-34 ¿Cuánto tiempo hace? Primero, complete la siguiente tabla de acuerdo con sus experiencias personales, usando **hace** + el pretérito. Después, entreviste a su compañero/a según el modelo.

MODELO: comenzar a aprender español
E1: *¿Cuánto tiempo hace que comenzaste a aprender español?*
E2: *Hace dos años que comencé a aprender español. Fue mi primer año en la universidad.*

Acciones	Fechas
asistir a un concierto	
comprar un libro en español	
leer el periódico	
aprender sobre el *espanglish* por primera vez	
tomar una foto	
viajar por avión	

2-35 Una entrevista. Primera fase. Complete las siguientes oraciones con información personal.

1. Mi programa favorito de televisión es… Veo ese programa hace…
2. Mis escritores favoritos son… Leo sus libros hace…
3. El nombre de mi profesor favorito/profesora favorita de español es… Lo/La conozco hace…
4. El deporte que yo practico es… Lo practico hace…

 Segunda fase. Ahora háganse preguntas para obtener información sobre los gustos de su compañero/a.

MODELO: ¿Cuál es tu programa favorito? ¿Cuánto tiempo hace que miras el programa?

A escribir

02-41

Estrategias de redacción: La narración

¿Qué es la narración? Narrar es simplemente contar, relatar, presentar unos personajes y una secuencia de eventos ficticios o verdaderos. Narramos para entretener, informar, instruir, explicar, etc.

Para escribir una buena narración considere lo siguiente:

1. Manipule eficientemente los personajes (sus cualidades, sentimientos), la acción (rápida, lenta), el ambiente (rural, cosmopolita, misterioso, exótico, etc.), el tiempo (presente, pasado) y el orden (cronológico, retrospectivo, etc.).
2. Determine la perspectiva desde la cual va a narrar: como narrador protagonista, que participa (yo, nosotros/as) o como narrador testigo, que observa (él/ella, ellos/as).
3. Déle una estructura tripartita a su narración. Incluya…
   a. una introducción y descripción de los personajes, una descripción de del ambiente y el comienzo de la acción.
   b. el desarrollo de la acción principal y las tensiones alrededor de la acción.
   c. el desenlace, en el cual los conflictos se resuelven (fin cerrado) o son resueltos por el lector (fin abierto).
4. Planifique las estrategias lingüísticas que va a utilizar para darle agilidad a su narración. Use muchos verbos (acción) y expresiones adverbiales de tiempo (anoche, ayer, más tarde, a menudo, etc.), pocos detalles y oraciones breves.

En la siguiente sección, usted podrá reconocer y practicar algunas estrategias básicas de la narración comunes a todas las lenguas. Luego, escribirá su propia narración. Utilice su experiencia con la narración en su lengua materna al escribir un relato en español.

2-36 Análisis. Primera fase. Lea la siguiente narración.

Un día inolvidable

Todo ocurrió un fin de semana de invierno mientras nuestros padres estaban de vacaciones en Argentina. Llovía y hacía frío. Después de cenar, mis hermanos y yo decidimos ver un partido de fútbol en la televisión mientras abuela Rosario lavaba los platos en la cocina. Se veía un poco cansada, pero ninguno de nosotros le dio importancia. Después de todo, eran las diez de la noche. Inusualmente, ese día, tan pronto terminó de lavar los platos, la abuela se sentó en un sillón al lado de la ventana de la sala. Tomó una revista y se puso a leer. Mientras leía, se reía, protestaba, suspiraba… Exactamente a las diez y veinticinco de la noche, y con una rapidez increíble, algo horrible ocurrió. Escuchamos gritos— ¡niños, niños! Pablo, mi hermano menor, y yo corrimos a la sala. La voz de abuelita Rosario parecía diferente esta vez. Cuando llegamos cerca de su sillón, ella susurró (*whispered*)— La botica; necesito… Pablo, con angustia, le preguntó— ¿Qué te pasa, abuela? Por favor, ¡dime qué necesitas! Abuela Rosario se puso pálida como un papel. Ya casi no podía hablar. Al verla, yo estaba segura de que abuelita tenía una baja de presión y necesitaba sus medicamentos de la farmacia. Rápidamente llamé al farmacéutico, le pregunté qué podíamos hacer para ayudarla y corrí por los medicamentos. Mientras corría, lloraba y rezaba por mi adorada abuelita. Tardé diez minutos en ir a la farmacia y volver a casa. Le dimos sus medicamentos a la abuela y en quince minutos ella estaba mejor. Fue un día tan impactante que mis hermanos y yo jamás vamos a olvidar.

Segunda fase. Ahora, marque (✓) la respuesta correcta.

1. El ambiente es: _____ rural _____ exótico _____ doméstico
2. El tiempo de la narración es: _____ el presente _____ el pasado
3. La perspectiva del narrador es la de: _____ protagonista _____ observador
4. La narración tiene: _____ presentación _____ desarrollo _____ desenlace
5. La narración es: _____ rápida _____ lenta

Explique su respuesta con ejemplos de la narración.

2-37 Preparación. Primera fase. Seleccione uno de los siguientes eventos o experiencias para su narración.

1. Un evento especial (cómico o extraño, etc.) en la primera clase de español que tomé
2. Una experiencia sobre un problema de comprensión o confusión lingüística
3. Un evento o una experiencia que me enseñó algo
4. Una historia imaginada (no vivida)

Segunda fase. Ahora, prepárese para escribir su narración.

1. Planifique el texto en general. Haga un bosquejo (*outline*) con la información básica y los párrafos donde la usará.
2. Prepare:
   a. el vocabulario necesario: palabras de uso obligatorio y frecuente, sinónimos o antónimos
   b. las estructuras necesarias: ¿va a usar el pasado para narrar (el pretérito, el imperfecto, o una combinación de ellos)?
3. Revise su bosquejo. Lea nuevamente "Para escribir una buena narración considere lo siguiente" en la página 60.

2-38 ¡A escribir! Ahora escriba su narración paso a paso. A medida que usted escribe, consulte sus apuntes y evalúe el contenido de su texto leyéndolo varias veces. Aclare las ideas confusas o poco claras, elimine los detalles innecesarios. Asegúrese de que usó las estructuras gramaticales correctas. Mejore el estilo de su narración evitando la repetición de vocabulario. Use sinónimos y antónimos.

Expresiones útiles relacionadas con la cronología de las acciones	
al (día, mes, año) siguiente	en aquel entonces
al final	finalmente
al + *infinitivo*	luego (de que)
al mismo tiempo	más tarde
al principio/al comienzo	mientras
antes (de)/después (de)	por fin
cuando	posteriormente
entonces	tan pronto como

2-39 ¡A editar! Lea su texto críticamente por lo menos una vez más. Analice el contenido y forma del texto y escriba nuevamente lo necesario para lograr el objetivo deseado. Revise los aspectos formales del texto: la ortografía, la puntuación, la acentuación, las mayúsculas, las minúsculas, el uso de la diéresis, etc.

A explorar

2-40 ¿De qué otra manera se dice? Primera fase: Investigación. Busque en Internet variaciones de palabras en español para expresar el mismo concepto en las áreas siguientes. Tome nota de dónde se usan:

MODELO: ropa
media (Colombia), calcetín (España)

- ropa
- productos de comida
- medios de transporte

Segunda fase: Preparación. Compartan con su compañero/a la información de la *Primera fase* y preparen una presentación. Sigan el siguiente esquema.

1. Indiquen las palabras que investigaron y busquen fotos que las representan.
2. Busquen información sobre los países donde se usan las diferentes expresiones: localización geográfica, grupos étnicos del lugar, lengua(s) que se habla(n) aparte del español, etc.
3. Cuenten alguna anécdota relacionada con el origen o el uso tradicional de la palabra o expresión.

Tercera fase: Presentación. Usen las palabras en un breve texto (anuncio publicitario, chiste, anécdota) de su propia creación e inclúyanlo en su presentación.

2-41 El español en Estados Unidos. Primera fase: Investigación. El español es una lengua que hablan varios millones de hispanos en Estados Unidos. Investiguen los siguientes puntos y tomen apuntes.

1. Los medios de comunicación (*media*) en los que se usa el español en este país
2. Los lugares públicos donde se habla español en este país
3. Los lugares públicos que ofrecen servicios a los clientes en español o donde los clientes pueden hablar y/o leer documentos en español (instrucciones, folletos, etc.)

Segunda fase: Preparación. Consigan un ejemplo de un texto (folleto, formulario, menú, etc.) escrito en español o en *espanglish*. Analícenlo teniendo en cuenta lo siguiente:

1. Dónde y cómo encontró usted este texto
2. A qué tipo de lector/es está dirigido
3. Cuál es el propósito del texto
4. Cuál es su significado

Tercera fase: Presentación. Compartan con sus compañeros/as la información de la *Segunda fase*. Expliquen qué tipo de texto consiguieron, dónde lo encontraron y por qué, según ustedes, está en español.

Vocabulario del capítulo

Lenguas/idiomas

el árabe	*Arabic*
el castellano	*Spanish*
el celta	*Celtic*
el *espanglish*	*Spanglish*
el francés	*French*
el godo	*Gothic*
el guaraní	*Guarani*
el hebreo	*Hebrew*
el inglés	*English*
la lengua franca	*lingua franca*
el/la maya	*Maya*
el náhuatl	*Nahuatl*
el quechua	*Quechua*

La lengua hablada o escrita

el ambiente	*atmosphere*
el anuncio	*advertisement*
el autor/la autora	*author*
el bosquejo	*outline*
la comunidad lingüística	*linguistic community*
el desenlace	*outcome, ending*
el dialecto	*dialect*
el ensayo	*essay*
la entrevista	*interview*
el escritor/la escritora	*writer*
el folleto	*brochure*
el formulario	*form*
la gramática	*grammar*
el/la hablante	*speaker*
el idioma	*language*
los medios de comunicación	*media*
la novela	*novel*
el patrimonio	*heritage*
la poesía	*poetry*
el préstamo	*loan*
el significado	*meaning*
el uso	*use*
la variedad	*variety*

Fenómenos naturales

la ceniza	*ash*
la guerra	*war*
la lluvia	*rain*

Características

amplio/a	*broad, wide*
cosmopolita	*cosmopolitan*
distinto/a	*different*
semejante	*similar*

Verbos

asociar	*to associate*
cambiar de código lingüístico	*to code-switch*
compadrear	*to go out with a friend, in a group of friends*
conseguir (i, i)	*to get, to obtain*
encontrar (ue)	*to find*
entenderse (ie)	*to communicate, to understand each other*
establecer (zc)	*to establish, to settle*
explicar (q)	*to explain*
extrañar	*to miss*
jugar (ue, gu)	
llegar	*to arrive, to reach*
mantener (ie, g)	*to maintain*
mezclar	*to mix, to mix up*
ocurrir	*to occur*
perfeccionar	*to improve, to perfect*
reivindicar	*to claim, to assert*
relatar	*to tell, to report*
sentirse (ie, i)	*to feel*
soler (ue)	*to be accustomed to, to be in the habit of*
tardar	*to take a certain amount of time to do something*
traer (g)	*to bring*
variar	*to vary*

Palabras y expresiones útiles

la bolera	*bowling alley*
a través de	*through*
la nación	*nation*
el mercado callejero	*street market*
el portal	*vestibule, entrance hall*
el pueblo	*people; town*
el territorio	*territory*

Notas: For expressions related to the chronology of actions, see page 62.
For expressions to tell stories or make reports, see page 62.

Las leyendas y las tradiciones

3

Objetivos comunicativos
- Talking about legends and traditions
- Narrating in the past
- Analyzing past and present cultural practices

Contenido temático y cultural
- Legends and traditions
- Regional festivities
- Personal changes and cultural trends

Vista panorámica

Una leyenda cuenta que la Atlántida era un maravilloso continente, cuyos habitantes tenían una cultura muy avanzada. También dice la leyenda que el continente fue destruido por un terremoto y que algunos habitantes pudieron escapar en barcos y llegar a Mesoamérica.

Las leyendas son la base de muchas de las fiestas, ritos y tradiciones del mundo hispano. Con respecto al Carnaval de Oruro, Bolivia, la leyenda cuenta que las fuerzas del bien (*good*) se enfrentaron a las fuerzas del mal (*evil*). Entre las primeras, está el dios del sol (Inti) que es el protector del pacífico pueblo de los Urus. En contraste, los danzarines con máscaras de demonios representan las fuerzas diabólicas que luchan contra él.

Los *moai* son esculturas de piedra volcánica que sólo se encuentran en la Isla de Pascua o *Rapa Nui,* una isla que está en el Océano Pacífico a 3.600 kms al oeste de Chile. Estas esculturas han dado lugar a muchas leyendas. Algunos estudiosos piensan que fueron talladas (*sculpted*) por los habitantes de la isla entre los siglos XII y XVII en honor a sus antepasados muertos.

Vista panorámica

Esta delicada escultura en oro, que actualmente se encuentra en el Museo del Oro de Bogotá, representa la base de la leyenda de El Dorado, uno de los muchos mitos que atrajeron a los conquistadores. Según esta leyenda, cuando los chibchas tenían un nuevo jefe o cacique, lo cubrían de oro y lo llevaban en una balsa (*raft*) al centro de la laguna de Guatavita, cerca de la actual Bogotá, donde este se bañaba.

En Teotihuacán, cerca de la Ciudad de México, se encuentra el templo de Quetzalcóatl, representado como una serpiente cubierta de plumas. El templo tiene forma de pirámide y está adornado con esculturas de este dios. La leyenda dice que cuando Quetzalcóatl se fue de Mesoamérica, prometió regresar por el mar. Por eso, cuando los españoles llegaron en barcos, los aztecas pensaron que era el regreso de su dios.

...e niño escucha la voz de un genio ...n parque de atracciones en España. ...chos cuentos populares que existen ... día proceden de leyendas, historias ...antiguamente se transmitían ...mente e incluían una mezcla de ...entos reales y fantásticos.

Las Fallas de Valencia es un festival que se celebra cada año en esta ciudad española y que atrae a cientos de miles de turistas. Esta tradición antigua tiene su origen en el fuego que los carpinteros hacían en honor a San José para despedir el invierno y celebrar el inicio de la primavera. Durante todo el año se construyen fallas, figuras enormes de madera, cartón y otros materiales, que tienen un tono satírico y humorístico.

A leer

03-01 to
03-09

Vocabulario en contexto

3-1 Asociación. *Primera fase.* Asocie cada palabra con su sinónimo.

1. _____ relatos	a.	mar, océano
2. _____ habitantes	b.	suelo
3. _____ adelantos	c.	temblor de tierra
4. _____ tierra	d.	demostración
5. _____ agua	e.	pobladores
6. _____ terremoto	f.	avances
7. _____ prueba	g.	narraciones, historias

 Segunda fase. Piensen en las teorías que intentan explicar la existencia de nuestro planeta y respondan a las siguientes preguntas.

1. ¿Conocen ustedes un relato que explique el origen de nuestro planeta? Cuéntenlo en sus propias palabras.
2. Según ustedes, ¿cuál es el adelanto más importante para los pobladores de la Tierra desde el comienzo de su historia? ¿Por qué?
3. ¿Cómo les afectan los fenómenos naturales a los habitantes de este planeta? ¿Hay terremotos o huracanes donde ustedes viven? ¿Qué regiones del mundo son más propensas a estos fenómenos?

3-2 Grandes civilizaciones. Complete el siguiente texto con el grupo apropiado.

los aztecas	los incas
los egipcios	los mayas
los griegos	los romanos

Cuando los españoles llegaron a lo que hoy es México, se encontraron con un pueblo guerrero de cultura muy avanzada. Eran (1) _____. Tenían calendarios sofisticados para medir el tiempo y templos donde celebraban sacrificios. En México también se encuentran restos de una civilización anterior, la de (2) _____, que construían pirámides, al igual que otras culturas avanzadas como la de (3) _____, en el norte de África.

En América del Sur también existieron civilizaciones importantes. La ciudad de Machu Picchu es un ejemplo de los adelantos de (4) _____, los cuales eran arquitectos y agricultores muy hábiles (*skillful*). Entre las grandes civilizaciones antiguas europeas tenemos a (5) _____, que eran grandes filósofos, estudiosos de la aritmética y la astronomía, además de ser creadores de las Olimpiadas. Otra gran civilización fue la de (6) _____, quienes llegaron a tener un gran imperio. Aún hoy se conservan teatros y acueductos de esta civilización que, además, impuso su lengua, el latín, de la que se derivan el español, el francés y el italiano, entre otras.

CULTURA

Según la leyenda, Quetzalcóatl era un dios blanco con barba (*beard*) que enseñó a los pueblos indígenas la agricultura, el trabajo de los metales y las artes. Era adorado por los aztecas, quienes lo representaban como una serpiente con plumas, símbolos de la tierra y del aire. Cuando los españoles llegaron a México, causaron gran asombro porque los indígenas nunca habían visto (*had never seen*) ni armas de fuego ni caballos. Los aztecas creyeron al principio que Hernán Cortés era Quetzalcóatl. Por eso, Moctezuma, el emperador de los aztecas, lorecibió como a un dios en la capital de su imperio, Tenochtitlán. Esto facilitó a los españoles la conquista de México.

3-3 Nuestra gente. Sigan las instrucciones para hablar sobre un grupo originario de su país (los indios apaches, los sioux, los anasazi, etc.). Tomen apuntes para compartir sus ideas con otra pareja.

1. Seleccionen un grupo e indiquen dónde viven/vivían.
2. Describan este lugar.
3. Hablen de su vivienda.
4. Mencionen una costumbre tradicional o antigua que aún mantienen hoy en día.

Estrategias de lectura

1. Infórmese sobre el tema antes de leer.
   a. Al leer el título, "La leyenda de la Atlántida", ¿en qué piensa? ¿Cuál es la diferencia entre una leyenda y un cuento? Si no lo sabe, busque la palabra *leyenda* en un diccionario monolingüe.
    b. ¿Qué sabe usted acerca de la leyenda de la Atlántida? Si no sabe mucho sobre este tema, busque información en Internet.
2. Examine el texto antes de leerlo.
   a. Mire el mapa que acompaña el texto. ¿Dónde estaba la Atlántida?
   b. Piense en la organización del texto. Cada párrafo tiene una idea principal, que generalmente está al comienzo. En conjunto, estas oraciones forman un resumen. Pase su marcador por la primera oración de cada párrafo. Luego, lea las oraciones para tener una idea del texto en su totalidad.
3. Anticipe el contenido del texto. Lea las oraciones a continuación y, basándose en lo que ya sabe acerca de la leyenda de la Atlántida, trate de adivinar qué temas van a aparecer. Señálelos con un círculo.
   a. Se mencionan algunas características de la cultura de los habitantes de la Atlántida.
   b. Se explica cómo la Atlántida fue destruida.
   c. Se mencionan otras leyendas, además de la leyenda de la Atlántida.
   d. Se habla de la conexión entre la leyenda de la Atlántida y la llegada de los españoles a América.

Despúes de leer el texto, vuelva a esta lista de temas para ver si acertó (*were right*) en sus predicciones.

EXPRESIONES CLAVE

¿Comprende estas expresiones? Si tiene dudas, revise *Vocabulario en contexto* antes de leer el siguiente texto.

el adelanto	la prueba
la aritmética	el relato
la astronomía	el terremoto
avanzado/a	la tierra
el habitante	

LECTURA

La leyenda de la Atlántida

Las leyendas y los mitos forman parte de la cultura de los pueblos. Se transmiten de generación en generación, y la imaginación popular las hace variar y enriquecerse. A veces sirven para explicar ciertos misterios incomprensibles para la gente.

La Atlántida es una leyenda que habla de un maravilloso continente desaparecido cuyos habitantes tenían una cultura muy avanzada, con grandes adelantos 5 científicos, pues conocían el calendario, la aritmética y la astronomía. Además, los habitantes de la Atlántida construían edificios prodigiosos, podían transportar pesados monolitos, cultivaban la tierra, hacían joyas y practicaban la escultura y otras artes.

Sin embargo, nadie ha podido comprobar si el origen de esta leyenda es popular o 10 si el filósofo griego Platón se inventó la existencia de este continente ideal para ilustrar sus teorías políticas. En cualquier caso, esta leyenda ha dado lugar a muchas especulaciones y, aún hoy en día, hay investigadores que acumulan evidencias para demostrar que la Atlántida se encontraba en un lugar o en otro hace miles de años.

Algunos defensores de la existencia de la Atlántida dicen que este gran continente 15 se encontraba donde actualmente está el Océano Atlántico, y que se extendía desde lo que hoy son las Islas Canarias, al suroeste de España, hasta Honduras, en el Caribe.

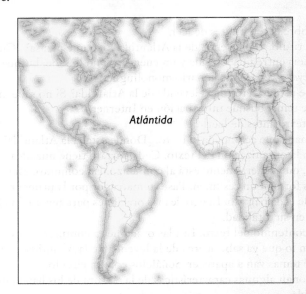

Atlántida

La leyenda cuenta que, con el paso del tiempo, la conducta de los atlantes 20 cambió y entre ellos comenzó una época de corrupción. Entonces, los dioses decidieron castigar a los habitantes de la Atlántida y destruyeron su civilización con un terremoto que hizo desaparecer el continente.

Otros relatos indican que ciertos habitantes de la Atlántida pudieron escapar en barcos a través del mar y llegaron hasta Mesoamérica. Esto explicaría el origen de 25 algunos pueblos como los mayas, los olmecas, los mixtecas y otros. También ayudaría a explicar algunos de los misterios que aún intentan descifrar los historiadores

---

Marginal notes (left column):

Según este párrafo, ¿cuál es el propósito de las leyendas en la cultura de los pueblos?

Según la primera oración de este párrafo, los habitantes de la Atlántida tenían una civilización muy avanzada. Al leer el párrafo, fíjese en los logros de esta civilización.

En este párrafo se describe el continente de la Atlántida con estos verbos: **tenían, conocían, construían, podían, cultivaban, practicaban.** ¿Por qué se usa el imperfecto de estos verbos? ¿Cuál es su función?

En este párrafo se mencionan dos ejemplos de personas que hablan de la existencia de la Atlántida, uno del pasado y el otro del presente. ¿Quiénes son?

En este párrafo se habla de cómo la leyenda explica la destrucción de la Atlántida. Fíjese en quiénes causaron su destrucción, por qué lo hicieron y cómo fue destruida.

Aquí se cuenta la destrucción de la Atlántida con estos verbos: **cambió, comenzó, decidieron, hicieron, destruyeron, hizo.** ¿Por qué se usa el pretérito de estos verbos? ¿Cuál es la función del pretérito?

sobre las antiguas civilizaciones de América: sus calendarios, sus conocimientos de astronomía, irrigación, física y mecánica, su capacidad de trasladar enormes
30 piedras y construir altos edificios, etc. Además, muchos asocian la palabra *atl*, que significa *agua* en náhuatl, con la Atlántida y consideran esto como una prueba más de la llegada de los atlantes a este continente.

Comprensión y ampliación

3-4 Comprensión. Primera fase. Diga en qué orden sucedieron estas cosas, de acuerdo con la lectura.

a. _____ Ocurrió un terrible cataclismo.
b. _____ Escaparon de la Atlántida en barcos.
c. _____ Llevaron su cultura y sus conocimientos a sus nuevas tierras.
d. _____ Se asentaron (*settled*) en tierras americanas.
e. _____ Algunas personas pudieron sobrevivir.
f. _____ Llegaron a las costas de Mesoamérica.
g. _____ El continente desapareció en el mar.
h. _____ Los dioses decidieron castigar a los atlantes.

Segunda fase. Responda a las preguntas según la lectura.

1. ¿Para qué sirven las leyendas?
2. ¿Dónde se encontraba la Atlántida, según algunos?
3. ¿Por qué castigaron los dioses a los habitantes de la Atlántida?
4. ¿Cómo los castigaron?
5. ¿Adónde escaparon algunos habitantes?
6. ¿Qué misterios trata de explicar la leyenda de la Atlántida?

3-5 Ampliación. Lea otra vez el texto sobre la leyenda de la Atlántida y subraye tres o cuatro oraciones que usted considera importantes. Compare sus selecciones con las de su compañero/a y juntos resuman en un párrafo las ideas principales de esta leyenda basándose en estas oraciones. Compartan este resumen con el resto de la clase.

3-6 Conexiones. Piensen cada uno en otra leyenda o mito que conozcan. Háganse las preguntas a continuación. Luego, compartan sus ideas con la clase.

1. ¿Cómo se llama el mito o la leyenda?
2. ¿Qué elementos o símbolos se asocian con esta leyenda? ¿Qué intenta explicar la leyenda?
3. ¿Quién(es) es/son su(s) protagonistas?
4. ¿Qué ocurre?

Aclaración y expansión

03-10 to 03-16

More about the preterit and the imperfect

In Capítulo 2, you learned how to express events and descriptions in the past using the preterit or the imperfect. Here you will practice using the preterit and the imperfect to tell stories.

> Una princesa **vivía** sola en una torre. Se **llamaba** Raquel y **era** muy bella. Pero **estaba** muy triste porque no **tenía** amigos. Todos los días **lloraba** porque...

> ¿Pero qué **pasó**? ¿**Vino** una bruja? ¿**Se casó** con un príncipe?

When you tell a story about something that happened in the past, the preterit and the imperfect have complementary functions.

Use the imperfect to . . .	Use the preterit to . . .
1. Describe the setting of events that will follow. **Era** una mañana muy calurosa de julio. **Hacía** viento y el cielo **estaba** casi amarillo. **Había** mucha gente en la plaza. *It **was** a very hot afternoon in July. It **was** windy and the sky **was** almost yellow. **There were** a lot of people in the plaza.*	1. Tell what happened. De repente **empezó** a llover muy fuerte. Muchos **salieron** corriendo de la plaza y **entraron** a una taberna. *Suddenly it **started** to rain very hard. Many people **ran out** of the plaza and **entered** a tavern.*
2. Describe how people were feeling or what they were doing during a period of time. En la taberna, muchas personas **tomaban** sus bebidas y **conversaban**. **Estaban** contentos de estar dentro del edificio durante la tormenta. *In the tavern, a lot of people **were drinking** their beverages and **were conversing**. They **were** happy to be inside during the storm.*	2. Recount an event that occurred while other things were going on. Las personas **hablaban** alegremente cuando **oyeron** un ruido tremendo. *The people **were talking** animatedly when they **heard** a huge noise.*

Verbs with different English equivalents in the preterit and imperfect

- When certain Spanish verbs are used in the preterit, the English equivalents are different from those of their imperfect forms.

	Imperfect	Preterit
conocer	Los campesinos **conocían** su tierra. *The peasants **knew** (were familiar with) their land.*	Los campesinos **conocieron** al forastero que llegó a su pueblo. *The peasants **met** (for the first time) the foreigner who arrived in their village.*
saber	Los campesinos **sabían** que el volcán era una amenaza constante. *The peasants **knew** (knowledge, information) that the volcano was a constant threat.*	Cuando el volcán entró en erupción, todos los habitantes lo **supieron** inmediatamente por el ruido y el humo. *When the volcano erupted, all of the inhabitants **found out** (discovered) immediately because of the noise and the smoke.*
poder	La gente que vivía lejos del volcán **podía** ver el humo. *The people who lived far from the volcano **could** (were able to) see the smoke.*	Algunas familias **pudieron** huir de los fuegos, pero perdieron todas sus pertenencias. *Some families **managed** (succeeded in) to flee the fire, but they lost all of their belongings.*
querer	Todos los campesinos **querían** salvar sus animales. *All of the peasants **wanted** (desired) to save their animals.*	Un niño **quiso** salvar a su cordero favorito, pero no **pudo**. *A child **tried** to save his favorite lamb, but he **couldn't**.*
tener que	Los habitantes **tenían que** trasladar el pueblo a otro lugar.	*The inhabitants had to (felt the need to) move their town to another location.*

3-7 Práctica. Complete la narración con el pretérito o el imperfecto, según el contexto.

Cuando yo (1) _____ (ser) niña, nosotros (2) _____ (vivir) en una casa grande en las afueras de Dallas, Texas. Mis hermanos y yo (3) _____ (ir) mucho a Monterrey para visitar a nuestros abuelos. Mi abuela siempre nos (4) _____ (contar) cuentos y leyendas de México. Ella siempre (5) _____ (hablar) español cuando (6) _____ (estar) juntos.

Un día mi abuela nos (7) _____ (hablar) de la Llorona. Esta es la historia de una mujer que (8) _____ (matar) a sus hijos, pero luego, se (9) _____ (arrepentir). Yo me (10) _____ (poner) muy triste y (11) _____ (comenzar) a llorar. Mi abuela me (12) _____ (dar) un abrazo y me (13) _____ (calmar). Pero ahora, en mi familia todos me llaman a mí "la Llorona".

In the negative, the preterit of **querer** conveys the idea of refusing to do something.

Los campesinos **no quisieron** vender su tierra. *The peasants did not want to sell their land.*

(they refused to do it and did not do it)

In the negative, the preterit of **poder** indicates that one is unable to do something and, therefore, that the event did not take place.

Los guerreros **no pudieron** triunfar en la batalla. *The warriors were unable to win the battle.*

(they could not and did not win the battle)

3-8 La leyenda de los novios. Completen esta narración con el pretérito o el imperfecto, según el contexto.

Hace muchos años (1) _____ (haber) un emperador azteca que (2) _____ (vivir) en México. Este emperador (3) _____ (tener) una hija muy buena y muy hermosa que (4) _____ (llamarse) Ixtaccíhuatl. Un día el emperador (5) _____ (recibir) la noticia de que sus enemigos iban a atacar la ciudad. El emperador (6) _____ (decidir) preparar una contra-ofensiva. Primero, él (7) _____ (buscar) al guerrero (*warrior*) más fuerte de la ciudad para servir de jefe de sus guerreros. También (8) _____ (anunciar) que ese hombre se casaría (*would marry*) con su hija, la hermosa Ixtaccíhuatl. Al día siguiente, Popocatépetl, el mejor guerrero de la ciudad, (9) _____ (ir) al palacio y (10) _____ (ofrecerse: *to offer oneself*) como líder de los guerreros. El emperador no (11) _____ (saber) que Popocatépetl (12) _____ (ser) el novio secreto de su hija Ixtaccíhuatl.

Cuando Ixtaccíhuatl (13) _____ (saber) que su novio iba a ser el jefe de los guerreros, (14) _____ (ponerse) a llorar. Pero Popocatépetl le (15) _____ (decir): "No te preocupes, mi amor. Después de la batalla, vamos a casarnos". Y con estas palabras (16) _____ (salir) a la batalla. Los guerreros del emperador (17) _____ (atacar) a sus enemigos, y (18) _____ (ganar) la batalla. Pero un guerrero celoso (*jealous*), que también (19) _____ (amar) a Ixtaccíhuatl, (20) _____ (volver) a la ciudad con el anuncio falso de que Popocatépetl había muerto (*had died*) en la batalla. El emperador le (21) _____ (dar) la mano de su hija Ixtaccíhuatl a este guerrero mentiroso (*lying*).

Pero durante la celebración del matrimonio, de repente Ixtaccíhuatl (22) _____ (gritar): "¡Mi pobre Popocatépetl!" y (23) _____ (caer) muerta al suelo. Unos pocos minutos después, Popocatépetl, que (24) _____ (estar) vivo, no muerto, (25) _____ (entrar) al palacio. Al ver a su novia muerta, (26) _____ (hacer) esta declaración: "Hasta el fin del mundo voy a estar a tu lado, mi princesa". Popocatépetl (27) _____ (llevar) el cuerpo de su amante a las montañas más altas de México y lo (28) _____ (poner) entre las flores. Después de muchos años (29) _____ (formarse) dos volcanes. Los mexicanos los llaman Ixtaccíhuatl y Popocatépetl. Están juntos para la eternidad.

3-9 Cuentos para niños. Primera fase. Elijan un cuento popular (*Cenicienta*, *Caperucita*, *Los tres cerditos*). Entre los dos, cuenten la historia. Empiecen con los eventos de la trama (*plot*) y luego, añadan detalles descriptivos.

Eventos del cuento	Detalles descriptivos
1.	1.
2.	2.
3.	3.
...	...

Segunda fase. Ahora escriban su cuento. Con los compañeros que escogieron el mismo cuento, compárenlo y combinen sus versiones con muchos eventos y detalles descriptivos.

3-10 Una anécdota personal. Primera fase. Piense en un evento en su vida con el que asocie una emoción fuerte: alegría, miedo, anticipación, desilusión, etc. Tome apuntes sobre:

1. El trasfondo (*background*): cuántos años tenía, por qué estaba en ese lugar y qué pasaba allí
2. Cuándo y dónde ocurrió: los eventos principales
3. Unos detalles descriptivos sobre el lugar, las otras personas, los eventos, sus emociones
4. El momento culminante del cuento
5. Cómo terminó la historia

Segunda fase. Túrnense para intercambiar las anécdotas de la *Primera fase* y tomen notas. Luego, cada uno de ustedes debe informar a la clase sobre la anécdota de su compañero/a.

La Guelaguetza

Antes de ver

3-11 ¿Cuánto sabe sobre La Guelaguetza? Mire las fotos que aparecen en esta página y marque (✓) la respuesta que usted considera correcta.

❶ La Guelaguetza es . . .
_____ a. un festival popular.
_____ b. una celebración política.

❷ La palabra *guelaguetza* es . . .
_____ a. europea.
_____ b. indígena.

❸ La mayoría de las personas que participan . . .
_____ a. llevan trajes tradicionales.
_____ b. se visten a la moda.

🎬 Mientras ve

3-12 ¿Cierto o falso? Indique si las siguientes afirmaciones son ciertas (**C**) o falsas (**F**). Si la respuesta es falsa, corrija la información.

❶ ___ La palabra *guelaguetza* significa regalo.

❷ ___ La Guelaguetza se celebra el tercer y cuarto lunes de julio.

❸ ___ La Guelaguetza es un famoso festival de Centroamérica.

❹ ___ En Oaxaca hay cinco regiones tradicionales.

❺ ___ Cada región ofrece sus artesanías y productos típicos.

Después de ver

3-13 ¿Recuerda lo que pasó? Primera fase. Ordene la siguiente información cronológicamente, según ocurre en el video.

a. _____ Mientras la reina caminaba por el escenario, las personas del público la aplaudían.

b. _____ También los niños participaron en este famoso festival mexicano.

c. _____ Una mujer presentó a su grupo en zapoteco y en español.

d. _____ La Guelaguetza comenzó con la reina del festival.

e. _____ La reina del festival se sentó con los miembros del jurado para ver el espectáculo.

f. _____ Una mujer cantó la canción "La Sandunga".

g. _____ Los diferentes grupos que participaron en el festival mostraban sus muñecos.

 Segunda fase. Cuéntele a su compañero/a lo que recuerda del festival que vio en el video. Describa el lugar, las personas y los eventos que ocurrieron.

SEGUNDA PARTE

A leer

Vocabulario en contexto

3-14 ¿Qué tipo de tradiciones son? Primera fase. Durante el año, se celebran algunas fiestas y tradiciones en muchas ciudades hispanas. De la siguiente lista, marque las celebraciones religiosas (**R**) y las seculares (**S**).

1. ___ Navidad
2. ___ Mardi Gras
3. ___ Semana Santa
4. ___ El Desfile de las Rosas en Pasadena
5. ___ La Virgen de la Candelaria
6. ___ La Noche de los Muertos
7. ___ Januká
8. ___ Moros y cristianos

 Segunda fase. Cuéntele a su compañero/a sobre la última vez que usted celebró o asistió a alguna de las festividades de la *Primera fase* u otra. Déle la siguiente información.

1. Dónde fue la fiesta y con quién(es) la celebró usted
2. Cómo era el ambiente durante la festividad: el lugar, las personas, las actividades
3. Su opinión sobre la festividad o algún aspecto que le impresionó positiva o negativamente

3-15 Tradiciones. Primera fase. En la próxima sección usted va a leer un texto sobre algunas tradiciones hispanas en las que se mezclan elementos europeos e indígenas. Marque (✓) las ideas que probablemente se mencionarán en el texto. Explique por qué.

	Probablemente se menciona	Probablemente no se menciona
1. Algunas festividades hispanas se remontan a periodos anteriores a la llegada de los españoles al continente americano. Tienen sus raíces en las culturas indígenas de la región.	_____	_____
2. Los conquistadores españoles trajeron su riqueza cultural y tradiciones a América y adoptaron todas las tradiciones indígenas.	_____	_____
3. La mezcla de tradiciones europeas e indígenas produce un sincretismo, es decir, una coexistencia armoniosa de las tradiciones de ambas culturas.	_____	_____
4. Las danzas que se bailan en algunos desfiles o festejos hispanos representan la lucha entre las fuerzas del mal y del bien.	_____	_____

5. Los participantes en los carnavales hispanos actuales veneran a sus divinidades haciéndoles ofrendas especiales, como el sacrificio o muerte de alguien en su familia. _____ _____

6. El Carnaval de Oruro en Bolivia simboliza un crisol, es decir, la fusión equilibrada de las tradiciones europeas e indígenas. _____ _____

7. En muchas celebraciones de Latinoamérica hay huellas de la cultura indígena y de la cristiana. _____ _____

Segunda fase. Investiguen sobre una tradición de su región o país. Preparen un breve informe sobre los siguientes puntos para compartir con la clase:

a. Nombre de la tradición y fecha cuando se practica
b. Lugar donde se practica y ambiente
c. Personas que la practican
d. Símbolos, objetos, comida, etc., que se necesitan para practicarla

3-16 ¿Qué o quiénes son y qué significan? Los conceptos y personas que se mencionan a continuación forman una parte importante de una tradición hispano-indígena. Escoja la descripción correcta para cada una.

1. _____ La Diablada
   a. un demonio
   b. un baile

2. _____ La Virgen de la Candelaria
   a. una aparición de la Virgen que se celebra en Oruro
   b. una diosa indígena de la época precolombina

3. _____ El Arcángel Miguel
   a. el nombre de una figura divina protectora de varias religiones
   b. el nombre de un dios en las religiones judía, cristiana y musulmana

4. _____ Supay
   a. un dios que simboliza el bien y que vive en el cielo
   b. un dios que representa el mal y que habita en la profundidad de las minas

5. _____ Diego de Almagro
   a. un mestizo de Oruro que era amigo de Francisco Pizarro
   b. rival de Francisco Pizarro que participó en la conquista de Perú

6. _____ Pachamama
   a. una diosa de Oruro que se enamoró de un conquistador español
   b. una diosa indígena que representa la Tierra

7. ____ Francisco Pizarro
    a. un conquistador del Imperio inca, fundador de la ciudad de Lima
    b. un sacerdote (*priest*) católico

8. ____ Inti Raymi
    a. una ceremonia moderna inca que se celebra en honor a la luna
    b. una ceremonia antigua inca en honor al sol

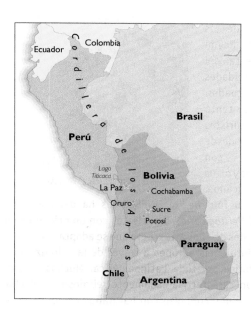

Estrategias de lectura

1. Infórmese sobre el tema antes de leer.
   a. Por el título sabemos que el texto trata de un festival en Oruro. ¿Dónde está Oruro? Si no sabe, mire el mapa.
   b. Piense en lo que ya sabe acerca de la región andina de América Latina. ¿Qué países están incluidos? Escriba una lista de todo lo que sabe acerca de Bolivia y los países vecinos.

 2. Busque información importante en el texto antes de leer.
   a. Busque en el texto las palabras *crisol de culturas* y *sincretismo* y pase su marcador por ellas. Busque su significado porque son importantes para comprender el texto.
   b. Mire las fotos y lea sus leyendas (*captions*). Recuerde la información porque facilita la comprensión del texto.

3. Piense en la organización del texto. La primera oración de cada párrafo presenta una idea importante. En conjunto, estas oraciones forman un resumen del texto. Pase su marcador por cada una de ellas. Ahora, léalas para tener una idea del texto en su totalidad.

LECTURA

Fiesta de Carnaval en Oruro: un crisol de culturas

El primer párrafo generalmente introduce el tema del texto. Al leer el párrafo, busque información sobre el Carnaval de Oruro como ejemplo del sincretismo cultural.

En las fiestas populares de Latinoamérica puede apreciarse la mezcla de tradiciones que caracteriza a la cultura hispana actual. El pasado colonial y las raíces indígenas se unen en el Carnaval de Barranquilla en Colombia, en la fiesta mexicana del Día de los Muertos o en Inti Raymi (en quechua "Fiesta del Sol") de las comunidades andinas de Perú y Ecuador. Muchas personas, tanto residentes como turistas que han venido desde fuera, participan con entusiasmo en estas y otros festejos latinoamericanos.

Desfile en Barranquilla, Colombia

Por su riqueza y su folclore, la UNESCO los ha declarado Patrimonio de la Humanidad (*World Heritage Site*). Son fiestas con un origen ceremonial indígena que se remonta a miles de años atrás, pero que se adaptaron a la evolución cultural impulsada por la influencia europea a través de la colonización y la expansión de la religión católica por toda Latinoamérica. Muchas de estas festividades siguen teniendo un carácter marcadamente religioso, y en ellas se encuentra un sincretismo en el que conviven con naturalidad tradiciones tanto cristianas como indígenas. Un interesante ejemplo de este sincretismo religioso puede verse en el Carnaval de Oruro.

¿Cuáles son las dos tradiciones culturales que se celebran en el Carnaval de Oruro?

Anticipe lo que va a leer. En este párrafo se explica la leyenda que da origen al Carnaval de Oruro. Fíjese bien en los detalles de la historia.

Oruro es una ciudad del altiplano sur de Bolivia donde se celebra una de las festividades de carnaval más espectaculares de Sudamérica. Según una leyenda local, La Virgen de la Candelaria se le apareció a un ladrón malherido en una mina del cerro Pie del Gallo y lo atendió en sus últimos minutos de vida. Al encontrar el cadáver del ladrón, los mineros pudieron ver una imagen de la Virgen sobre su cabeza.

En esta fiesta se rinde homenaje a La Virgen de la Candelaria a través del baile que realizan unos grupos de bailarines

Carnaval de Oruro, Bolivia

5

10

15

20

25

30

35

40

45

llamadas *diabladas*. La popular danza de los demonios simboliza el triunfo del bien sobre
50 el mal, un triunfo que es ofrecido a la Virgen; pero durante los festejos, que duran una semana, también
55 se baila en invocación a Pachamama (la Madre Tierra), una divinidad indígena aún presente en el corazón de los

⌃ Danza de los Diablos en Cajabamba, Perú

60 bolivianos. Esta convivencia de elementos religiosos se ve claramente en el desfile principal del carnaval. El Arcángel Miguel encabeza este desfile, y detrás de él bailan los demonios, seguidos de danzarines con trajes de osos y cóndores. También tienen su lugar en el desfile el diablo Lucifer, que lleva el traje más extravagante del carnaval, y Supay, el dios andino del mal, que vive en los pozos
65 de las minas. Otros personajes que cada año salen desfilando son los incas y los conquistadores, entre estos últimos se hallan Francisco Pizarro y Diego de Almagro. No pueden faltar unos vehículos adornados con joyas y monedas que recrean las ofrendas que los incas hacían de sus tesoros a Inti (el sol). La historia cultural del altiplano boliviano se refleja en esta sucesión de elementos
70 de la tradición cristiana procedente de Europa y las tradiciones indígenas de las etnias uru, aimara y quechua, que habitaron sucesivamente una zona que fue primero colonizada por el Imperio inca y después por los españoles en el siglo XVI. 🗨

Como tantas otras fiestas y rituales de Latinoamérica, el Carnaval de Oruro es un
75 rico ejemplo de la diversidad cultural. Toda la cultura popular hispana conserva en sus fiestas populares, en los ritos y ceremonias sincréticas, en la artesanía, el folclore y la gastronomía, incluso en expresiones del lenguaje, las huellas de unas culturas de orígenes bien diferentes que han encontrado un punto de admirable convergencia.

💬 ¿De qué aspectos de la fiesta se habla en este párrafo? Explique el sincretismo cultural que se refleja en las celebraciones.

Comprensión y ampliación

3-17 Comprensión. Contesten las preguntas sobre la lectura.

1. ¿Qué tradiciones se mezclan en las fiestas de Latinoamérica? Dé ejemplos.
2. ¿Qué religión practicada por los europeos se extendió por Latinoamérica durante la colonización?
3. ¿Qué significa *sincretismo*?
4. ¿Dónde está la ciudad de Oruro?
5. ¿Qué son las *diabladas*?
6. ¿Qué divinidades representan el bien en el Carnaval de Oruro?

3-18 Ampliación. Lea nuevamente el texto y organice la información en la tabla. Añada la información que usted sepa. Luego, intercambie la información con su compañero/a.

Fiestas de Latinoamérica	Divinidades cristianas	Divinidades indígenas	Representantes del mal	Etnias indígenas

3-19 Conexiones. Según la lectura, la cultura popular hispana es producto de una mezcla de orígenes. Hablen de otros ejemplos de intercambio cultural que ustedes conocen en otras regiones.

MODELO: *En la gastronomía, la comida* cajun *de Nueva Orleans tiene la influencia de la región francófona de Acadia, en Canadá.*

CULTURA

Muchas manifestaciones culturales son producto de encuentros entre dos o más culturas. Veamos algunos ejemplos:

Gastronomía: Las empanadas en Latinoamérica combinan ideas culinarias de España con productos locales como el maíz, la papa y la yuca.

Lenguaje: Muchas palabras indígenas entraron al español (*aguacate, tomate, barbacoa, canoa, cacao,* por nombrar sólo algunas), al igual que muchas palabras españolas entraron al inglés (*adobe, alpaca, alligator, burro, conquistador, ranch, rodeo, lasso,* etc.).

Religión: La Virgen de Guadalupe en México y la de la Caridad del Cobre en Cuba se representan con piel oscura y están presentes en iglesias coloniales donde también hay dioses de las religiones locales. De igual importancia cultural es el uso de imágenes católicas y africanas en la Santería y otras prácticas religiosas de comunidades de ancestro africano.

A escuchar

3-20 El cine: una tradición de fin de semana. Dos críticos comentan una película que se acaba de estrenar (*show for the first time*). Primero, lea las afirmaciones. Luego, escuche los comentarios de los críticos e indique si las afirmaciones son correctas (**C**) o incorrectas (**I**). Si son incorrectas, corrija la información.

1. _____ *Mis vacaciones de verano* es un musical que la gente vio mucho el fin de semana pasado.
2. _____ La película *Cenicienta* se estrenó el fin de semana pasado.
3. _____ La protagonista de *Mis vacaciones de verano* es una chica rica que iba a ver las películas todos los fines de semana.
4. _____ La chica de la película encontró un trabajo que le permitió estar cerca de sus amigas.
5. _____ La chica y sus amigas conocieron a un chico que era guapo y que llevaba gafas.
6. _____ El chico pobre que llevaba las gafas se llamaba Javier.
7. _____ José no escribió sobre *Mis vacaciones de verano*.
8. _____ Los críticos de cine escribieron una crítica positiva de la película y se la recomendaron al público.

Aclaración y expansión

3-32 to 03-39

Present perfect

- Use the present perfect to refer to a past action, event, or condition that has some relation to the present. Both Spanish and English use an auxiliary verb (**haber** in Spanish and *to have* in English) and a past participle to form the present perfect.

> El Carnaval **ha sido** muy exitoso este año. ¿Cómo lo **has organizado?**

> Mis colegas y yo **hemos participado** en la organización, pero el éxito se debe a los danzarines; **han hecho** un trabajo muy profesional, con mucho talento.

El Carnaval de Oruro **ha sido** siempre uno de los más espectaculares de Sudamérica.

*The Carnival of Oruro **has** always **been** one of the most spectacular in South America. (and continues to be)*

Los residentes **han trabajado** mucho para mantener esta celebración tradicional.

*The residents **have worked** hard to maintain this traditional celebration. (they still do)*

- Place object and reflexive pronouns before the conjugated form of **haber.**

Muchos turistas **se han divertido** en Oruro durante el carnaval porque hay mucho que ver y hacer.

*Many tourists **have enjoyed themselves** in Oruro during the carnival because there is a lot to see and do.*

- To form the present perfect, use the present tense of the verb **haber** and the past participle of the main verb. All past participles of **-ar** verbs end in **-ado**, while past participles of most **-er** and **-ir** verbs end in **-ido**.

Present perfect

	haber (*present tense*)	past participle
yo	he	
tú	has	
Ud., él/ella	ha	hablado
nosotros/as	hemos	comido
vosotros/as	habéis	vivido
Uds., ellos/as	han	

LENGUA

To state that something has just happened, use the present tense of **acabar** + **de** + *infinitive*, not the present perfect.

Acaban de aprobar una resolución para ayudar a las comunidades indígenas.

They have just passed a resolution to help indigenous communities.

- If the stem of an **-er** or **-ir** verb ends in a vowel, use a written accent on the **i** of **-ido**.

Hemos **leído** descripciones del Carnaval de Oruro, pero no lo hemos visto todavía.

*We **have read** descriptions of the Carnival of Oruro, but we have not seen it yet.*

Verbs that end in **-uir** do not add the written accent since **ui** is considered a diphthong. **construir** → **construido**

- Some common **-er** and **-ir** verbs that have irregular past participles are:

Irregular past participles

abrir	**abierto**	poner	**puesto**
cubrir	**cubierto**	resolver	**resuelto**
decir	**dicho**	romper	**roto**
escribir	**escrito**	ver	**visto**
hacer	**hecho**	volver	**vuelto**
morir	**muerto**		

- Compounds of verbs with an irregular past participle follow the same pattern.

descubrir (*like* cubrir) → **descubierto**   describir (*like* escribir) → **descrito**
componer (*like* poner) → **compuesto**   devolver (*like* volver) → **devuelto**

3-21 Práctica. Primera fase. Este año, la celebración del Día de la Independencia en su ciudad fue un éxito. Complete las afirmaciones con la forma del presente perfecto de los verbos entre paréntesis.

1. Los organizadores _____ (tener) muchas reuniones para planificar la celebración.
2. Mis amigos _____ (ponerse) ropa elegante para celebrar el Día de la Independencia.
3. Los grupos musicales _____ (ir) a todos los ensayos (*rehearsals*).
4. Nosotros _____ (descubrir) una manera de promocionar nuestra ciudad.
5. Yo no le _____ (pedir) ayuda a nadie: _____ (trabajar) solo.
6. Los espectadores _____ (ver) un excelente espectáculo de fuegos artificiales.

7. Este año muchas personas _____ (comprometerse) a participar en los diversos programas.

8. Nosotros _____ (gastar) menos dinero de la ciudad porque las compañías locales _____ (hacer) más donaciones.

 Segunda fase. Individualmente escriba dos o tres actividades divertidas que usted o sus amigos han hecho durante el Día de Independencia. Luego, compare sus respuestas con las de su compañero/a. ¿Tienen algunas actividades en común?

3-22 ¿Cómo la han hecho? Primera fase. Una guatemalteca explica cómo se ha hecho la alfombra de aserrín (*sawdust*) que acaban de terminar esta mañana. Lea su explicación y subraye las formas del presente perfecto (e.g. he hablado) que encuentre.

Este ha sido un día especial y de mucho trabajo colectivo. Así es, cómo hemos hecho esta alfombra con métodos modernos y con la colaboración de muchos:

⌃ Alfombra de aserrín para celebrar la Semana Santa en Guatemala.

● Hoy muy temprano, muchos devotos de la iglesia han donado las flores más hermosas de su jardín.

● Hemos usado un lienzo (*canvas*) blanco para dibujar los motivos.

● Luego, algunos artistas han teñido (*dyed*) el aserrín de diversos colores.

- Después, los ayudantes han seguido las instrucciones de los artistas y han rellenado las imágenes y las figuras geométricas con motivos indígenas. Algunos turistas nos han ayudado también.

- Al terminar la alfombra, yo la he rociado (*sprinkled*) con agua para mantenerla intacta.

- Muchas personas han tomado fotos de nuestra alfombra antes de la procesión.

Segunda fase. Ahora, piense en algo que usted ha hecho recientemente. Puede ser algo para decorar, para comer, para ponerse o para divertirse. Explique los pasos que ha seguido para hacerlo y traiga lo que ha creado o una foto para compartir con su grupo.

3-23 ¿Qué cambios ha experimentado (*experienced*) en su vida en los últimos años? Primera fase. Háganse las preguntas relacionadas con los cambios en su vida en las siguientes áreas. Agreguen otras preguntas, si es necesario. Tomen apuntes de las respuestas de su compañero/compañera.

1. La vida académica: ¿Has empezado una nueva carrera? ¿Te has matriculado en una clase interesante?
2. La apariencia física: ¿Te has hecho algún piercing? ¿Te has teñido (*dyed*) el pelo? ¿Te has puesto lentes de contacto?, etc.
3. Las relaciones interpersonales: ¿Te has independizado económicamente de tu familia? ¿Te has mudado a un apartamento o casa con tu mejor amigo/a o pareja? ¿Has roto tu relación con alguien importante para ti?, etc.
4. Los hábitos o costumbres: ¿Has dejado de (*quit*) fumar? ¿Has comenzado a estudiar más/menos? ¿Has decidido consumir comida saludable?, etc.

Segunda fase. Ahora escoja los dos cambios más significativos para usted. Tome nota de por qué son importantes. Comparta estos dos cambios importantes con otro compañero/otra compañera. Háganse preguntas para obtener información adicional.

Modelo: E1: *En los dos últimos años he experimentado un cambio importante en mi vida. He dejado la casa de mis padres para vivir en un apartamento.*
E2: *¿Cuál es la experiencia más difícil que has tenido lejos de tus padres?*
E1: *He tenido que aprender a cocinar, lavar mi ropa. También he aprendido a ser más responsable.*
E2: *¿Y qué ventajas/desventajas ha tenido vivir en un apartamento?*
E1: . . .

3-24 Rompiendo con las tradiciones. Indique si la evolución de las tradiciones en los últimos 20 años en las siguientes áreas ha sido positiva (**P**) o negativa (**N**). Escriba algunas razones que sustenten (*support*) su opinión y compártalas con su compañero/a.

Cambios	¿Positivo o negativo?	¿Por qué?
1. La estructura de la familia 2. La tecnología 3. La comunicación entre las personas 4. Las festividades nacionales 5. Las relaciones de pareja		

3-25 Para mejorar el festival de la primavera. En su universidad tradicionalmente se organiza un festival para celebrar la llegada de la primavera. Este año se han tomado ciertas medidas para mejorar el festival. Túrnense para comentar estas medidas y expresar su opinión.

Modelo: Aumentar el número de vendedores de comida
> E1: *La universidad ha contratado a más personas para vender comida.*
> E2: *Me parece una idea excelente porque así no tenemos que esperar en colas largas.*

1. Invitar a un conjunto musical famoso
2. Pedir la opinión de los estudiantes sobre sus eventos favoritos
3. Formar más comités estudiantiles para colaborar en la planificación sobre el festival en la ciudad
4. Hacer más publicidad
5. Vigilar más las calles, sobre todo por las noches
6. Poner más recipientes para basura

ALGO MÁS

Past participles used as adjectives

- The past participle is invariable in form when it is used as part of the verb in a perfect tense, but when it is used as an adjective, it agrees with the noun it modifies.

El comité organizador **ha finalizado** sus informes sobre el festival de este año.	*The organizing committee **has finalized** its report on this year's festival.*
Los **informes finalizados** están en la Oficina de Asuntos Estudiantiles.	*The **finalized reports** are in the Office of Student Affairs.*

- Use **estar** + *past participle* to express a state or condition that is the result of an ongoing or previous action.

Los administradores se preocupan por la cantidad de alcohol que se consume en los festivales.	*The administrators worry about the amount of alcohol that is consumed at the festivals.*
Los administradores **están preocupados.**	*The administrators **are worried**.*
Unos administradores escribieron un informe sobre la situación.	*Some administrators wrote a report about the situation.*
El informe **está escrito.**	*The report **is written**.*

3-26 Práctica. El Ministerio de Cultura quiere promocionar las tradiciones culturales de su región. Complete la siguiente noticia con la forma apropiada del pretérito perfecto (*present perfect*) o del participio pasado (*past participle*) de los verbos entre paréntesis.

El Ministerio de Cultura (1) _____ (anunciar) un nuevo programa para promover las tradiciones y costumbres de nuestra región entre los visitantes. Este es uno de los lugares más (2) _____ (aislar) del país, y por muchos años no (3) _____ (recibir) la atención de otras zonas del país. Ya se (4) _____ (construir) tres oficinas de información turística. Para facilitar el viaje de los visitantes, buses y taxis (5) _____ (preparar) para transportar cómodamente a los turistas van a funcionar diariamente entre los hoteles y los museos y lugares de interés histórico. El Ministerio (6) _____ (contratar) a dos guías de turismo para contarles las leyendas de la región y mostrarles a los visitantes algunas de las tradiciones culinarias. Las guías (7) _____ (contratar) ya (8) _____ (comenzar) a implementar el plan del ministerio.

 3-27 La propagación de las leyendas urbanas. Internet ha contribuido a la difusión de las leyendas urbanas. Lean los nombres de algunos mitos y leyendas urbanos y discutan el efecto que estos han tenido en la población.

Modelo: La leyenda del chupacabras
　　　　E1: *Oye, muchos granjeros* (farmers) *están preocupados por la aparición de animales muertos. Algo les ha chupado* (sucked) *la sangre. Algunos granjeros han instalado cámaras para averiguar la causa de la muerte.*
　　　　E2: *Sí, en Internet he visto que los animales están encerrados en los corrales para protegerlos.*

1. Los cocodrilos en las alcantarillas (*sewer pipes*) de las ciudades grandes
2. El Diablo en la discoteca
3. La chica de la curva
4. El terrorista bueno
5. La ayuda de un desconocido

📖 A escribir

03-40

Resumen de estrategias de redacción: la narración

- Planifique cuidadosamente los personajes, la acción, el ambiente, el tiempo y el orden en que ocurre la historia.
- Decida si va a narrar la historia desde la perspectiva del narrador protagonista o la del narrador testigo.
- Estructure bien el relato.
  a. Primero, presente a los personajes, determine el ambiente y comience la acción.
  b. Luego, presente y desarrolle la acción principal e incorpore las tensiones que provocan la acción.
  c. Finalmente, presente un desenlace apropiado.

• Planifique las estrategias lingüísticas que le permitan manipular la agilidad o movimiento de la narración.

    a. Para una narración ágil, use verbos, dé pocos detalles y construya oraciones breves.

    b. Para una narración lenta, use adjetivos para describir, incluya muchos detalles y construya oraciones más largas.

3-28 Análisis. Un viajero que trabaja en el periódico *El Sur* escribió la siguiente narración para captar el interés de viajeros potenciales. Léala y explique lo siguiente.

El Sur

Sección Viajeros

¿Una fiesta o una guerra de tomates? ¿Alguna vez ha asistido a una fiesta de tomates? Si esto le parece una fantasía, aquí le contamos lo que un colega y yo vimos en nuestro viaje.

Partimos de Lima, Perú, a fines de agosto. Hacía mucho viento y frío. Cuando llegamos a Buñol, una pintoresca ciudad en Valencia, España, hacía mucho calor y un sol esplendoroso.

La mañana de la festividad, nos levantamos a las 7.00 y salimos para tomar un café. Ya se veía mucha agitación y alegría por la ciudad. Muchos camiones repletos de tomates circulaban por las calles. Poco a poco llegaba gente en grupos pequeños, y después de unas horas había una gran multitud en la plaza. Había españoles y extranjeros que esperaban con ansia el evento. Sin excepción, todos los participantes, vestidos de camisetas y pantalones, parecían listos para empezar esta guerra.

Los camiones del municipio transportaban tomates y a algunos de los jóvenes participantes. Nos dijeron que las botellas estaban prohibidas para evitar accidentes. De repente escuchamos un cohete y todo el mundo comenzó a pisar los tomates que caían de los camiones. Luego, todos recogieron los tomates y se los lanzaron a otras personas. Es decir, empezó *La tomatina*.

Durante este loco juego, todos reían, gritaban, saltaban, se caían, se levantaban, lanzaban tomates y también intentaban evadirlos. De repente sonó un segundo cohete y todos pararon de lanzar tomates. Los participantes se miraron a la cara y descubrieron rostros bajo el jugo y la pulpa de los tomates. La tomatina llegó a su fin. Al término de la guerra de tomates todos se sentían diferentes; también contaban con un nuevo grupo de amigos. Todos pensaban encontrarse el año siguiente.

1. El grado de agilidad o movimiento. La narración es _____ rápida _____ lenta.
2. La descripción. La escena y los personajes son descritos _____ bien _____ pobremente.
3. El tiempo. Se narra en el _____ presente _____ pasado _____ presente y el pasado.
4. El tipo de narrador. Quien narra es el _____ protagonista _____ observador.
5. La estructura de la narración. Hay _____ una presentación _____ un desarrollo _____ un desenlace.

 3-29 Preparación. En preparación para *¡A escribir!* elija una de las siguientes opciones y haga lo que se indica.

Opción #1	Opción #2
1. Mencione una festividad o celebración nacional, regional o personal de su infancia que a usted le gustaba.	1. Busque en Internet algunos festivales hispanos y lea la información. Diga cuál le gustó más.
2. Escriba algunas razones para explicar por qué le gustaba.	2. Escriba algunas razones para explicar por qué le gustó más.
3. Piense en la última vez que usted participó en esta festividad o celebración.	3. Tome notas sobre los siguientes aspectos del evento:
a. Describa el lugar donde se celebró.	a. la descripción que se hace del lugar donde éste se celebra
b. Describa a las personas que asistieron (su apariencia, sus sentimientos, etc.).	b. la descripción que se hace de los participantes y el ambiente de este festival (la apariencia y sentimientos de los participantes, etc.)
4. Haga una lista de actividades que ocurrieron desde el comienzo hasta el fin.	4. Haga un informe de lo que ocurre desde el comienzo hasta el fin, según el artículo que usted leyó en Internet.

3-30 ¡A escribir! Primera fase. Primero, escoja al lector con quien desea compartir su narración de la lista a continuación. Luego, diga por qué quiere contarle esta historia a este lector, y después determine desde qué perspectiva va a narrar su historia.

1. Un amigo/Una amiga
2. El público del Club de español de su universidad
3. Su profesor/a de español

Segunda fase. Ahora escriba su narración. Use las notas que tomó en la actividad **3-29**. Evalúe la efectividad de su narración (el grado de agilidad o movimiento, la calidad de la descripción del ambiente, los personajes, los eventos, el tiempo); asegúrese que narra desde la perspectiva correcta; analice la estructura de su narración (presentación, desarrollo, desenlace).

3-31 ¡A editar! Después de unas horas, vuelva a leer su narración, pensando en su lector. Haga lo siguiente.

● Aclare las ideas confusas y el vocabulario impreciso.

● Agilice el ritmo de la narración, si es necesario.

● Mejore el estilo de su narración variando el vocabulario. Use sinónimos y antónimos.

● Verifique si las estructuras gramaticales que usó son apropiadas. Revise la ortografía, los acentos y la puntuación.

A explorar

03-41

3-32 Algunas leyendas hispanas. Primera fase: Investigación. En Internet busquen algunas leyendas de distintos países hispanos. Cada uno debe seleccionar una, tomar apuntes y explicársela a su compañero/a.

Segunda fase: Preparación. Preparen un informe sobre una de las leyendas para compartir con la clase.

1. ¿Cuál es el título de la leyenda?
2. ¿Cuándo y dónde nació la leyenda? ¿Cómo se llama la comunidad donde se originó? ¿Es una comunidad indígena, negra, europea, mestiza?
3. ¿Cuáles son los elementos fundamentales que predominan en la leyenda: de la naturaleza, humanos, fuerzas o espíritus, o una mezcla de ellos? ¿Qué características tienen estos elementos?
4. ¿Cómo comienza la leyenda? ¿Qué ocurrió primero? ¿Qué ocurrió más tarde? ¿Cómo se resolvió el conflicto?

Tercera fase: Presentación. Ahora presenten la leyenda a la clase, utilizando ayudas visuales.

3-33 Celebraciones de ayer y de hoy. Primera fase: Investigación. Entrevisten a alguien mayor en su familia o en su comunidad y obtengan la siguiente información.

1. Lugar y fecha de nacimiento de esta persona
2. Dónde creció y dónde vive en la actualidad
3. Festividad o tradición que más le gustaba cuando era joven
4. Cuatro actividades que se hacían para celebrar esta tradición cuando esta persona era joven
5. Algunos cambios que esta persona ha observado con los años en la celebración de esta tradición
6. Su opinión sobre la manera en que se celebra esta tradición hoy

Segunda fase: Preparación. Preparen una presentación para la clase incluyendo una comparación entre la manera en que se celebraba la festividad o tradición de la *Primera fase* en el pasado y la manera en que se celebra hoy.

Tercera fase: Presentación. Hagan una presentación incluyendo un resumen de su entrevista.

Vocabulario del capítulo

Las leyendas y la historia

la balsa	*raft*
el bien	*good*
el cacique	*chief, boss*
la conquista	*conquest*
el conquistador	*conqueror, conquistador*
el danzarín/la danzarina	*dancer*
el diablo	*devil*
el dios/la diosa	*god/goddess*
el emperador	*emperor*
la emperatriz	*empress*
el guerrero/la guerrera	*warrior*
el/la habitante	*inhabitant*
el imperio	*empire*
el ladrón	*thief*
el mal	*evil*
la mezcla	*mix, blend*
el minero	*miner*
el mito	*myth*
el personaje	*character (in a story)*
la pluma	*feather*
los pobladores	*dwellers, inhabitants*
la raíz (las raíces)	*root*
el relato	*story*
el sacrificio	*sacrifice*
el tesoro	*treasure*
la tradición	*tradition, custom*
la trama	*plot*

La naturaleza

la erupción	*eruption*
el mar	*sea*
el océano	*ocean*
el temblor de tierra	*earth tremor*
el terremoto	*earthquake*
la tierra	*land, ground, earth*
el volcán	*volcano*

Conocimientos y oficios

la aritmética	*arithmetic*
la astronomía	*astronomy*
la escultura	*sculpture*
la física	*physics*
la hidráulica	*hydraulics*
la mecánica	*mechanics*
la orfebrería	*goldsmithing*

Construcciones y materiales

el acueducto	*aqueduct*
el metal	*metal*

la mina	*mine*
el monolito	*monolith*
el oro	*gold*
la piedra	*stone*
el pozo	*mine shaft*
el templo	*temple*

Las festividades

el carnaval	*carnaval*
la danza	*dance*
el demonio	*devil / demon*
el desfile	*parade*
la divinidad	*deity*
el festejo	*festivity*
la ofrenda	*offering*
la procesión	*procession*
el teatro	*theatre*
el triunfo	*triumph*

Características

adornado/a	*adorned, decorated*
avanzado/a	*advanced*
celoso/a	*jealous*
ceremonial	*ceremonial*
cristiano/a	*Christian*
guerrero/a	*warlike*
malherido/a	*wounded*
mentiroso/a	*lying*

Verbos

celebrar	*to celebrate*
desaparecer (zc)	*to disappear*
destruir (y)	*to destroy*
ensayar	*to rehearse*
mentir (ie, i)	*to lie*
morir (ue, u)	*to die*
ofrecerse (zc)	*to offer oneself; to volunteer*
remontarse a	*to date back to*
representar	*to represent*
temer	*to fear, to be afraid*

Palabras y expresiones útiles

el adelanto	*progress, step forward*
así	*so, in this way, thus*
cualquier/a	*any*
el dato	*fact, piece of information*
hoy en día	*nowadays*
la prueba	*proof*

El arte y la arquitectura

4

Objetivos comunicativos

- Describing the origins, purposes, and features of cultural products
- Expressing preferences and tastes
- Talking about artistic expression

Contenido temático y cultural

- Ancient and modern architecture
- Handicrafts, calendars
- Sculpture, painting, music

Vista panorámica

La arquitectura colonial española se caracteriza por su estilo europeo y por el uso de materiales nobles como la piedra y la madera, pero también por la incorporación del arte local. Uno de los mejores ejemplos es la catedral de Lima, situada, como las iglesias más importantes, en la plaza principal de la ciudad, en testimonio del importante papel de la religión en el período colonial. Esta catedral fue el centro de una riquísima actividad artística.

La Alhambra, con los jardines del Generalife, se considera una de las cumbres de la arquitectura árabe en España. Este monumental palacio fue construido en Granada durante el siglo XIV y sirvió de refugio a nobles e intelectuales musulmanes que huían hacia el sur a medida que avanzaba la reconquista cristiana de la península. Una de sus más notables características es la integración armónica de la arquitectura, el agua y los jardines.

Muchos palacios aztecas y mayas estaban adornados con grandes pinturas murales. Este fragmento proviene del Templo de los Murales en Bonampak, México, un sitio arqueológico en el estado de Chiapas, y se cree que data del siglo VIII. En el Templo de los Murales se representan escenas del triunfo maya en una gran batalla y de los prisioneros tomados en ella. Estas pinturas están hechas con la técnica del fresco y se dice que fueron pintadas en muy poco tiempo.

Vista panorámica

Este edificio residencial creado por el arquitecto español Santiago Calatrava, se encuentra en la ciudad sueca (*Swedish*) de Malmö y apropiadamente se llama "Turning Torso". Calatrava combina de forma atrevida la escultura y la arquitectura y con frecuencia se inspira en formas vivas.

Machu Picchu es una ciudad precolombina situada en las altas montañas de los Andes peruanos. Hay muchas teorías sobre la función de esta ciudad, que nunca fue conquistada por los españoles. Muchos antropólogos especulan que servía de residencia de verano a los incas, pero no todos están de acuerdo.

Las obras del pintor y escultor colombiano Fernando Botero se caracterizan por sus personajes de grandes volúmenes. Sin embargo, a pesar del gran tamaño de sus figuras, sus obras tienen una gran delicadeza. Este pájaro está en Singapur.

Este mural de José Clemente Orozco representa a Miguel Hidalgo, el líder de la independencia de México. Junto con Diego Rivera, Rufino Tamayo y David Alfaro Siqueiros, Orozco es uno de los más famosos muralistas mexicanos del siglo XX y sus pinturas se pueden ver en varias ciudades de Estados Unidos. En Dartmouth College, New Hampshire, pintó en las paredes de la Biblioteca Baker una de sus obras más famosas: *Epopeya de la civilización en América*.

Antoni Gaudí fue un arquitecto catalán de principios del siglo XX. Las formas sorprendentes de sus edificios y espacios públicos incorporan la escultura y el color para crear efectos inolvidables. Esta foto muestra un detalle del Parque Güell de Barcelona.

A leer

04-01 to
04-09

Vocabulario en contexto

4-1 Obras de arte. Basándose en su conocimiento del arte indique si las siguientes afirmaciones generales se refieren a una pintura (**P**), a un mural (**M**) o a un grafiti (**G**). Luego, escriba el número de la imagen en el espacio correspondiente.

1

2

3

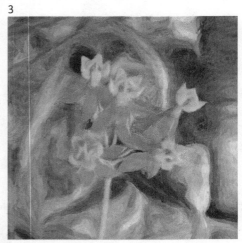

	Número	Tipo de obra
a. Este retrato se ha pintado en una pared para que el público la disfrute.		
b. En esta obra se han usado armoniosamente diversos colores y una técnica de óleo, que implica la utilización de aceites.		
c. Esta es una producción artística espontánea hecha por los jóvenes con el propósito de compartir un mensaje con el público		

4-2 Asociación. Asocie el término con su descripción o definición.

1. _____ técnica que da especial importancia al color
2. _____ el arte de crear una pintura en un muro
3. _____ sinónimo de *propagación*
4. _____ sinónimo de *atrayente* o que llama la atención
5. _____ el artista que pinta en una pared o muro
6. _____ en el arte, esta actividad significa *prohibir*
7. _____ cuestionamiento o comentario sobre aspectos de la realidad
8. _____ creación artística

a. muralista
b. crítica
c. llamativo
d. difusión
e. muralismo
f. censurar
g. obra
h. colorista

4-3 Arte mexicano. Ahora describa la siguiente obra de arte. Use expresiones de la caja.

⌃ Diego Rivera: Sueño de una tarde dominical en la Alameda

| campesino/a | colorista | llamativo/a | mural | obra |

MODELO: *Esta pieza es un/a _____ hecho/hecha por _____.*
En ella hay _____.

Estrategias de lectura

1. Infórmese sobre el tema antes de leer. Por el título, es evidente que el texto trata de un mural mexicano.¿Qué sabe acerca del arte muralista? ¿Qué murales ha visto?
2. Familiarícese con el texto. La primera oración de cada párrafo expresa la idea central. Pase su marcador por la primera oración de cada párrafo. Luego, lea las oraciones que ha marcado. Haga una lista (oralmente o por escrito) de los temas que aparecen en el texto.

LECTURA

Una pintura mural mexicana

David Alfaro Siqueiros fue uno de los grandes pintores mexicanos del pasado siglo. Junto con los artistas Diego Rivera y José Clemente Orozco, David Alfaro Siqueiros es considerado uno de los tres mejores exponentes del muralismo mexicano.

El muralismo no sólo fue un movimiento artístico. También fue un movimiento político que empezó después de la Revolución mexicana de 1910. Los pintores muralistas quisieron romper con la tradición de la pintura al óleo, que consideraban burguesa, y poner su arte al servicio del pueblo. Para ello decidieron pintar las paredes de las ciudades, saliendo de las aulas de las academias y los museos para compartir su obra con todo el mundo. Los muralistas valoraban las culturas prehispánicas y entendían la pintura como medio de difusión de las ideas comunistas e indigenistas. Los contenidos de estos murales son a menudo críticas del colonialismo y del capitalismo. El estilo es siempre metafórico, muy colorista, con escenas de gran expresividad y movimiento. Como los muralistas usaron nuevas técnicas de aplicación de la pintura, incluyendo la pistola de aire, se dice que este tipo de pintura es un antecedente del arte del grafiti.

Por sus actividades dentro del Partido Comunista Mexicano, Siqueiros fue detenido y pasó unos meses en la cárcel. Posteriormente se exilió en Estados Unidos. Allí pintó algunos murales y exhibió sus obras en Nueva York y en Los Ángeles. Uno de sus más llamativos murales lo pintó en 1932 en el centro de la ciudad de Los Ángeles, en la pared exterior del segundo piso de una casona de la placita Olvera, situada junto al Café La Golondrina, un lugar que el artista visitaba con frecuencia. Enfrente se hallaba el ayuntamiento de la ciudad. Cuando los funcionarios del ayuntamiento vieron la pintura, se decidió rápidamente censurarla y se cubrió con pintura blanca, ocultándola durante casi ochenta años.

La obra fue titulada por Siqueiros *América tropical: oprimida y destrozada por los imperialismos*. Es una pintura que representa en su espacio central a un campesino mexicano indígena cruelmente atado de pies y manos a una cruz doble de madera ante una pirámide maya. Justo encima del campesino se ve un águila, símbolo del imperialismo norteamericano. En una esquina, dos guerrilleros mexicanos armados observan con inquietud a la víctima.

Curiosamente, el estar cubierto de pintura blanca durante tanto tiempo ha contribuido a la conservación del mural. Durante décadas los artistas discípulos de Siqueiros trataron de restaurar este mural, pero sólo con la llegada de Antonio Villaraigosa, el primer alcalde hispano de Los Ángeles, ha sido posible emprender la restauración. De momento, en una exposición ya se puede contemplar una proyección digital de tan extraordinario mural.

Marginal notes:

¿Qué sabe acerca de Siqueiros después de leer este párrafo? Mencione tres cosas.

Este párrafo explica la misión política y social del muralismo. Al leer, pase su marcador por las frases que explican esta misión.

En el párrafo se encuentra esta frase: "Los contenidos de estos murales son a menudo críticas del colonialismo y del capitalismo". ¿Qué es una crítica?

En este párrafo hay una descripción del mural. ¿Por qué fue censurado?

Line numbers: 5, 10, 15, 20, 25, 30, 35

Comprensión y ampliación

4-4 Comprensión. Vuelva a leer el texto y responda a las preguntas.

1. Según la lectura, ¿qué relación existe entre Siqueiros, Rivera y Orozco?
2. ¿Por qué dice el autor que el muralismo fue algo más que un movimiento artístico?
3. ¿Cuáles son tres de las principales características de la pintura muralista?
4. La lectura menciona una técnica frecuentemente usada por los muralistas. ¿En qué consiste esa técnica?
5. Según el autor de este texto, el Café La Golondrina tuvo cierto papel en la vida de Siqueiros. ¿Cuál fue ese papel y por qué cree Ud. que lo menciona el autor?
6. ¿Quiénes decidieron censurar esta obra y por qué?

4-5 Ampliación. Expansión de vocabulario.

1. El texto usa el adjetivo *burguesa* para referirse a un tipo de pintura. Esta palabra aparece en oposición a la palabra *pueblo*. Explique en qué sentido se oponen esos dos conceptos y haga una lista de palabras relacionadas con cada una de ellas.
2. En la lectura aparecen varias palabras terminadas en **-ismo**. Haga una lista de cuatro palabras que usted conozca terminadas con este sufijo y explique su significado.
3. Explique las semejanzas de significado entre las palabras *prehispánico* y *precolombino*. Haga una lista de cuatro palabras que tengan el prefijo **pre-** y explique su significado.
4. El título de la pintura censurada de Siqueiros incluye la palabra *oprimida*. Explique su significado, diga de qué verbo se deriva y haga una lista de otras palabras relacionadas.

4-6 Conexiones. La lectura anterior sugiere ciertos temas polémicos. Discutan algunos de los siguientes, o propongan otros de su interés:

1. A los pintores muralistas no les gustaban las academias y los museos. Mencionen dos o tres razones y expliquen por qué.
2. Una idea importante para los muralistas es la diferencia entre el arte para la clase burguesa y el arte para las masas. Den ejemplos tomados del cine, de la tele, de la literatura, de la pintura o de la música de obras dirigidas a la burguesía y otras dirigidas a las clases más populares.
3. La pintura de Siqueiros fue censurada por motivos políticos. Digan cuáles suelen ser otros motivos frecuentes para censurar obras artísticas.

Aclaración y expansión

04-10 to
04-17

Se + *verb* for impersonal and passive expressions

- Spanish uses **se** + *singular verb* in impersonal statements—those in which the subject is not defined. In English, the subject would be *they, you, people,* or *one.* An adverb, an infinitive, or a clause usually follows the singular verb in Spanish.

Se aprende más rápidamente sobre las costumbres de una cultura si **se vive** en ella.	***One learns*** *the customs of a culture faster if **one lives** in it.*
Se dice que los muralistas mexicanos son los más conocidos.	***People say*** *that the Mexican muralists are the most well known.*
Se puede comprar arte en la calle todos los días de la semana.	***You can buy art*** *in the streets every day of the week.*

- Spanish uses **se** + *singular* or *plural verb* + *noun* in statements that emphasize the occurrence of an action rather than who is responsible for that action. The noun (what is sold, exported, offered, etc.) usually follows the verb, and who does the action is not expressed. The verb agrees with the noun (singular or plural) that follows it.

Se vende cerámica mexicana en muchos países.	*Mexican pottery **is sold** in many countries.*
Se estudian las obras de Orozco en muchas universidades estadounidenses.	*Orozco's paintings are studied in many U.S. universities.*

4-7 Práctica. Complete las siguientes ideas con actividades que normalmente **se hacen**.

1. En muchas ciudades latinoamericanas _____ (ver) magníficas obras de arte en las calles.
2. _____ (poder) a pintar en las diversas academias que existen en todo el mundo.

3. _____ (estudiar) la cerámica incaica en la clase de historia del arte.
4. En muchos barrios hispanos de los Estados Unidos, _____ (pintar) murales en las paredes de los edificios.
5. _____ (hacer) esculturas de piedra en muchas culturas del mundo.
6. _____ (construir) edificios de piedra y adobe en partes de Mesoamérica.

4-8 ¿Qué se hace para entender una pintura? Indiquen si la afirmación es lógica (**L**) o ilógica (**I**), según ustedes. Comparen sus respuestas.

1. _____ Se observan con atención los detalles y la totalidad de la obra.
2. _____ Se analiza si el pintor ha distribuido equilibradamente el espacio en la obra.
3. _____ Se toca la obra para ver si nos comunica un sentimiento.
4. _____ Se comprueba si hay armonía en la utilización de los colores.
5. _____ Se buscan en la obra detalles personales del pintor.
6. _____ Se evalúan los detalles y su contribución a la coherencia de la obra.
7. _____ Se toma una clase de pintura con el pintor de la obra.
8. _____ Se evalúa la manera en que el pintor combina la textura, la forma y el color para comunicar algo.

4-9 Para ganar un viaje. Hay un concurso en su universidad para ganar un viaje de estudios a una ciudad de Latinoamérica. Los dos estudiantes que presenten la mejor propuesta (*proposal*) ganarán el premio. Investiguen en Internet y preparen una propuesta para presentar a la clase que cubra lo siguiente:

1. La localización geográfica y la moneda que se usa en el lugar
2. Información general sobre la ciudad
3. Información sobre los museos que se pueden visitar allí. ¿Qué tipo de arte se puede ver? ¿Qué otros lugares se pueden visitar en esa ciudad? ¿Qué actividades interesantes se pueden hacer allí?
4. Lo que se debe llevar para este viaje
5. El presupuesto (*budget*) que se necesita para el viaje

4-10 Algunas controversias. Primera fase. Algunos temas relacionados con el arte y la arquitectura provocan opiniones controvertidas. Escoja uno de los siguientes temas:

1. Construir mega tiendas como Wal-Mart en barrios residenciales
2. Destruir edificios o lugares históricos para construir zonas residenciales
3. Pintar las paredes de las casas o edificios con grafiti
4. Exponer esculturas modernas en lugares públicos
5. Reducir los fondos para el arte (la pintura, el ballet, la música) en las escuelas públicas

Ahora anote algunas ideas basándose en las siguientes preguntas:

1. ¿Qué se dice en los periódicos, las revistas, la televisión, etc., sobre este tema?
2. ¿Qué propuestas se discuten o debaten entre los expertos o el público?
3. ¿Qué opina el público sobre el tema?
4. ¿Cuál es la opinión de usted?

Segunda fase. Formen grupos de acuerdo al tema que escogieron. Comparen sus notas y hablen sobre el tema. Luego, hagan una presentación oral o escrita basándose en la información que tienen.

Machu Picchu

Antes de ver

4-11 ¿Cuánto sabe usted sobre los incas? Marque (✓) las respuestas que considera correctas.

❶ Los incas fueron una de las civilizaciones prehispánicas más importantes. ¿Qué otras civilizaciones prehispánicas importantes de esta lista reconoce usted? (Hay más de una respuesta correcta.)

_____ a. los aztecas

_____ b. los mayas

_____ c. los andaluces

_____ d. los romanos

❷ Los incas hablaban . . .

_____ a. español.

_____ b. quechua.

_____ c. maya.

_____ d. náhuatl.

❸ La capital del Imperio inca era . . .

_____ a. Cuzco.

_____ b. Machu Picchu.

_____ c. Teotihuacán.

_____ d. Lima.

❹ Uno de los productos básicos más importantes de la alimentación de los incas era . . .

_____ a. el maíz.

_____ b. la carne.

_____ c. el pan.

_____ d. el grano de soja.

Mientras ve

4-12 ¿Cierto o falso? Indique si las siguientes afirmaciones son ciertas (**C**) o falsas (**F**) según la información que aparece en el video. Si la respuesta es falsa, corrija la información.

❶ ___ Machu Picchu fue una importante ciudad inca.

❷ ___ Machu Picchu está en los Andes.

❸ ___ El Imperio inca ocupaba una vasta región en la costa este de América del Sur.

❹ ___ Los incas tenían avanzados conocimientos de ingeniería.

❺ ___ Los incas usaban cemento para unir las piedras de sus construcciones.

❻ ___ Los chasquis eran los responsables del cultivo del maíz.

❼ ___ Machu Picchu estuvo abandonada por más de 300 años.

❽ ___ Hiram Bingham fue el último emperador inca.

❾ ___ Hay numerosos testimonios escritos sobre Machu Picchu.

❿ ___ Hoy en día se sabe con seguridad que Machu Picchu fue una ciudad universitaria para los hijos de la nobleza inca.

Después de ver

4-13 La vida cotidiana en el tiempo de los incas. Primera fase. Escriba un párrafo con los datos que recuerde sobre las costumbres, actividades cotidianas y creencias de los incas.

 Segunda fase. Comparta la información que escribió con su compañero/a.

A leer

Vocabulario en contexto

4-14 Creaciones maestras. Asocie los artistas con sus creaciones artísticas. En algunos casos, más de una respuesta es posible.

1. _____ músico/a
2. _____ arquitecto/a
3. _____ pintor/a
4. _____ escultor/a

a. pintura
b. edificio
c. retrato (*portrait*)
d. puente
e. ópera
f. escultura
g. cuadro
h. arco
i. paisaje
j. canción

4-15 ¿Cómo son los artistas y qué hacen? Marquen (✓) los estereotipos que, según ustedes, se usan para describir o definir a un artista y su trabajo. Luego expliquen por qué descartaron alguno(s).

1. En nuestra sociedad clasificamos como artistas a los . . .
   a. ____ profesores universitarios.
   b. ____ escultores.
   c. ____ músicos.
   d. ____ pintores.
   e. ____ muralistas.
   f. ____ arquitectos.

2. En general, la gente piensa que los artistas . . .
   a. ____ son bohemios.
   b. ____ son personas fuera de lo común.
   c. ____ siempre mantienen la tradición.
   d. ____ no tienen educación formal.
   e. ____ son polifacéticos (*multifaceted*).

3. También piensan que la creación de un/a artista . . .
   a. ____ es siempre el resultado de un caos emocional.
   b. ____ siempre es fácil de entender.
   c. ____ casi siempre provoca controversia.
   d. ____ debe representar la visión que la sociedad tiene de una idea o concepto.

4. Para realizar un proyecto, un arquitecto/una arquitecta . . .
   a. ____ nunca se deja influenciar por las ideas de un gran maestro/una gran maestra.
   b. ____ hace un plano.
   c. ____ a veces fabrica maquetas (*scale models*).
   d. ____ no dibuja antes lo que desea construir.

4-16 Grandes arquitectos. Escriban una breve biografía del arquitecto Antoni Gaudí, basándose en la información a continuación o en su propia investigación. Usen por lo menos cinco expresiones de las actividades de *Vocabulario en contexto*.

1. Lugar de nacimiento: Riudoms, provincia de Tarragona en Cataluña, España
2. Fechas de nacimiento y muerte: 25 de junio de 1852–10 de junio de 1926
3. Estudios:

   - Escuela secundaria: Convento del Carmen, Barcelona; Escuela Técnica Superior de Arquitectura, Barcelona
   - Universidad: Arquitectura, Escuela de la Llotja

4. Aspectos importantes de su obra:

   - Primeros proyectos: farolas para la Plaza Real, la Cooperativa Obrera Mataronense
   - Obras famosas: La Casa Vicens, Bodegas Güell, Pabellones Güell, Palacio Güell, Cripta de la Colina Güell, Sagrada familia

5. Influencia de otros artistas famosos: Walter Pater, John Ruskin, William Morris
6. Descripción de la Catedral de la Sagrada Familia

Estrategias de lectura

EXPRESIONES CLAVE

¿Comprende estas expresiones? Si tiene dudas, revise *Vocabulario en contexto* antes de leer el siguiente texto.

el arco	inclinado/a
el arquitecto/	influenciar
la arquitecta	realizar
el dibujo	polifacético/a
la escultura	el puente

1. Lea el título para anticipar el contenido.

   a. ¿Comprende todas las palabras? ¿De qué verbo viene la forma *rompiendo*?
   b. ¿Qué significa la frase *fronteras del arte*? ¿A qué tipo de fronteras se refiere el autor?

2. Lea rápidamente el primer párrafo para orientarse. ¿Qué fechas ve? ¿Qué ciudades se mencionan? ¿Qué tipo de artista es Santiago Calatrava?

3. Piense en lo que sabe acerca del tema. ¿Qué sabe acerca de la arquitectura y los arquitectos? Apunte los nombres de los arquitectos que conoce. De los edificios y otras construcciones que usted conoce, ¿cuáles tienen fama como obras arquitectónicas importantes?

LECTURA

Santiago Calatrava: rompiendo las fronteras del arte

Santiago Calatrava es uno de los arquitectos españoles más originales y reconocidos del mundo. Nació en Valencia en 1951, donde, desde los ocho años, estudió en la Escuela de Artes y Oficios. Posteriormente se graduó en arquitectura y tomó también cursos de urbanismo en esa misma ciudad. En 1975, decidió hacer estudios
5 de posgrado en ingeniería civil y se matriculó en la Universidad Técnica Helvética de Zurich, donde se doctoró en el año 1981. Calatrava habla a la perfección varias lenguas y es un hombre polifacético cuya obra traspasa las fronteras de la arquitectura, del arte y de la ingeniería. 🗨

Durante sus estudios de doctorado
10 en Zurich conoció a su esposa, que era estudiante de leyes, y allí instaló su primer taller de arquitectura, en una casa que le sirve igualmente de residencia.
15 En esta antigua casa remodelada en su interior con un aspecto moderno y espacioso, Calatrava se dedica a hacer esculturas, dibujos y diseños de muebles, además de
20 sus proyectos arquitectónicos. La influencia de su talento artístico se ve claramente en sus edificios, que parecen esculturas. "A veces, me dedico a hacer composiciones
25 estructurales; si se quiere, también se pueden denominar esculturas", dice Santiago Calatrava.* 🗨

En las entrevistas que concede y en sus artículos, las referencias de
30 Calatrava al arte son constantes y lo ayudan a explicar su obra. "El arte del siglo XX—dice—se ha visto fuertemente influenciado por el concepto marxista-leninista del
35 arte para todos. Esta idea se ha pasado ya. Estamos volviendo a encontrar la libertad de creación, lo que implica un nuevo puesto para el arquitecto como artista, y para
40 la arquitectura como arte".** 🗨

*Philip Jodidio, *Santiago Calatrava* (Köln: Taschen, 1998), 6–8.
**Ibid., 8.

⌃ El Puente de la Barqueta en Sevilla, España, del arquitecto español Santiago Calatrava

⌃ Uno de los mejores ejemplos del "arte útil" de Santiago Calatrava: La Torre de Telecomunicaciones del Parque Olímpico en Barcelona, España

🖲 ¿Qué ha aprendido usted sobre Calatrava en el primer párrafo? Anote tres datos.

🖲 Este párrafo trata de la casa de Calatrava. ¿Qué artes practica Calatrava?

🖲 ¿Qué dice Calatrava acerca del arte del siglo XX? ¿Cómo es diferente el arte del siglo XX del arte de hoy?

¿Qué tres grandes proyectos hizo Calatrava entre 1983 y 1991? ¿En qué ciudades europeas hizo estos proyectos?

Después de completar sus estudios de posgrado, Calatrava hizo algunos trabajos de ingeniería y empezó a presentarse a concursos. En 1983, ganó el concurso para reconstruir la estación de Zurich, y en 1984, lo contrataron para hacer el puente de Bach de Roda en Barcelona. En 1989, abrió un segundo taller de arquitectura en París, Francia. En este país es muy apreciado y ha construido la 45 estación del aeropuerto Satolas en Lyon. Su tercer taller lo abrió en Valencia, su ciudad natal, en 1991, para dedicarse a la construcción de un gran complejo arquitectónico, La Ciudad de las Artes y las Ciencias.

¿Qué dos épocas (*historical periods*) se identifican en la historia de los puentes? ¿Qué estilo se asocia con cada época? Si no recuerda, lea otra vez el párrafo.

Según Calatrava, el puente no debe tener únicamente un valor funcional. De hecho, a lo largo de la historia, los puentes han estado cargados de significados 50 simbólicos: "Si se observa la historia de los puentes durante los siglos XIX y XX—declara Calatrava—se verá que muchos tienen una estructura muy particular, cargada de significado. Unos estaban recubiertos de piedra, otros tenían esculturas en forma de león o barandillas (*railing*); en el puente de Alejandro III de París, incluso hay lámparas sostenidas por ángeles. Esta actitud desapareció al finalizar la Segunda Guerra Mundial. Fue necesario reconstruir 55 con rapidez cientos de puentes en toda Europa. Por pura necesidad surgió una escuela de diseño funcional. Un buen puente era un puente simple y, sobre todo, económico". Sin embargo, hoy en día la arquitectura funcional tiene también su propósito estético, y es por eso que el puente se ha revalorizado como símbolo 60 de identidad. Entre los puentes más famosos de Calatrava están el del Alamillo, en Sevilla, el puente de Campo Volantín en Bilbao y el de la estación del metro de Valencia.***

El Museo de Arte de Milwaukee es uno de los primeros trabajos de Calatrava en Estados Unidos. Situado a la orilla del Lago Michigan en Milwaukee, el edificio 65 parece un cisne (*swann*) con las alas abiertas, y la revista *Time* lo declaró el mejor diseño arquitectónico del año 2001. Los visitantes acceden al museo por un puente peatonal (*pedestrian*) diseñado también por Calatrava. Calatrava fue el arquitecto elegido para realizar la estación terminal de trenes del conjunto de la Zona Cero en Manhattan. Esto demuestra la importancia que tiene este español 70 universal en la arquitectura mundial.

***Ibid., 26–28.

Comprensión y ampliación

4-17 Comprensión. Vuelva a leer el texto y responda a las preguntas.

1. ¿De dónde es Santiago Calatrava?
2. ¿Qué tipos de arte practica?
3. ¿Qué opina Calatrava sobre la relación entre la arquitectura y el arte?
4. ¿Cuál es el propósito de los puentes, según Calatrava?
5. ¿Cuáles son los puentes más famosos de Calatrava?
6. ¿Qué edificios ha diseñado Santiago Calatrava en Estados Unidos?

4-18 Ampliación. Vuelva a leer el texto y busque la información que se pide más abajo. Debe subrayar las palabras en el texto y después escribirlas.

1. El lugar donde reside Calatrava
2. Tres edificios de Calatrava
3. Tres países donde Calatrava ha trabajado
4. Un material de construcción
5. Dos formas de expresión artística

4-19 Conexiones. Lean las siguientes citas (*quotations*) textuales y luego, túrnense para preguntar y responder.

1. *Calatrava habla a la perfección varias lenguas y es un hombre polifacético cuya obra traspasa las fronteras de la arquitectura, del arte y de la ingeniería.*
   a. ¿Qué lenguas crees que habla Santiago Calatrava? ¿Por qué lo crees?
   b. Y tú, ¿qué lenguas hablas? ¿Qué ventajas tiene hablar distintas lenguas?
   c. ¿Puedes explicar la expresión "es un hombre polifacético"?
   d. ¿Qué tipo de fronteras se pueden cruzar?

2. *"El arte del siglo XX—dice—se ha visto fuertemente influenciado por el concepto marxista-leninista del arte para todos. Esta idea se ha pasado ya. Estamos volviendo a encontrar la libertad de creación, lo que implica un nuevo puesto para el arquitecto en tanto artista, y para la arquitectura en tanto arte."*

   a. ¿Qué quiere decir *el arte para todos*? ¿Conoces algún ejemplo de este tipo de arte? ¿Cuál?
   b. En tu opinión, ¿qué es más importante, la libertad de creación o la utilidad del arte? ¿Por qué?
   c. ¿Crees tú que el verdadero artista es siempre independiente? ¿Por qué?
   d. ¿Conoces alguna obra de arte (pintura, escultura, arquitectura, etc.) que sirva a intereses políticos, económicos o religiosos?

 ## A escuchar

4-20 ¿Cuándo lo hicieron? Usted va a escuchar una conversación entre una estudiante y su profesor. Lea los nombres de los grupos que produjeron murales o frescos. Luego, escuche la conversación e indique cuándo los produjeron, según el profesor.

1. _____ los habitantes de cuevas
2. _____ los muralistas mexicanos
3. _____ los grandes muralistas italianos
4. _____ los cubistas franceses
5. _____ los habitantes de Pompeya y Ostia
6. _____ los artistas estadounidenses

a. en el siglo XX
b. durante el Renacimiento
c. durante el Imperio romano
d. después de la Revolución
e. durante la época prehistórica
f. durante la Depresión

Aclaración y expansión

04-33 to 04-42

Indirect object nouns and pronouns

Indirect object pronouns			
me	*to/for me*	**nos**	*to/for us*
te	*to/for you* (familiar)	**os**	*to/for you* (familiar)
le	*to/for you* (formal), *him, her, it*	**les**	*to/for you* (formal), *them*

- Indirect object nouns and pronouns express *to whom* or *for whom* an action is done.

El guía **me** mostró el puente.	*The guide showed **me** the bridge.*

- It is common to use both an indirect object pronoun and the noun to which it refers. This is done to emphasize and clarify to whom the pronoun refers.

El arquitecto **les** mostró **a los clientes** una maqueta del edificio.	*The architect showed **the clients** a model of the building.*
Nos dio la maqueta **a nosotros**, no a ellos.	*He gave the model **to us**, not **to them**.*

- Indirect object pronouns are placed before a conjugated verb or after an infinitive or a present participle. The pronoun may be placed before the conjugated verb or attached to the end of the infinitive or present participle.

| Él **les** pinta un mural **a los niños.** | *He is painting a mural **for the children**.* |

Les va a presentar el mural en dos semanas. / Va a **presentarles** el mural en dos semanas.

*He is going to present the mural **to them** in two weeks.*

Ahora **les** está explicando cómo preparar la pared. / Está **explicándoles** cómo preparar la pared.

*He is explaining **to them** how to prepare the wall.*

4-21 Práctica. Complete el mensaje electrónico que Susana les escribe a sus padres con el pronombre de objeto indirecto adecuado, según el contexto.

Queridos padres,

(1) _____ escribo para (2) contar_____ que Guanajuato es una maravilla. Ustedes (3) _____ dijeron a era una ciudad bella, y como siempre, tenían razón. Ayer fui al Mercado Hidalgo y (4) _____ compré a Julia una vasija de cerámica para su cumpleaños. Tuve que (5) explicar_____ a la vendedora que Julia es muy artística y original, y ella (6) _____ encontró a Julia una vasija perfecta. Mamá, yo (7) _____ compré un regalo a ti también, pero no quiero (8) decir_____ más, es una sorpresa. Papá, quiero (9) comprar_____ un libro sobre la arquitectura de esta región, y también voy a (10) regalar_____ unas fotos muy bonitas que se venden en la Plaza de la Paz.

Reciban muchos abrazos de su hija,

Susana

 4-22 ¿Qué se hace por alguien? Primero, marque (✓) lo que, según usted, se hace por alguien en estas circunstancias. Luego, compare sus respuestas con las de su compañero/a.

1. Su profesor de arte se enfermó y no puede darle clase.
   a. _____ Usted le manda una tarjeta y le recomienda descansar mucho.
   b. _____ Usted le sugiere cancelar la clase para siempre.
   c. _____ Usted le escribe un email para cambiar la fecha de la clase.

2. La guitarra de su hermana se rompió y ella no tiene dinero para comprar otra.
   a. _____ Sus padres le dicen que es una lástima.
   b. _____ Usted le presta su propia guitarra.
   c. _____ Usted le da dinero para comprar una guitarra nueva.

3. Una persona vende un libro sobre el arquitecto favorito de sus padres.
   a. _____ Usted y sus hermanos les compran a sus padres el libro.
   b. _____ Ustedes compran el libro y luego les venden más caro el libro a sus padres.
   c. _____ Ustedes no les informan a sus padres de que alguien vende ese libro.

4. Sus tíos viajaron a Colombia y asistieron a una conferencia que dio el pintor Fernando Botero.
   a. _____ Sus tíos le cuentan a usted sobre el contenido de la conferencia.
   b. _____ Ellos no le dicen que fueron a la conferencia de Botero.
   c. _____ Sus tíos le regalan algunas copias de las pinturas de Botero.

4-23 ¿Cómo puedo ayudar a mi amigo el pintor? Imagínese que su mejor amigo va a inaugurar una exposición de pintura; está muy ocupado preparando la exposición. De la siguiente lista, diga qué hace usted para ayudarlo. Después añada dos actividades más y comparta sus ideas con su compañero/a.

MODELO: Escribir a los amigos informándoles sobre la exposición
Les escribo a todos mis amigos informándoles sobre la exposición.

1. Preparar comida mientras él pinta
2. Ayudar a preparar la exposición
3. Mandar correos electrónicos a los críticos de arte
4. Regalar flores
5. Comprar ropa elegante
6. Prestar mi auto para transportar los cuadros
7. ...

 4-24 En un mercado de artesanías. Ustedes van a comprar regalos en un mercado de artesanías para cuatro personas, incluyendo a su compañero/a. Primero, individualmente haga una lista de estas personas. Después, observe las fotos y escoja el regalo para cada persona. Finalmente, hable con su compañero/a sobre lo que piensa comprar.

MODELO: E1: *Le pienso comprar una muñeca a mi hermana mayor.*
E2: *Y yo voy a llevarle una manta a mi hermano.*

a. Mantas guatemaltecas

b. Maracas peruanas

c. Vasijas de barro mexicanas

d. Muñecas argentinas

e. Monederos de Nicaragua

f. Collares ecuatorianos de colores

Gustar and similar verbs

- The verb **gustar** is not used the same way as the English verb *to like*. **Gustar** is similar to the expression *to be pleasing* (to someone).

  Me gusta esta escultura. **I like** *this sculpture.*
  (*This sculpture is pleasing to me.*)

Note that with the verb **gustar**, the subject is the person or thing that is liked, and it normally follows the verb. The indirect object shows to whom something is pleasing.

Indirect object pronoun		Subject	Subject	Direct object
↓		↓	↓	↓
Me	gusta	este puente.	I like	this bridge.

- Generally, only two forms of **gustar** are used for each tense: singular (with singular nouns or infinitives) or plural (with plural nouns).

  Les gusta la música popular. (singular noun)

  They like popular music.

  Nos gustaron las artesanías que Pablo compró. (plural noun)

  We liked the handicrafts that Paul bought.

  Me gustaba cantar y tocar la guitarra cuando estaba en el colegio. (infinitives)

  I liked to sing and play the guitar when I was in high school.

- To emphasize or clarify to whom something is pleasing, use **a** + *pronoun* (**a mí, a ti, a usted/él/ella, a nosotros/as, a vosotros/as, a usted/ellos/ellas**) or **a** + *noun.*

  A mí me gustó mucho el mural de Diego Rivera, pero **a Claudia le gustaron** más los murales de David Alfaro Siqueiros.

  *I liked Diego Rivera's mural a lot, but **Claudia liked** the murals of David Alfaro Siqueiros better.*

- Other verbs that follow the pattern of **gustar** are

aburrir	*to bore*
caer bien/mal	*to like/ dislike a person*
disgustar	*to annoy, to displease*
encantar, fascinar	*to like a lot, to love* (activities, objects)
importar	*to be important to, to matter*
interesar	*to be interested in*
quedar bien/mal	*to fit* (clothing)

  Me caen bien los hermanos de Fernando. Son muy cómicos y divertidos.

  I like Fernando's brothers. They are very funny and fun to be with.

  A algunos estudiantes no **les importa** llegar tarde a clase. Su comportamiento **les disgusta** a sus profesores.

  *Some students **don't care** if they get to class late. Their behavior **annoys** their professors.*

4-25 Práctica. Complete las oraciones con todos los elementos necesarios.

1. _____ Maricela le _____ (encantar) ir de compras cuando está de viaje.
2. A _____ me _____ (interesar) más visitar museos y conocer lugares históricos.
3. A nosotros ____ _____ (fascinar) los edificios con arquitectura colonial.
4. ¿Cómo te _____ (quedar) la blusa? Me _____ (quedar) bien.
5. _____ Marcos y a Carlos les _____ (caer) bien todos los compañeros de su grupo.
6. A la profesora _____ _____ (parecer) bien posponer la excursión porque hace mal tiempo.
7. A _____ nos _____ (disgustar) la música alta (*loud*) en los bares. Es imposible conversar.
8. A ellos _____ _____ (encantar) todas las actividades del programa, son muy divertidas.

4-26 Mis gustos. Primera fase. Use los verbos de la caja en forma afirmativa y negativa para explicar a su compañero/a sus preferencias sobre lo siguiente. Comparen sus respuestas.

encantar	fascinar	gustar	interesar

MODELO: Los diseños indígenas
E1: *A mí me gustan los diseños indígenas. ¿Y a ti?*
E2: *A mí también me gustan. / A mí no me gustan. Prefiero los diseños modernos.*

1. La arquitectura moderna
2. Las pirámides
3. El arte abstracto
4. Los murales de Rivera
5. La pintura de Picasso
6. Los rascacielos (*skyscrapers*)

Segunda fase. Con otra pareja, comenten sobre sus gustos. Si ustedes cuatro tienen gustos similares, compartan esta información con el resto de la clase.

4-27 ¿Qué les gusta hacer? Basándose en las actividades de estas personas, digan qué les gusta / interesa / encanta hacer a ellos. Usen su imaginación y añadan detalles.

MODELO: Visita muchos países diferentes.
E1: *A esta mujer le encanta viajar y puede hacerlo porque tiene mucho dinero. ¿Estás de acuerdo?*
E2: *Sí, y además le gusta usar su computadora en el avión. / No, no estoy de acuerdo contigo. No le gusta viajar, pero es parte de su trabajo.*

Habla con la cantante de ópera
después de la función.

Van a ver los murales de Rivera, Orozco y
Siqueiros en México.

Observa a la gente en los cafés.

Se reúnen los fines de semana.

Expresiones útiles para las opiniones	
¿Qué opinión tienes sobre / de . . . ?	Opino que . . .
¿Qué opinas sobre / de . . .	Pienso que . . .
¿Qué piensas de . . .	

4-28 Nuestras opiniones. Primera fase. Den su opinión sobre los siguientes
temas y expliquen sus razones. Consulten *Expresiones útiles* para expresar su opinión.

MODELO: El grafiti en las ciudades
E1: *¿Qué piensas del grafiti en las ciudades?*
E2: *Me encanta. Es una forma excelente de creatividad. Y tú, ¿qué opinas?*
E1: *Pues, a mí no me gusta. Pienso que el grafiti es un acto de vandalismo.*

1. El alto costo de las entradas para los museos
2. Los ladrones que roban cuadros en los museos
3. La pintura al aire libre
4. El uso de fondos del gobierno para realizar proyectos artísticos
5. La construcción de edificios modernos en las ciudades

Segunda fase. Ahora discutan sus opiniones con el grupo y tomen apuntes. ¿Qué
piensa la mayoría de los miembros del grupo? En caso de opiniones diferentes,
presenten los diversos puntos de vista.

4-29 ¡A conocernos mejor! Primero, lea la siguiente lista y anote sus respuestas. Después piense qué puede decir para explicar sus gustos o antipatías. Finalmente, entreviste a su compañero/a para saber su opinión.

1. Algo que le disgusta
2. Alguien que le cae bien
3. Un personaje público que le cae mal
4. Algo que le interesa más en la actualidad

ALGO MÁS

The infinitive

- In Spanish, the infinitive may function as a noun and be used as the subject of a sentence. English uses an -*ing* verb form for this purpose.

Vivir y **estudiar** en un país es la mejor forma de aprender el idioma.	*Living* and *studying* in a country is the best way to learn the language.

- In Spanish, the infinitive is also used after a preposition, while English generally uses the -*ing* verb form.

Iremos a Teotihuacán antes de **salir** para la Ciudad de México.	*We'll go to Teotihuacan before **leaving** for Mexico City.*
Al **llegar** a la Ciudad de Mexico, llamaremos a nuestros amigos.	*Upon **arriving** in Mexico City, we'll call our friends.*

4-30 Un sueño hecho realidad. Complete la narración de Josh sobre un viaje a Machu Picchu con el infinitivo o el gerundio.

(1) _____ (visitar) la ciudad de Machu Picchu fue siempre uno de mis mayores deseos. Finalmente, el otoño pasado tuve la oportunidad de (2) _____ (conocer) ese fascinante lugar. Cuando salí de Miami estaba (3) _____ (llover) mucho. En el avión conocí a otros estudiantes que iban en la misma excursión y me encantó (4) _____ (conversar) con ellos. Cuando aterrizamos en Lima, el guía nos estaba (5) _____ (esperar) en el aeropuerto. Al día siguiente fuimos a Cuzco. (6) _____ (Pasear) por la ciudad fue nuestra actividad principal el primer día. Al día siguiente fuimos a Machu Picchu. (7) _____ (Subir) la montaña primero en tren y luego en autobús fue fabuloso, pero cuando finalmente llegamos a Machu Picchu, yo no podía (8) _____ (creer) lo que estaba (9) _____ (ver). ¡Era una verdadera maravilla!

4-31 ¿Qué opinan? Con su compañero/a, intercambien sus opiniones sobre las siguientes actividades.

Modelo: Ir a museos *Ir a museos es aburrido porque no me interesa mucho el arte.*

1. Estudiar arte
2. Pintar cuadros en su tiempo libre
3. Vender arte en la calle
4. Investigar sobre pintores famosos
5. Pagar millones de dólares por un cuadro
6. Comprar objetos de artesanía en los mercados
7. Viajar a otros países para ver la arquitectura de las ciudades
8. Hacer esculturas con materiales reciclados

 # A escribir

04-43

Estrategias de redacción: el diálogo en la narración

En este capítulo, usted tendrá la oportunidad de usar el diálogo en la narración. El diálogo cumple varias funciones en la narración. Le permite al narrador...

- usar un estilo más directo al reproducir las conversaciones entre los personajes.
- crear interés en los personajes porque estos hablan en sus propias palabras.
- revelar los sentimientos, personalidad y motivaciones de los personajes.

4-32 Análisis. En la siguiente historia, alguien narra un cuento romántico. Lea la historia y, luego, determine lo siguiente.

1. El grado de agilidad o movimiento de la historia:
   es _____ rápida _____ lenta. ¿Por qué?
2. La descripción de la escena y los personajes:
   _____ bien descritos _____ pobremente descritos. ¿Por qué?
3. El tiempo de la narración:
   _____ presente _____ pasado _____ presente y pasado.
4. El tipo de narrador:
   _____ narrador protagonista _____ narrador observador.
5. La estructura de narración:
   contiene una _____ presentación _____ un desarrollo _____ un desenlace.

El artista que rompió dos corazones

Al entrar al museo, Carolina y Rafael decidieron separarse para mirar los cuadros del nuevo pintor de quien todos hablaban. A Carolina le hacía ilusión disfrutar del arte en compañía de Rafael. Carolina pensó que era la oportunidad para interesarlo por la pintura.

5 Ambos comenzaron por lados opuestos de la sala de exposiciones. Los cuadros estaban iluminados. Al pie de cada uno, aparecía la firma del pintor.

Carolina trató de adivinar la reacción de Rafael y comenzó a observarlo. Rafael se acercaba y se alejaba de los cuadros como si quisiera descifrar un misterio. Carolina se dio cuenta de los sentimientos de Rafael. Cuando se encontraron, Carolina le preguntó si le gustaban las obras. Rafael la miró y le respondió que la obra del gran 10 pintor era un supremo aburrimiento, que no entendía nada y que quería salir del museo ahora mismo. Carolina le respondió que sólo quería ver una obra más.

4-33 Identificación. Primera fase. Lea una vez más el texto en **4-33** y subraye (*underline*) las porciones donde es posible (1) escribir diálogo entre los personajes, (2) poner más detalles sobre su temperamento o personalidad y (3) describir sus movimientos.

Segunda fase. Escriba de nuevo la narración en la actividad **4-33**, incluyendo (1) el diálogo entre los personajes, (2) las aclaraciones sobre el temperamento o la personalidad de los personajes y (3) sus movimientos.

4-34 Preparación. Primera fase. Lea las situaciones a continuación y escoja la que a usted le interese más.

1. Usted fue a la inauguración del último edificio diseñado por Santiago Calatrava en Nueva York. Justo antes del evento, ocurrió algo inesperado. Unos jóvenes radicales pintaron un grafiti de protesta en la fachada del edificio. Escríbale un correo electrónico a su mejor amigo para contarle lo que ocurrió.
2. Usted visitó un famoso museo. Mientras disfrutaba del arte de pintores famosos como Diego Velázquez, Salvador Dalí, Frida Kahlo y Fernando Botero, algo inusual le ocurrió a otra persona del público. Comparta por escrito con un compañero/una compañera su experiencia como testigo de lo que ocurrió. No se olvide de describir una de las obras que le causó mejor impresión. Explique por qué le gustó o no.

Segunda fase. Prepárese para escribir la narración siguiendo los pasos a continuación:

1. Prepare un bosquejo que incluya: (a) la presentación del evento o experiencia, (b) el desarrollo o la complicación de los eventos y (c) el desenlace de ellos.
2. Prepare algunas ideas que le permitan crear un diálogo entre los personajes. Adapte el diálogo a la personalidad de los personajes y a sus circunstancias.
3. Haga una lista de palabras que lo/la ayudarán a contar la historia en su totalidad: sustantivos, adjetivos, verbos, adverbios y expresiones idiomáticas.

4-35 ¡A escribir! Ahora escriba su narración usando las notas que tomó en la *Segunda fase* de la actividad **4-34.**

Expresiones útiles para el diálogo	
Verbos asociados con...	
decir	añadir, comentar, explicar, expresar, gritar, indicar, mencionar, repetir, señalar, susurrar
contestar	admitir, afirmar, confirmar, indicar, manifestar, replicar, responder, revelar

4-36 ¡A editar! Después de unas horas, lea su narración pensando en su lector. Haga lo siguiente.

- **Revise la comunicación de ideas.** ¿Son claras o confusas las ideas? ¿El vocabulario es preciso?

- **Verifique el ritmo de la narración.** ¿Es ágil o lenta la narración? ¿El diálogo entre los personajes es interesante o aburrido? ¿Revela el diálogo la naturaleza de los personajes?

- **Mejore el estilo de su narración.** ¿Varió el vocabulario o repitió las mismas palabras varias veces? ¿Usó sinónimos y antónimos?

- **Revise las estructuras gramaticales.** ¿Usó estructuras apropiadas?

- **Revise la mecánica de su texto.** ¿Hay errores de ortografía, acentos o puntuación incorrectos? ¿Escribió los parlamentos (la conversación) de los personajes que dialogan en una línea diferente? ¿Usó una raya (—) para indicar que un personaje dialoga con otro?

A explorar

04-44

4-37 Conexiones entre el arte y la historia. Primera fase: Investigación.

Algunos pintores, como Velázquez y Goya, trabajaron para la Corte española. Otros reflejaron los problemas sociales de su tiempo en su pintura. Busquen información sobre un pintor antiguo/una pintora antigua y prepare una presentación incluyendo los siguientes puntos.

1. Nombre del pintor/de la pintora de la obra de arte
2. Siglo en que vivió
3. Algunos acontecimientos importantes en su vida personal o artística
4. Las características de la obra
5. Las conexiones entre su obra y la historia

Segunda fase: Preparación. Su presentación debe contestar alguna de las siguientes preguntas:

1. ¿Qué se piensa sobre ese artista hoy en día?
2. ¿Cómo le influyeron algunos acontecimientos de su vida o de la historia?
3. ¿A usted le gustan sus obras? ¿Qué opinión tiene sobre ellas?

Tercera fase: Presentación. Hagan una presentación utilizando fotos del artista/ de la artista y sus obras. Incluyan textos breves y prepárense para contestar las preguntas de la *Segunda fase*.

4-38 Los arquitectos y sus obras. Primera fase: Investigación. Busquen en Internet algunos edificios hispanos famosos. Seleccionen uno de ellos e investiguen sobre sus características, el país y lugar donde se encuentra, el arquitecto que lo diseñó y otra información relevante.

Segunda fase: Preparación. Preparen un esquema sobre este edificio siguiendo el modelo a continuación.

1. Nombre del edificio
2. Información sobre el país y lugar donde se encuentra el edificio
3. Información sobre el arquitecto que lo diseñó
4. Historia del edificio, fecha de su construcción y estilo del mismo

Tercera fase: Presentación. Hagan una presentación sobre este edificio usando materiales visuales.

Vocabulario del capítulo

La creación artística

la academia	*academy*
el águila	*eagle*
la artesanía	*handicrafts*
el aula	*lecture room*
el/la campesino/a	*peasant*
el concierto	*concert*
la crítica	*critique*
el cuadro	*picture*
el dibujo	*drawing*
la difusión	*spreading, diffusion*
el diseño	*design*
la exposición de arte	*art show*
el grafiti	*graffiti*
la manta	*blanket; poncho*
el muralismo	*muralism*
la obra	*work (of art)*
el óleo	*oil paint, oil painting*
el paisaje	*landscape (painting)*
la pintura	*paint, painting*
la pirámide	*pyramid*
el puente	*bridge*
el retrato	*portrait*
el taller	*workshop; studio*
la vasija	*vessel, pot (container)*

Los materiales

el adobe	*adobe, mud brick*
el barro	*clay*
la cerámica	*ceramics, pottery*
la madera	*wood*

Los oficios y las profesiones

el agricultor/la agricultora	*farmer*
el arquitecto/la arquitecta	*architect*
el guerrillero/la guerrillera	*freedom fighter*
el maestro/la maestra	*master*

Las construcciones

el arco	*arch*
el castillo	*castle*
la cruz	*cross*

la maqueta	*scale model*
el museo	*museum*
el palacio	*palace*
la pared	*wall*
la pirámide	*pyramid*
el plano	*map, plan*
el techo	*roof*

Características

artístico/a	*artistic*
colorista	*colorful*
complejo/a	*complex*
estético/a	*aesthetic*
inclinado/a	*inclined, sloping*
llamativo	*striking, appealing*
polifacético/a	*multifaceted, versatile*

Verbos

apreciar	*to appreciate*
censurar	*to censor*
comenzar (c, ie)	*to begin*
comprobar (ue)	*to check; to verify*
construir (y)	*to build*
cruzar (c)	*to cross*
dibujar	*to draw*
diseñar	*to design*
influenciar	*to influence*
interesarse	*to be interested in*
mostrar (ue)	*to show*
parecer (zc)	*to seem*
pintar	*to paint*
prestar	*to lend*
quedar	*to remain, to be left (over); to fit (clothing)*
realizar (c)	*to carry out, to execute*
regalar	*to give as a gift*
tocar (q)	*to play (an instrument)*

La tecnología y el ocio

5

Objetivos comunicativos
- Reacting to and commenting on technology, sports, and other leisure activities
- Describing and interpreting behaviors
- Expressing wishes, hope, emotions, and advice

Contenido temático y cultural
- Technology, sports, and leisure activities

Vista panorámica

Hoy en día el ocio está muy relacionado con la tecnología. Las computadoras y los teléfonos móviles sirven para conectarse con la gente, ver películas, estar al día de las últimas noticias, escuchar música y jugar.

CULTURA

Antes de la llegada de los europeos los indígenas de América practicaban deportes muy semejantes a los de hoy. Por ejemplo, los mayas jugaban a un deporte semejante al baloncesto. Se dice también que los arhuacos, originarios de lo que hoy es Colombia, practicaban algo similar al tenis y que los chibchas eran aficionados a correr. Pero los deportes se jugaban por motivos religiosos y las competencias podían costarle la vida al que perdía.

En el México antiguo los mayas eran muy aficionados al juego de pelota. En él se representaban el bien y el mal, el día y la noche. Los jugadores tenían que pasar la pelota por un aro y, si perdían, a veces los decapitaban.

La Copa Mundial de Fútbol es un acontecimiento muy importante entre los aficionados. Muchos seguidores de los equipos se desplazan a otras ciudades o países para apoyar a sus jugadores. Estos españoles celebran en Sudáfrica el triunfo de su equipo.

Vista panorámica

A muchas personas les gustan los deportes de riesgo, como el paracaidismo y el *puenting*. Estas actividades físicas se practican normalmente en entornos (*surroundings*) naturales.

El baile es una de las actividades de ocio preferidas entre jóvenes y mayores. La salsa y el merengue son algunos de los bailes más populares.

El tenis y el ciclismo son deportes muy populares en el mundo hispano. Entre los mejores tenistas de todos los tiempos se encuentra el español Rafael Nadal.

En todo el Caribe hay mucha afición al béisbol. Alberto Pujols es uno de los muchos deportistas dominicanos que juegan en Estados Unidos.

Las redes sociales y el correo electrónico han cambiado la forma de relacionarse. Ahora no importan tanto las distancias y los usuarios pueden tener miles de amigos en todo el mundo y estar en contacto permanente con ellos.

A leer

05-01 to
05-10

Vocabulario en contexto

 5-1 La tecnología y el ocio. Para cada una de las siguientes afirmaciones, indique individualmente si está de acuerdo (**Sí**) o no está de acuerdo (**No**) con el uso de la tecnología. Luego, identifiquen cinco afirmaciones con que están de acuerdo y expliquen por qué.

1. _____ Perdemos mucho tiempo escribiendo correos electrónicos.
2. _____ Enviamos mensajes de texto en vez de llamar por teléfono.
3. _____ Nos mantenemos en contacto con la familia y los amigos a través de grupos sociales en Internet.
4. _____ Socializamos mejor en los bares y en los restaurantes que en Facebook.
5. _____ Estar al día en tecnología nos hace ser más populares.
6. _____ Experimentamos una sensación de aislamiento si no formamos parte de varias redes sociales.
7. _____ Nuestras conexiones con los amigos virtuales son fugaces, no tan reales como las amistades en persona.
8. _____ Si no tenemos el último modelo de iPod, nos quedamos rezagados.

5-2 ¿Qué se hace y cómo se usa? Asocien cada uno de los siguientes aparatos o partes de aparatos con algunas actividades que ustedes realizan con ellos. Luego, elijan el aparato que usan más. Expliquen para qué y cuándo lo usan.

1. _____ reproductor portátil de música
2. _____ computadora
3. _____ pantalla táctil
4. _____ teléfono móvil

a. escribir un ensayo
b. teclear
c. enviar mensajes
d. deslizar los dedos
e. marcar un número
f. colgar
g. descargar (*download*)
h. escuchar

 5-3 ¿Es alienante la tecnología? Primera fase. Discutan si están de acuerdo o no con las siguientes afirmaciones relacionadas con la tecnología en general. Fundamenten su opinión.
La tecnología....

1. daña el estado mental de los usuarios; los aisla del mundo.
2. queda obsoleta rápidamente; por eso es cara para los usuarios.
3. cumple múltiples funciones, entre otras, relajar y facilitar las relaciones interpersonales.
4. ha afectado positivamente algunas actividades como leer y hacer investigación.
5. le añade interés a la vida; nos entretiene.

Segunda fase. Ahora, respondan a las siguientes preguntas sobre la tecnología del ocio y tomen apuntes sobre las respuestas del grupo para informar a la clase.

1. ¿Dependen ustedes de la tecnología para algunas de sus actividades de entretenimiento personal? ¿De qué aparato(s) dependen?
2. ¿Qué actividades de entretenimiento personal hacen ustedes sin emplear nada de tecnología?
3. En general, ¿el uso constante de la tecnología del ocio es algo positivo o negativo? ¿Por qué?

5-4 Ventajas y desventajas. Primera fase. Haga una lista de algunas ventajas y desventajas de usar la tecnología durante las horas de ocio. Observe el modelo.

Ventajas	Desventajas
Ahorra tiempo.	Crea dependencia.

 Segunda fase. Comparen las ventajas y desventajas que cada uno escribió en la *Primera fase.*

1. ¿Están de acuerdo o en desacuerdo?
2. Según ustedes, ¿hay más ventajas que desventajas?
3. ¿Cuál es la desventaja más seria del uso de la tecnología del ocio? ¿Por qué?

VARIACIONES

En las palabras que se refieren a la tecnología no hay mucha uniformidad en el español. Algunos prefieren hablar del *ordenador* (España), del *computador* o de la *computadora* (Latinoamérica). Lo mismo ocurre con la palabra *Internet,* que puede llevar el artículo *el* o *la* (o ningún artículo), mientras que otros hablan de *la Red.* Hay hablantes que prefieren adaptar las palabras del inglés, como *email* (o *emilio* en España), y otros prefieren usar sus equivalentes en español, como *correo electrónico.* La palabra para teléfono móvil también varía de un lugar a otro. Para algunos es *el móvil,* para otros *el celular.* Y la computadora portátil puede ser *la laptop,* o simplemente *el portátil.*

Estrategias de lectura

1. Infórmese sobre el tema antes de leer.
   a. Lea el título. ¿Qué actividades asocia con la frase *ocio tecnológico*? Piense en sus propias actividades.
   b. Piense en lo que ya sabe. ¿Qué actividades se mencionaron en *Vista panorámica*? Haga una lista de las que recuerde.
2. Examine el texto antes de leerlo.
   a. Lea el primer párrafo. El primer párrafo presenta una idea importante y establece el tono del texto. ¿Es un texto serio o ligero? ¿Cómo lo sabe?
   b. Busque en el texto términos relacionados con la tecnología. ¿Cómo los reconoce? ¿Se parecen a los términos en inglés?

EXPRESIONES CLAVE

¿Comprende estas expresiones? Si tiene dudas, revise *Vocabulario en contexto* antes de leer el siguiente texto.

el archivo
desligado/a
deslizar
depender de
el entretenimiento
estar al día
experimentar
fugaz
funcionar
el ocio
la pantalla táctil
quedarse rezagado/a

la red social
el reproductor portátil de música
el teclado
teclear
el teléfono móvil
el usuario/ la usuaria

El ocio tecnológico

En los primeros dos párrafos se habla del crecimiento de las nuevas tecnologías. Al leer, haga una lista de los tipos de tecnología que se mencionan.

Es perfecto que tu computadora dure más tiempo, pero aunque sólo tiene un año y medio, ya se ha quedado obsoleta. Tú deseas que siga haciendo las mismas cosas que ha hecho siempre, pero ahora es ya un artefacto anticuado. Funciona lentamente, es demasiado grande, consume mucha electricidad y hace ruido. Lo ideal sería tener una computadora de último modelo.   5

Este tipo de pensamiento nos viene a la cabeza cada vez más, ya que la investigación científica corre muy de prisa y el desarrollo tecnológico sigue sus pasos acelerados. El mercado de las telecomunicaciones ofrece mucho más de lo que la gente necesita y todos pensamos que estos aparatos nos harán la vida más cómoda y apasionante. Por eso queremos estar al día. Si uno no tiene la última   10
versión de un videojuego, un teléfono móvil o un reproductor portátil de música, se queda pronto rezagado. Dependemos de la tecnología que está transformando radicalmente las formas de ocio. Es un cambio de cultura.

El autor dice que las tecnologías nuevas han provocado un cambio de cultura. ¿Qué significa esto? Vuelva al párrafo y busque indicaciones de un cambio de cultura, no sólo de las actividades de ocio.

El autor habla del impacto de la tecnología en la lectura y los libros. Al leer el párrafo, busque su conclusión. ¿Se lee más ahora que antes? ¿Se leen más libros?

A menudo se dice que las personas que nacieron en la cultura de la pantalla tienen más dificultades para leer y escribir un texto correctamente. Las pantallas   15
sustituyen a los libros: ¿es el fin de las humanidades? En realidad, hoy se lee y se escribe más que nunca. En un mundo en el que las redes sociales como Facebook y Twitter tienen centenares de millones de usuarios, los jóvenes teclean sin cesar en sus computadoras y deslizan sus dedos sobre las pantallas táctiles de sus móviles y tablets. La comunicación escrita se ha multiplicado extraordinariamente en   20
todo el planeta. También leemos más, ahora que tenemos fácil acceso a periódicos y revistas digitales de todas partes del mundo. Pero la tecnología también beneficia al libro. Las bibliotecas digitalizan sus archivos y las editoriales digitalizan los libros que publican. Hoy es posible leer desde cualquier parte del mundo una página de cualquier libro clásico o moderno con sólo hacer unos clics en el teclado   25
o, más fácil aún, con deslizar suavemente un dedo por la pantalla.

La abundancia de libros digitales ha aumentado el número de lectores, pues estos son más fáciles de encontrar y cuestan menos. El acceso a la cultura es ahora más dinámico, fácil y divertido. La gente participa con sus comentarios en redes, blogs, foros y páginas personales de todo tipo. La prensa digital es interactiva,   30
las enciclopedias se construyen colectivamente y cualquiera puede convertirse en crítico literario o cinematográfico en la Red.

¿Se ha beneficiado el libro de las tecnologías nuevas? ¿De qué maneras? Si no sabe, vuelva al párrafo y busque la información.

En este párrafo y el siguiente, el autor habla del impacto negativo del ocio tecnológico. Al leer, busque la información.

Las formas de entretenimiento son ahora mayores que las que teníamos hace unas pocas décadas. También tenemos más acceso a información y, sobre todo, podemos conectar con otras personas de cualquier lugar del mundo. Hacemos   35
compras y trámites administrativos por Internet. Sin embargo, hay algo que está haciéndonos cambiar poco a poco nuestra manera de experimentar las cosas, y no para bien.

Con más opciones tecnológicas perdemos nuestra perspectiva del mundo. Pongamos como ejemplo el consumo de cine en el teléfono móvil. La manera en   40
que se ve el cine a través del móvil es por completo distinta a la habitual en el cine o en la televisión. En el cine y en la televisión, las películas se ven de principio a fin, como narraciones completas. A través del teléfono móvil, sin embargo,

los usuarios suelen ver solamente escenas sueltas de sus películas favoritas.
45 El contenido de ocio ha pasado de ser una narración lineal a ser una sucesión de
fragmentos: pequeñas piezas desconectadas del conjunto que les da sentido.

Así vemos el mundo a través de los aparatos tecnológicos: como una sucesión de
instantes desligados entre sí. Nuestra relación con el mundo es ahora más fragmentada
50 que nunca. Ya sean mensajes a los amigos, videos en YouTube, canciones, ocurrencias
de una sola frase en Twitter o escenas de películas en teléfono móvil, todo ahora
está encapsulado en fragmentos de poca duración. La experiencia del disfrute en
tiempo de ocio se convierte en una experiencia breve y fugaz. De este modo, la vida
se ha hecho más estrecha, más limitada. Ya no queda espacio para la profundidad,
55 pues no hay paciencia para aguantar nada que dure más de diez minutos. 🗨

> ❓ ¿Qué problema relacionado con la tecnología y el ocio señala el autor? ¿Está de acuerdo con su punto de vista?

Comprensión y ampliación

5-5 Comprensión. Conteste las preguntas según la lectura.

1. ¿Cómo ha cambiado nuestras vidas la tecnología?
2. ¿Qué ventajas tiene la tecnología? ¿Qué desventajas?
3. ¿Por qué el acceso a la cultura es ahora más dinámico?
4. ¿Qué quiere decir "el mundo es ahora más fragmentado que nunca" (líneas 49–50)?

5-6 Ampliación. Indique (✓) cuál de las ideas siguientes resume mejor cada párrafo:

1. Párrafo 1, líneas 1–5:
   a. _____ Las computadoras viejas hacen ruido.
   b. _____ Siempre queremos tener el último modelo de computadora.
   c. _____ Cuando nuestra computadora es obsoleta, debemos comprar otra.
2. Párrafo 2, líneas 6–13:
   a. _____ Los avances tecnológicos van muy de prisa y no queremos quedarnos atrás.
   b. _____ El mercado de las telecomunicaciones hace nuestra vida más cómoda.
   c. _____ La cultura hoy en día es muy diferente gracias al progreso tecnológico.
3. Párrafo 3, líneas 14–26:
   a. _____ Las bibliotecas ya no necesitan tanto espacio para los libros.
   b. _____ La gente lee y escribe más que nunca gracias a la cultura digital.
   c. _____ Es muy fácil encontrar periódicos en la Red.
4. Párrafo 5, líneas 27–32:
   a. _____ Hoy es más fácil obtener información.
   b. _____ Conectar con otras personas del mundo es una ventaja.
   c. _____ A pesar de todas las ventajas, hay alguna desventaja.

5. Párrafo 6, líneas 33–38:
   a. _____ Las películas son narraciones con principio, nudo y desenlace.
   b. _____ Cuanto más ocio tecnológico hay, más fragmentado está.
   c. _____ Los móviles son pequeños ordenadores que ofrecen fragmentos de películas.

6. Párrafo 7, líneas 39–46:
   a. _____ La experiencia del ocio es ahora fragmentaria y eso nos impide profundizar.
   b. _____ Los videos de YouTube son muy limitados.
   c. _____ Hay que tener paciencia con la tecnología.

 5-7 Conexiones. En pequeños grupos conversen sobre los siguientes temas relacionados con la lectura. Las preguntas les pueden servir de guía.

1. La tecnología: ¿Qué aparatos tecnológicos tienen? ¿Cuáles usan más a menudo? ¿Cuáles son los aparatos imprescindibles en sus vidas? ¿Cuáles les gustaría comprar?

2. Las actividades de ocio: ¿Qué tipos de pasatiempo (*hobby*) tienen? ¿Cuánto tiempo le dedican? ¿Pasan mucho tiempo en la computadora? ¿Para qué la usan? ¿Qué tipos de juegos les gustan?

3. Los medios de comunicación: ¿Les gusta mirar la televisión? ¿Cuáles son sus programas favoritos? ¿Por qué? ¿Cómo se mantienen informados de lo que ocurre en su comunidad y en el mundo? ¿Qué periódicos o revistas leen?

4. Las películas: ¿Qué películas ven? ¿Prefieren verlas en casa o en el cine? ¿Cómo consiguen sus películas, las compran o las alquilan? ¿Cómo las alquilan, en la tienda o a través de Internet? ¿Cuál es la última película que vieron? ¿Cuál es su película preferida?

5. Las redes sociales: ¿A qué redes sociales pertenecen? ¿Cuántas horas les dedican al día? ¿Por qué les gustan/no les gustan? ¿Escriben muchos correos electrónicos al día? ¿Para qué usan sus correos? ¿Y las redes? ¿Leen blogs? ¿Escriben alguno?

Aclaración y expansión

5-11 to
05-19

Direct object nouns and pronouns

Direct object nouns receive the action or effect of the verb directly and answer the question *what?* or *whom?* in relation to the verb.

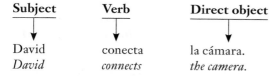

Subject	**Verb**	**Direct object**
David	conecta	la cámara.
David	*connects*	*the camera.*

When direct object nouns refer to a person or a pet, the personal **a** precedes the direct object.

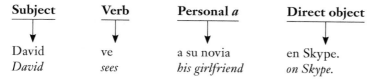

Subject	**Verb**	**Personal *a***	**Direct object**
David	ve	a su novia	en Skype.
David	*sees*	*his girlfriend*	*on Skype.*

When the person or animal is not defined, the personal **a** is not used.

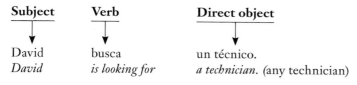

Subject	**Verb**	**Direct object**
David	busca	un técnico.
David	*is looking for*	*a technician.* (any technician)

Direct object pronouns replace direct object nouns and can refer to people, animals, or things already mentioned to avoid unnecessary repetition.

> La cámara está lista. David ya **la** conectó. *The camera is ready. David already connected **it**.*
>
> Maite conoció a Guillermo en Facebook. **Lo** vio por primera vez la semana pasada. *Maite met Guillermo on Facebook. She saw **him** for the first time last week.*

Direct object pronouns	
me	*me*
te	*you* (familiar, singular)
lo	*you* (formal, singular), *him, it* (masculine)
la	*you* (formal, singular), *her, it* (feminine)
nos	*us*
os	*you* (familiar, plural, Spain)
los	*you* (formal and familiar, plural), *them* (masculine)
las	*you* (formal and familiar, plural), *them* (feminine)

Using direct object pronouns

Place the direct object pronoun before the conjugated verb form. In negative sentences, place the direct object pronoun between **no** and the verb.

> —¿Viste mi mensaje en Facebook? *Did you see my Facebook message?*
> —No, no **lo** vi. No tengo mucho tiempo para Facebook. *No, I didn't see **it**. I don't have a lot of time for Facebook.*

When you have a conjugated verb followed by an infinitive or present participle, place the direct object pronoun before the conjugated verb or attach it to the infinitive or present participle.

> Me encantan tus videos en YouTube. *I love your YouTube videos.*
> **Los** estoy mirando/Estoy mirándo**los** ahora. *I am watching **them** now.*
> Mariana colgó fotos de la fiesta en su página de Facebook. *Mariana posted pictures of the party on her Facebook page.*
> **Las** voy a ver/Voy a ver**las** en unos minutos. *I am going to look at **them** in a few minutes.*

LENGUA

Remember that words that stress the next-to-last syllable do not have a written accent if they end in a vowel: **mir<u>a</u>ndo**. If an object pronoun is attached (either direct or indirect), the stress falls on the third syllable from the end and a written accent is needed: **mir<u>á</u>ndolos**.

5-8 Práctica. Escriba el pronombre apropiado para completar la descripción de las actividades de Victoria.

1. Victoria tiene una laptop nueva. _____ lleva a todas sus clases para tomar apuntes.
2. La computadora tiene una cámara. Victoria _____ usa para hablar con sus amigos por Skype.
3. Los amigos de Victoria le mandan muchos mensajes de texto, pero no puede leer_____ cuando está en clase.
4. A Victoria le gusta tener muchas aplicaciones en su teléfono. _____ usa para jugar, ver el tiempo y abrir su cuenta en Facebook.

5. Victoria está a cargo de (*in charge of*) la página Web del Club Internacional. Tiene que actualizar_____ todas las semanas.

6. El semestre pasado Victoria hizo un video sobre el festival internacional y _____ publicó en YouTube.

5-9 ¿Qué hace usted si... ? Marque (✓) la respuesta que representa mejor su comportamiento en estas situaciones. Después compare sus respuestas con las de su compañero/a.

1. Si la señal de cable se va (*goes out*) mientras veo mi programa preferido...
   ❏ dejo de verlo.
   ❏ llamo a la compañía de cable para que la restauren.
   ❏ lo apago.

2. Si mi equipo favorito juega un partido importante en mi ciudad...
   ❏ voy a verlo, no importa el precio de las entradas.
   ❏ lo miro solo/a en mi casa.
   ❏ me reúno con un grupo de amigos para verlo.

3. Si encuentro unos mensajes electrónicos para otra persona que por error llegaron a mi cuenta...
   ❏ los borro inmediatamente sin leerlos.
   ❏ los leo superficialmente.
   ❏ le digo a la persona que quiero conocerla.

4. Si un usuario/una usuaria de una red social de Internet me pide acceso a mis fotos personales...
   ❏ las dejo accesibles para que todos los usuarios las miren.
   ❏ las pongo en acceso limitado para no compartir mi vida personal con personas desconocidas.
   ❏ las retiro (*remove*) porque no me gusta compartir mis fotos.

5. Si tú me dejas un mensaje de voz sobre un tema urgente...
   ❏ te llamo inmediatamente.
   ❏ lo contesto al día siguiente.
   ❏ te busco para conversar en persona.

5-10 Para pasarlo bien. Primera fase. Marque (✓) lo que usted necesita hacer para divertirse.

Para pasarlo bien en mi tiempo libre...

	Sí	No
1. me gusta organizar fiestas locas todos los fines de semana.		
2. me encanta escuchar buena música a todas horas en mi iPod.		
3. escribo correos electrónicos y envío cientos (*hundreds*) de mensajes de texto todos los días.		
4. leo un buen libro cada semana.		
5. me gusta ver películas en casa.		
6. prefiero pasar tiempo con mi familia.		
7. como comida mexicana frecuentemente.		
8. bailo salsa con mis amigos en las discotecas de mi ciudad.		

Segunda fase. Entreviste a su compañero/a y comparen sus respuestas. Fíjense en el uso del pronombre en la respuesta de E2 para evitar la repetición.

MODELO: llamo por teléfono a mis amigos frecuentemente
E1: *Para pasarlo bien, ¿tienes que llamar a tus amigos frecuentemente?*
E2: *Sí, tengo que llamarlos casi todos los días./No, pero necesito verlos mucho.*
¿Y tú?

5-11 Cada uno a lo suyo. Primera fase. Usen la siguiente imagen para describir lo que hacen sus vecinos en el tiempo libre. Túrnense para hacerse preguntas sobre quién hace estas actividades.

MODELO: E1: *Alguien está mirando la televisión. ¿Quién la está mirando?*
E2: *Carlos la está mirando/está mirándola.*

1. Alguien está pintando un cuadro.
2. Alguien está regando las plantas.
3. Alguien está cocinando pasta.
4. Alguien está escribiendo mensajes de texto.
5. ...

Segunda fase. Ahora escriban un breve párrafo con sus observaciones. Indiquen si ustedes hacen algunas de estas actividades, cuándo las hacen y con quién las hacen. Indiquen también otras actividades que hacen en sus ratos de ocio.

5-12 ¡A favor del ocio! La universidad quiere dedicar más fondos para promover las actividades de ocio entre los estudiantes. Escojan la iniciativa que más les gusta y expliquen detalladamente cómo esta iniciativa va a favorecer el ocio de los estudiantes y cómo se va a realizar el proyecto. Luego, compartan con otro grupo y comparen sus proyectos. ¿Cuál de los proyectos es más atractivo? ¿Por qué?

1. Ofrecerles más fondos a los organizaciones estudiantiles para sus proyectos de voluntariado (*volunteering*) en la comunidad.
2. Remodelar el Centro estudiantil para incluir más lugares para las actividades de ocio.
3. Ofrecer cursos en los cuales los estudiantes puedan desarrollar su talento creativo.
4. Abrir el gimnasio 24 horas al día.
5. Ofrecer cursos en línea para crear más flexibilidad en los horarios de los estudiantes.
6. Limitar el horario de clases a cuatro días, para tener fines de semana más largos.
7. ¿Otro?

Los deportes y las actividades de ocio

Antes de ver

5-13 Deportes individuales y de grupo. Indique si los siguientes deportes son individuales (**I**) o si son de equipo (**E**).

___ a. baloncesto   ___ d. béisbol
___ b. ciclismo   ___ e. paracaidismo
___ c. fútbol   ___ f. atletismo

🎬 Mientras ve

5-14 Deportes en el mundo hispano. Marque (✓) la respuesta correcta según la información presentada en el video.

Sobre el juego de pelota:

❶ Se practicaba en…
   a. ___ Mesoamérica.
   b. ___ Machu Picchu.

❷ Se necesitaba una pelota de…
   a. ___ piedra.
   b. ___ caucho.

Sobre los deportes más populares:

❶ El deporte más popular en América del Sur es…
   a. ___ el fútbol.
   b. ___ el béisbol.

❷ El deporte más popular en el área del Caribe es…
   a. ___ el baloncesto.
   b. ___ el béisbol.

Sobre los deportistas más famosos:

❶ Roberto Clemente murió en un accidente de avión cuando…
   a. ___ ayudaba a las víctimas de un terremoto.
   b. ___ viajaba a Puerto Rico para visitar a su familia

❷ Gabriela Sabatini fue una tenista de…
   a. ___ Argentina.
   b. ___ España.

Después de ver

5-15 ¿Cierto o Falso? Primera fase. Indique si las siguientes afirmaciones son ciertas (**C**) u falsas (**F**) según el video. Si la respuesta es falsa, dé la información correcta.

❶ ___ La práctica de los deportes en América Latina comenzó con la llegada de los españoles.

❷ ___ En la final del primer Campeonato Mundial de Fútbol, Argentina le ganó a Uruguay 4 a 2.

❸ ___ Roberto Clemente dedicó gran parte de su vida a causas sociales.

❹ ___ En España y América Latina hay muchos equipos femeninos de fútbol.

 Segunda fase. El fútbol femenino parece ser más popular en Estados Unidos que en el mundo hispano. ¿Por qué creen ustedes que es así?

SEGUNDA PARTE

A leer

Vocabulario en contexto

 5-16 Asociación. Las siguientes fotos muestran escenas relacionadas con momentos memorables en la historia del fútbol. Ponga especial atención a las palabras en negrita. Asocie cada imagen con la descripción apropiada.

a.

_____ 1. Los hinchas de la selección vitorean (*cheer for*) uno de los grandes **hitos** del fútbol español: convertirse en campeones del mundo. Los fanáticos demuestran su **desbordante** alegría y **compromiso** con el equipo mientras este derrota al equipo de Holanda. Para los campeones, el **empate** uno a uno no es una opción, sólo el **triunfo.**

b.

_____ 2. Cuando la cancha de fútbol se transforma en un campo **bélico**, hay **enfrentamientos** inaceptables entre los jugadores. El **árbitro** debe dar tarjetas rojas, lo cual significa la expulsión de un jugador del campo de juego.

c.

_____ 3. Este jugador sufre por la **derrota** de su equipo. A veces, el triunfo no depende solamente del buen **rendimiento** de los jugadores, sino del juicio justo del **árbitro.**

5-17 ¿Indicadores de derrota o triunfo? Identifique si los siguientes comportamientos o sentimientos se relacionan con un triunfo (**T**) o una derrota (**D**).

1. ___ Los jugadores cuestionan los juicios del árbitro y les resulta difícil aceptarlos.
2. ___ Los hinchas vitorean porque su equipo marcó más goles que el equipo contrario.
3. ___ El entrenador (*coach*) se preocupa de los reportajes negativos que se van a escribir sobre su equipo.
4. ___ Los fanáticos se identifican con este jugador porque tiene mucho éxito en la cancha.
5. ___ El equipo no alcanzó las expectativas del entrenador. Los jugadores tuvieron un rendimiento deficiente.
6. ___ Los hinchas celebran porque los esfuerzos de su equipo dieron buenos resultados.
7. ___ Un jugador pateó a otro, por lo tanto, el árbitro lo expulsó de la cancha. El equipo juega con sólo 10 jugadores y no ha marcado goles. La moral del equipo es baja.
8. ___ Todos los espectadores muestran una alegría desbordante. Saltan en las gradas, cantan, aplauden, vitorean a su equipo.
9. ___ El comité ejecutivo del equipo despide (*fires*) al entrenador por los malos resultados del equipo durante este año.
10. ___ Todos los hinchas hacen un seguimiento de este jugador; ha marcado muchos goles en esta temporada (*season*).

 5-18 Lo bueno y lo malo de los deportes. La práctica de los deportes provoca variadas reacciones entre los deportistas y sus seguidores. Encuentren los sinónimos de las palabras a continuación. Luego, hablen de un partido que provocó en ustedes una reacción negativa o positiva.

1. _____ enfrentamiento   a. pacto
2. _____ derrotas   b. confrontación
3. _____ desbordante   c. agresivo/a, guerrero/a
4. _____ triunfo   d. victoria
5. _____ compromiso   e. fracasos
6. _____ bélico/a   f. descontrolado/a
7. _____ identificarse   g. hechos, logros
8. _____ hitos   h. comprender, simpatizar

5-19 ¡Cada loco con su tema! Los eventos masivos y las costumbres de los fanáticos que asisten a ellos varían de un país a otro. Respondan al siguiente cuestionario y tomen apuntes sobre las respuestas del grupo.

1. En ciertas comunidades, algunos espectadores se comportan de maneras inesperadas o inaceptables cuando asisten a un evento deportivo. ¿Cómo se comportan ustedes cuando van a un partido de fútbol o béisbol, por ejemplo? ¿Tienen a veces comportamientos inaceptables? Expliquen.
2. En algunos clubes deportivos, los hinchas se identifican y se comprometen con su equipo de diversas maneras. ¿Cómo se comprometen ustedes o sus amigos con su equipo o deportista favorito? ¿Cómo apoyan a su equipo o deportista predilecto?

3. El comportamiento de los espectadores puede variar según el deporte que ven. Según ustedes, ¿hay comportamientos masivos diferentes en un partido de fútbol americano y en un partido de tenis? ¿Por qué son diferentes los comportamientos?

Estrategias de lectura

1. Infórmese sobre el tema antes de leer.
   a. Lea el título. ¿A qué fútbol se refiere, al fútbol americano o al fútbol que se juega en otras partes de mundo? ¿Cómo lo sabe?
   b. Piense en lo que ya sabe. ¿Cuáles son los deportes más populares en su país? ¿Y en los países hispanos?
2. Examine el primer párrafo antes de leer el texto. El autor pinta una oposición entre las preocupaciones de la vida y la alegría colectiva del triunfo de su equipo de fútbol favorito. Basándose en esta idea, haga una lista de dos o tres ideas que espera encontrar en el texto.

 LECTURA

Pasión por el fútbol

La vida no es fácil. Todo el mundo tiene sus preocupaciones y tiene que superar en algún momento dificultades y frustraciones. Pero, a pesar de todo, a veces hay motivos para una alegría colectiva del tipo más pasional que pueda imaginarse: la alegría que despierta el triunfo de un equipo de fútbol.

5 En España y Latinoamérica, el fútbol mueve el entusiasmo de la gente de una manera sólo comparable a como lo hace el béisbol en Estados Unidos y en algunos países del Caribe. En los momentos más intensos del campeonato, casi todos se olvidan de sus problemas cotidianos y dan prioridad al seguimiento de su equipo de fútbol. No se trata únicamente de tener un equipo de fútbol favorito y desear

10 que gane. El entusiasmo va mucho más allá. Se trata de identificarse con un grupo de personas. Es algo puramente emotivo. Existe el sentimiento particular de "ser del Boca Juniors", "ser del Barcelona", o "ser" de cualquier otro equipo. Y ese sentimiento de solidaridad es indescriptible.

Cuando una persona *es* de un equipo, revela un fuerte compromiso con otras

15 personas. A veces es el resultado de una elección caprichosa. Otras veces viene de una tradición familiar. En cualquier caso, la pasión por el fútbol es un sentimiento compartido. Une a las personas y hace divertida y apasionante la vida.

Lo interesante es que esa solidaridad entre los seguidores de un mismo grupo es, curiosamente, producto del enfrentamiento entre grupos rivales. Sin un enemigo

20 a quien vencer, no es posible experimentar tan elevado entusiasmo colectivo. La desbordante alegría que se siente entre los seguidores de un equipo cuando en el estadio se oye por fin el grito de "¡Gol!" es comparable en intensidad a la sensación de derrota que produce entre los seguidores del equipo contrario. Todos saben que al final no pueden ganar los dos. El fútbol es, como casi todos

25 los deportes competitivos, un juego de suma cero: para que unos ganen, otros deben perder. Tiene todo el aspecto de un enfrentamiento bélico. Los goles que se marcan son los hitos que van sumándose en cada una de las batallas. Y la suma de las batallas ganadas o perdidas decidirá quién ha ganado la guerra.

EXPRESIONES CLAVE

¿Comprende estas expresiones? Si tiene dudas, revise *Vocabulario en contexto* antes de leer el siguiente texto.

el árbitro	las gradas
bélico/a	el/la hincha
el compromiso	el hito
la derrota	patear
desbordante	el seguimiento
el empate	el triunfo
el enfrentamiento	vencer

En este párrafo el autor habla de qué significa ser hincha de un equipo de fútbol. Al leer, preste atención a su descripción. ¿Comparte los mismos sentimientos?

En los dos párrafos anteriores se usan las palabras *identificarse, solidaridad* y *compromiso* para describir la relación de los aficionados con su equipo. ¿Por qué es tan fuerte esta conexión? ¿De dónde viene?

En este párrafo el autor compara dos sensaciones opuestas. ¿Cuáles son? Busque la respuesta al leer el párrafo.

En el próximo párrafo sigue la comparación entre la rivalidad deportiva y la guerra. ¿Cómo se caracterizan los jugadores?

En la última parte del texto se mencionan algunas diferencias entre el deporte y la guerra. ¿Cuáles son?

Por si fuera poco (*To top it all off*), los protagonistas de este proyecto son jóvenes fuertes y dispuestos a todo, a quienes se les exige el máximo rendimiento. Se 30 eligieron entre los mejores para la tarea que tienen que realizar. Son los héroes de la guerra. Se consideran ídolos modernos que deben dar ejemplo a la juventud. Los niños juegan con tesón al fútbol en las canchas de los colegios porque quieren ser como ellos.

No obstante, en el fútbol los enfrentamientos no van más allá del terreno de 35 juego donde once personas patean un balón. La violencia entre los jugadores es castigada por los árbitros, y sobre todo domina el espíritu con el que el barón Pierre de Coubertin inauguró los juegos olímpicos de la época moderna: la esperanza de que saber perder es uno de los grandes valores de la deportividad; el deseo de que el mero hecho de participar en un campeonato de primer nivel es motivo de 40 orgullo y la idea de que las reglas del juego se consideran sagradas.

Todo esto se ha cumplido. Es normal que el valor del esfuerzo y el reconocimiento a la excelencia de los jugadores se aprecien incluso en el equipo rival. La derrota nunca conducirá al suicidio colectivo. Los hinchas del fútbol gritarán exaltados desde sus asientos en las gradas, pero afortunadamente todo queda ahí. El 45 respeto al contrario suele permanecer. Finalizado el partido, se espera que los contendientes se saluden entre ellos y que incluso intercambien camisetas en honor al espíritu deportivo.

Comprensión y ampliación

5-20 Comprensión. En sus propias palabras, escriba una o varias ideas en la tabla de abajo que se relacionen con cada uno de los temas de la lectura. Luego, revise el texto y anote en la tabla las ideas que había olvidado.

Tema	Lo que recuerda	Lo que olvidó
1. La afición al fútbol en Europa y Latinoamérica		
2. La solidaridad entre los seguidores de un equipo		
3. El enfrentamiento entre equipos rivales		
4. El espíritu deportivo		

5-21 Ampliación. Primera fase. Averigüe por el contexto el significado de las siguientes palabras o expresiones que aparecen en el texto y reemplácelas por sinónimos.

1. Todo el mundo tiene sus **preocupaciones.**
2. El fútbol mueve el **entusiasmo** de la gente.
3. Cuando una persona *es* de un equipo, revela un fuerte **compromiso** con otras personas.
4. El fútbol tiene todo el aspecto de un **enfrentamiento bélico.**

Segunda fase. Ahora piense en otros contextos en que se podrían usar esas expresiones y escriba una oración con cada una de ellas.

MODELO: *Mi **compromiso** con los jugadores de mi equipo es cada vez mayor.*

5-22 Conexiones. Primera fase. Teniendo en cuenta las siguientes variables, comparen entre ustedes el fútbol con uno de los deportes que más les gustan (fútbol americano, baloncesto, béisbol u otro).

a. Dimensiones de la cancha o del campo de juego
b. Número de jugadores
c. Reglas del juego
d. Uniforme o ropa de los jugadores
e. Maneras en que se comprometen los aficionados

Segunda fase. Ahora, elijan uno de los temas anteriores y escriban un breve párrafo en el que comparen los dos deportes. Sigan el modelo.

MODELO: *En el fútbol… Sin embargo, en el fútbol americano…*

A escuchar

5-23 Comportamientos solidarios. Lea los siguientes consejos para mejorar las relaciones entre los compañeros de cuarto en la residencia estudiantil. Luego, escuche el anuncio e indique si las afirmaciones son ciertas (**C**) o falsas (**F**). Sin son falsas, corrija la información.

1. _____ Es importante recordar que es difícil tener una relación perfecta con su compañero/a de cuarto.
2. _____ Los estudiantes que viven en apartamentos necesitan responsabilizarse de más cosas que los estudiantes que viven en las residencias estudiantiles.
3. _____ Para saber algo sobre los hábitos de su compañero/a, es buena idea hablar con sus profesores.
4. _____ Los compañeros de cuarto deben decidir cómo van a compartir las cuentas.
5. _____ Cuando hay problemas, hay que irse inmediatamente y buscar un nuevo compañero/una nueva compañera de cuarto.
6. _____ La comunicación entre compañeros ayuda a solucionar los problemas.

Aclaración y expansión

05-33 to
05-40

Present subjunctive: Wishes, hope, emotions, advice

- The subjunctive is usually used to express
  a) wishes, hopes, and advice, and b) emotions.

- The subjunctive is generally found in sentences that consist of two parts (clauses), each with a different subject. The main clause contains a verb or expression that triggers the use of the subjunctive in the subordinate clause. The conjunction **que** always connects the two clauses when they have different subjects.

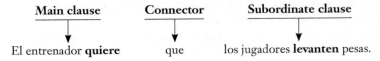

Main clause	Connector	Subordinate clause
↓	↓	↓
El entrenador **quiere**	que	los jugadores **levanten** pesas.

- Verbs that express wishes, will, and influence are often used when someone wants to affect the actions of others. Note that the subjunctive is used in the subordinate clause, provided that the two clauses have different subjects.

El entrenador insiste en que los jugadores **asistan** a todas sus clases.

*The coach **insists** that the players **attend** all of their classes.*

Here is a list of verbs that express wishes, will, and influence. They are often followed by the subjunctive in the subordinate clause.

aconsejar	*to advise*	pedir (i)	*to ask*
decir	*to tell*	preferir (ie)	*to prefer*
desear	*to wish, desire*	querer (ie)	*to want*
esperar	*to hope*	recomendar (ie)	*to recommend*
insistir (en)	*to insist (on)*	sugerir (ie)	*to suggest*

- Verbs that express emotion, likes, or dislikes are also followed by the subjunctive in the subordinate clause.

El entrenador **se alegra de** que todos los jugadores **puedan** jugar mañana.

*The coach **is glad** that all of the players **can** play tomorrow.*

Here is a list of verbs of emotion, likes, and dislikes that are followed by the subjunctive in the subordinate clause when the subjects of the two clauses are not the same.

alegrarse de	*to be glad (that)*	molestar	*to be bothered*
encantar	*to be happy*	sentir (ie)	*to feel sorry*
gustar	*to like*	temer	*to fear, be afraid*

- Many impersonal expressions are followed by clauses in the subjunctive. Some of them express wishes, opinions, emotions, and advice.

Es importante que los jugadores **descansen** antes de los partidos.

*It is important that the players **rest** before the games.*

- If no subject is specified after the impersonal expression, use the infinitive to complete the sentence.

Es importante descansar antes de los partidos.

It is important to rest before the games.

Here is a list of commonly used impersonal expressions.

es bueno / malo que	es difícil que	es importante que
es necesario que	es raro que	es terrible que
es triste que		

Present subjunctive of regular verbs			
	hablar	**comer**	**vivir**
yo	habl**e**	com**a**	viv**a**
tú	habl**es**	com**as**	viv**as**
Ud., él/ella	habl**e**	com**a**	viv**a**
nosotros/as	habl**emos**	com**amos**	viv**amos**
vosotros/as	habl**éis**	com**áis**	viv**áis**

LENGUA

Always use the subjunctive with the expression **ojalá (que)**, which comes from Arabic, meaning *may Allah grant that…*

Ojalá que **haga** buen tiempo mañana.

*I hope the weather **will be** good tomorrow.*

Ojalá que nuestro equipo **gane** el partido.

*I hope that our team **wins** the game.*

LENGUA

With the verb **decir**, use the subjunctive in the subordinate clause when **decir** means "to tell someone to do something." When it reports information, use the indicative.

El entrenador les **dice** a los jugadores que **coman** mucha proteína. (order)

*The coach **tells** the players **to eat** a lot of protein.*

El entrenador **dice** que los jugadores **comen** suficiente proteína. (information)

*The coach **says** that the players **eat** enough protein.*

Present subjunctive of regular verbs			
	hablar	**comer**	**vivir**
Uds., ellos/as	habl**en**	com**an**	viv**an**

Since the present subjunctive is derived from the **yo** form of the present indicative (e.g., **habl-**), note that verbs with irregular **yo** forms maintain that form in the present subjunctive.

conocer:	cono**zca**, cono**zcas**...	salir:	sal**ga**, sal**gas**...
decir:	di**ga**, di**gas**...	tener:	ten**ga**, ten**gas**...
hacer:	ha**ga**, ha**gas**...	traer:	trai**ga**, trai**gas**...
oír:	oi**ga**, oi**gas**...	venir:	ven**ga**, ven**gas**...
poner:	pon**ga**, pon**gas**...	ver:	**vea**, **veas**...

Verbs with irregular forms in the present subjunctive
dar: **dé, des, dé, demos, deis, den**
estar: **esté, estés, esté, estemos, estéis, estén**
ir: **vaya, vayas, vaya, vayamos, vayáis, vayan**
saber: **sepa, sepas, sepa, sepamos, sepáis, sepan**
ser: **sea, seas, sea, seamos, seáis, sean**

- Stem-changing **-ar** and **-er** verbs follow the same pattern as in the present indicative.

pensar:	p**ie**nse, p**ie**nses, p**ie**nse, pensemos, penséis, p**ie**nsen
volver:	v**ue**lva, v**ue**lvas, v**ue**lva, volvamos, volváis, v**ue**lvan

- Stem-changing **-ir** verbs have two stem changes in the present subjunctive. The stem change in the present indicative appears in the present subjunctive in exactly the same pattern. In addition, there is a second change in the **nosotros/as** and **vosotros/as** forms.

e → ie, i

preferir:	pref**ie**ra, pref**ie**ras, pref**ie**ra, pref**i**ramos, pref**i**ráis, pref**ie**ran

e → i, i

pedir:	p**i**da, p**i**das, p**i**da, p**i**damos, p**i**dáis, p**i**dan

o → ue, u

dormir:	d**ue**rma, d**ue**rmas, d**ue**rma, d**u**rmamos, d**u**rmáis, d**ue**rman

5-24 Práctica. Complete las oraciones usando el infinitivo que aparece entre paréntesis o el presente de indicativo o de subjuntivo, según el contexto.

1. Es bueno _____ (practicar) varios deportes.
2. Espero que tú _____ (hablar) con el entrenador del equipo.
3. Él va a decirte que _____ (correr) cinco días por semana.
4. También te va a aconsejar que _____ (ir) al gimnasio para levantar pesas.
5. No nos gusta que los entrenadores nos _____ (poner) tantas prácticas.

6. Nuestros amigos quieren que nosotros _____ (jugar) al fútbol con ellos esta tarde.
7. Nos molesta _____ (escribir) tantos trabajos al final del semestre.
8. Me alegro de que la temporada del tenis _____ (terminar) pronto.
9. Es triste que nuestro equipo de tenis _____ (perder) tantos partidos.
10. Ojalá que nosotros _____ (ganar) más partidos el año que viene.

5-25 ¿Una persona muy tímida? Ustedes quieren ayudar a uno/a de los hinchas de su equipo que tiene muy pocos amigos. Combinen los verbos y expresiones con las actividades que aparecen más abajo para decir cómo van a tratar de animarlo/la.

aconsejar	pedir	recomendar	es importante que
alegrarse de	preferir	(no) es bueno que	es triste que

Modelo: ir al cine con el grupo el sábado   salir los fines de semana
E1: *Vamos a aconsejarle que vaya al cine con el grupo el sábado.*
E2: *Nosotros pensamos decirle que es importante que salga los fines de semana.*

1. ir al restaurante con el equipo después de los partidos
2. sentarse con otras personas en la cafetería
3. salir con más frecuencia durante su tiempo libre
4. no pasar demasiado tiempo en su cuarto
5. hablar más con personas que le gustan
6. obligarse (*force oneself*) a hacer algo con alguien
7. invitar a algunos chicos/as a mirar películas con él/ella
8. …

5-26 Se necesitan fondos. Ustedes organizan una reunión-cena para recaudar fondos para construir un estadio de fútbol. Primero, escojan la tarea adecuada para cada uno de los estudiantes. Después, digan qué esperan / quieren / necesitan que cada persona haga y justifiquen su decisión.

Modelo:

Estudiantes	**Tareas**
Pilar trabaja en una tienda de flores.	traer flores o plantas
Alberto cocina muy bien.	preparar un plato

E1: *Esperamos que Pilar traiga flores para decorar el lugar de la reunión. Ella es muy creativa.*
E2: *Muy buena idea. Nosotros queremos que Alberto prepare un plato delicioso. Es un cocinero excelente.*

Estudiantes	Tareas
1. Los padres de Paula y Lidia son dueños de un restaurante.	a. hacer las invitaciones, enviarlas y ayudar a Javier
2. Jorge es decorador.	b. llamar a las tiendas que venden ornamentaciones y pedirlas
3. Javier trabaja de chef en un restaurante español.	c. hacer cuatro paellas
4. Elisa vive cerca del supermercado.	d. los refrescos y traerlos
5. El capitán del equipo de fútbol y el árbitro son fuertes.	e. poner las mesas y las sillas en el salón de la reunión
6. Carlos y Víctor son muy organizados.	f. limpiar el salón para la reunión
7. Juan Mendive tiene un coche grande.	g. ayudar a Jorge y traer los arreglos florales para las mesas
8. Amelia sabe mucho de computadoras.	h. hacer panfletos con información sobre el equipo de fútbol

5-27 ¿Apropiado o inapropiado? Primera fase. Marque si considera apropiado (**A**) o inapropiado (**I**) cada uno de los comportamientos siguientes.

1. _____ Mandar mensajes de texto a sus amigos cuando están en clase.
2. _____ Participar en actividades para conseguir fondos para su equipo favorito.
3. _____ Usar el móvil durante una cena formal.
4. _____ Filmar una pelea entre los hinchas en un partido y poner el video en la Red.
5. _____ Pedir permiso para interrumpir una conversación.
6. _____ Subir el volumen de la música cuando hay otras personas en el carro.
7. _____ Gritarle al entrenador porque a usted no le gustó lo que él dijo.
8. _____ Lanzarles objetos a los hinchas del equipo contrario porque el equipo de usted está perdiendo el partido.

 Segunda fase. Usen sus respuestas a la *Primera fase* para hacerle recomendaciones a su compañero/a sobre lo que debe o no debe hacer.

Modelo: Llegar al estadio antes de comenzar el partido.
E1: *Te recomiendo que llegues al estadio antes de comenzar el partido.*
E2: *No estoy de acuerdo. Yo te aconsejo que llegues al estadio después de comenzar el partido. Los primeros minutos siempre son aburridos.*

5-28 ¿Qué me recomiendas? Primera fase. Un amigo suyo/una amiga suya va a un curso de verano en un país hispano y quiere recomendaciones sobre lo que puede hacer en su tiempo libre. Marque (✓) las actividades que quiere recomendarle.

Actividades de ocio	Recomiendo	No recomiendo
1. Ir a un cibercafé para leer el correo electrónico		
2. Ver un partido de fútbol en el estadio local		
3. Visitar los mercados de artesanía		
4. Comer en los restaurantes de las cadenas americanas		
5. Ver películas traducidas al inglés		
6. Ir a la playa con amigos		
7. Viajar a un lugar turístico		
8. Salir a bailar los fines de semana		
9. Pasar los fines de semana estudiando español en casa		

Segunda fase. Compare sus respuestas con las de su compañero/a y digan qué le van a recomendar a su amigo/a y qué no le van a recomendar.

MODELO: leer los periódicos locales
E1: *Le voy a recomendar que lea los periódicos locales.*
E2: *Buena idea, yo le recomiendo que los lea en el cibercafé.*

ALGO MÁS

Adverbs

- Adverbs and adverbial phrases express time (**después, más tarde, a veces**) and place (**aquí, muy cerca**). They are also used to describe how people feel and how things are done (**bien, mal**).

  Siempre pasan sus vacaciones **aquí** con sus abuelos.
  No me siento **bien** si ceno muy **tarde**.

  *They **always** spend their vacations **here** with their grandparents.*
  *I don't feel **well** if I eat dinner very **late**.*

- Spanish also has adverbs ending in **-mente**. This ending corresponds to English *-ly*. To form these adverbs, add **-mente** to the feminine singular form of the adjective. If the adjective has the same form for masculine and feminine, simply add **-mente**.

  Marcos corre muy **rápidamente**.
  Los jugadores practican **constantemente**.

  *Marcos runs very **fast**.*
  *The players practice **constantly**.*

- When two or more adverbs are used in a series, only the last one ends in **-mente**.

  Sandra piensa **lenta** pero muy **lógicamente**.

  *Sandra thinks **slowly** but very **logically**.*

- Some commonly used adverbs ending in **-mente** are:

básicamente	generalmente	regularmente
correctamente	normalmente	relativamente
difícilmente	perfectamente	simplemente
fácilmente	realmente	tradicionalmente
frecuentemente	recientemente	tranquilamente

5-29 Práctica. Complete esta narración usando la forma apropiada de los adverbios que corresponden a los adjetivos entre paréntesis.

Mario Rodríguez es entrenador de fútbol. Es un entrenador muy metódico y trabajador. (1) _____ (general) se levanta temprano todos los días. Se ducha (2) _____ (regular) en su apartamento después de levantarse. Luego toma una taza de café y come unas tostadas (3) _____ (tranquilo) en la cocina. Cuando termina, prepara su equipo deportivo (4) _____ (cuidadoso) y se va al gimnasio. Después de su primer entrenamiento, (5) _____ (frecuente) va a su oficina y mira videos de partidos de fútbol. Le interesan (6) _____ (especial) los campeonatos de liga. Siempre analiza las estrategias de los mejores

jugadores y las discute con sus deportistas. Estos dicen que el entrenador
Rodríguez sabe explicar (7) _____ (claro) y (8) _____ (perfecto)
las estrategias más complicadas. (9) _____ (normal), el entrenador
Rodríguez regresa a su casa cerca de las seis, descansa un rato, cena
(10) _____ (ligero) y luego lee las noticias.

5-30 ¿Buenas o malas estrategias? Mire la siguiente lista de estrategias para
conocer mejor la cultura hispana en Estados Unidos e indique la frecuencia con que
usted hace lo siguiente. Luego, compare sus respuestas con las de su compañero/a.
¿Quién de ustedes tiene mejores estrategias para conocer más la cultura hispana en
Estados Unidos?

Estrategias	Nunca	A veces	Frecuentemente	Generalmente	Siempre
1. Hablo español siempre que puedo.					
2. Miro los partidos de fútbol en los canales en español.					
3. Escucho música latinoamericana.					
4. Veo películas en español.					
5. Leo periódicos o revistas en español.					
6. Hago deporte con un grupo de hispanos.					

 # A escribir

05-41

Estrategias de redacción: la exposición

- El propósito de una exposición es presentar un tema, problema o fenómeno.

- Una exposición se hace por medio de una explicación, una aclaración y/o un análisis de diferentes puntos de vista.

- Generalmente se usa un tono formal y objetivo. El propósito es explicar el tema, no abogar por (*argue for*) un punto de vista.

- Se usan con frecuencia formas impersonales, como por ejemplo: **Se piensa…, Se dice…, Mucha gente cree que…, Es evidente / verdad / imprescindible que…**

- La estructura básica de un texto expositivo tiene
  - una introducción, que presenta el tema
  - un cuerpo, en el que se exponen las ideas de los expertos o las del propio autor
  - una conclusión, que resume todas las ideas planteadas a través del ensayo

Algunas expresiones útiles para la exposición	
Lengua impersonal	Es evidente / lógico / verdad que... Se dice / piensa / cree que...
Para presentar perspectivas diferentes	Los partidarios opinan / proponen que... Los opositores afirman / sostienen / argumentan que... Los expertos están de acuerdo / están en desacuerdo / concluyen que...
Para expresar causa	A causa de... Debido a...
Para expresar efecto	Por eso... Por esa razón...

5-31 Análisis. Lea la siguiente carta al editor y, luego, indique (✓) lo siguiente.

1. El lector potencial de esta carta es alguien que...
   ___ no practica deportes.
   ___ es experto en deportes.
   ___ practica deportes de mucho peligro.

2. El propósito del autor de la carta es...
   ___ criticar a los jóvenes que practican el patinaje en tabla.
   ___ contribuir a la discusión sobre la práctica de deportes peligrosos.
   ___ pedirle al gobierno que prohíba los deportes de alto riesgo.

3. La estructura de la carta:

   La introducción...
   ___ presenta el tema que se va a discutir en la carta.
   ___ informa al lector sobre el propósito de la carta.

   El cuerpo...
   ___ trata varios temas.
   ___ desarrolla un tema central.
   ___ presenta claramente la opinión del autor.
   ___ no es clara la visión del autor sobre el tema.
   ___ expone solamente su opinión personal sobre el tema.
   ___ el autor sustenta su visión del tema presentando la opinión de los expertos.

   La conclusión...
   ___ resume las ideas presentadas a través de la carta.
   ___ propone claramente una solución al problema.
   ___ hace preguntas para que el lector piense sobre la solución que él propone.

4. Las características de la lengua que utiliza el escritor:
   Usa un tono... ___ personal. ___ impersonal.
   Utiliza expresiones... ___ personales, según el tono. ___ impersonales, según el tono.

Estimado señor editor:

Después de leer su artículo, ¿*Deportes extremos o actos de locura?* resulta imposible ignorar la preocupante realidad que viven nuestras comunidades hoy. No es necesario ser experto para darse cuenta de que el número de personas que practica los deportes de alto riesgo continúa aumentando. Tampoco es un secreto que los accidentes serios o fatales aumentan, muchos de ellos causados por el deseo de experimentar emociones fuertes. Además no es difícil ver que la necesidad de admiración y respeto que muchos de estos jóvenes buscan les causan accidentes e incluso la muerte. Lo trágico es que nadie quiere comprometerse a hacer cambios para evitarlos.

El patinaje en tabla es uno de los deportes de alto riesgo populares entre los adolescentes de las grandes ciudades. Sólo se requiere coraje, dedicación y una calle, escaleras o una plaza. Pocos piensan en la protección contra una mala caída. Con frecuencia se ve a los jóvenes haciendo atrevidas piruetas en el aire. Lo mismo ocurre con otros deportes extremos de gran aceptación entre el público de todas las edades como el salto a un precipicio o *bungee,* el *rafting* o descenso por bravas aguas y las alas delta. Lo que atrae tanto a los deportistas como a los espectadores de estos deportes es el apetito incontrolable por el riesgo, la emoción, el desafío (*challenge*) a la muerte.

Los expertos concuerdan en que la seguridad en los deportes se logra con entrenamiento adecuado. No importa cuán sofisticado sea el equipo, es el deportista quien usa y controla el equipo, su cuerpo y su fuerza física. El patinador dirige sus piruetas en la tabla, el deportista acuático maniobra su balsa; asimismo, la persona que salta al vacío (*bungee*) decide de qué plataforma va a saltar, cuándo y cómo. Entonces es razonable pensar que las reglas y los límites de una práctica deportiva deben ser establecidos por una organización humana responsable, como el Ministerio de Deportes y Recreación. No se puede permitir que la abundancia de adrenalina controle las acciones irresponsables de estos jóvenes.

Finalmente, termino preguntándole al lector: ¿qué se debe hacer para que las autoridades asuman una actitud de compromiso con la seguridad en los deportes? ¿Y qué se puede hacer para incentivar una actitud preventiva entre las personas que practican estos deportes de alto riesgo? Si no se hace nada, ¿cuántos jóvenes más sufrirán accidentes o morirán a causa del placer sin responsabilidad?

Atentamente,

Roberto Sánchez

Roberto Sánchez
Director, Centro Municipal de Salud Pública

5-32 Preparación. Vuelva a leer la carta del Sr. Sánchez y prepare información, datos o ideas que respondan a las tres preguntas en el último párrafo de su carta.

5-33 A escribir. Ahora responda a la carta del Sr. Sánchez utilizando la información que recolectó en *Preparación*.

5-34 ¡A editar! Después de unas horas, lea su texto, pensando en el Sr. Sánchez. Haga lo siguiente:

- **Revise la comunicación de ideas.** ¿Son claras o confusas las ideas? Afínelas y aclare las posibles confusiones. Use vocabulario preciso.
- **Mejore el estilo de su texto.** Varíe el vocabulario. Use sinónimos y antónimos.

- **Revise las estructuras gramaticales.** ¿Usó estructuras apropiadas para expresarse? Por ejemplo, para crear un tono más impersonal (si ese era su objetivo), utilizó *se* o expresiones impersonales.

- **Revise las mecánicas de su texto.** Revise la ortografía, los acentos y la puntuación.

A explorar

5-42

5-35 El tiempo libre. Primera fase: Investigación. Elijan un país hispano e investiguen en unos sitios de Internet sobre lo que hacen las personas de ese país en su tiempo libre. Las siguientes ideas pueden ayudarles.

- Actividades dentro y fuera de la casa
- Festividades y celebraciones
- Vacaciones y viajes
- Deportes y juegos
- Espectáculos y bailes

Segunda fase: Preparación. Preparen una presentación con materiales visuales para informar a sus compañero/as. Hagan lo siguiente.

1. Elijan una o más actividades y explíquenlas.
2. Contesten las siguientes preguntas: ¿Quién las practica? ¿Cuándo las practican? ¿Por qué?
3. Compárenlas con actividades que ustedes hacen o expliquen en qué se diferencian.
4. Finalmente, expresen su opinión sobre estas actividades. Expliquen su punto de vista y hagan recomendaciones a sus compañeros.

Tercera fase: Presentación. Hagan su presentación usando la información que ustedes prepararon en la *Segunda fase*. Describan las fotos que incluyan.

5-36 Los deportes más populares. Primera fase: Investigación. Busquen información en Internet sobre un deporte popular entre los hispanos y hagan lo siguiente.

- Hagan una lista del vocabulario relacionado con el deporte elegido.
- Seleccionen y guarden (*keep*) material visual (fotos, dibujos, etc.) que los ayude a recordar información clave sobre este deporte.

Segunda fase: Preparación. Preparen un bosquejo para una presentación oral sobre este deporte para sus compañeros. Hagan lo siguiente.

- Organicen sus notas y el material visual.
- Incluyan palabras clave que les ayudarán a exponer su presentación.
- Incluyan respuestas a las siguientes preguntas: ¿Quién practica este deporte? ¿Cómo lo practican? ¿Qué desean los hinchas de este deporte cuando van a verlo?
- Finalmente, escriban tres preguntas de opinión (provocativas, controvertidas) sobre algún aspecto de este deporte para su público (sus compañeros).

Tercera fase: Presentación. Hagan su presentación usando la información que ustedes prepararon en la *Segunda fase*. Al final de la presentación, háganles sus tres preguntas a sus compañeros.

🔊 Vocabulario del capítulo

Los deportes

el aficionado/la aficionada	*fan*
el árbitro	*referee*
el baloncesto	*basketball*
el béisbol	*baseball*
el campeonato	*championship*
la cancha	*court; field (sports)*
el ciclismo	*bicycling / cycling*
la competencia	*competition*
el compromiso	*commitment*
el/la contendiente	*contestant / opponent*
el/la deportista	*sportsman/sportswoman, athlete*
la derrota	*defeat*
el empate	*draw, tie*
el enfrentamiento (bélico)	*(military) clash, confrontation*
el/la entrenador/a	*trainer, coach*
el equipo	*team; equipment*
el fútbol	*soccer*
las gradas	*stands, bleachers*
el/la hincha	*fan*
el hito	*milestone*
el juego	*match, game*
el jugador/la jugadora	*player*
el paracaidismo	*parachuting*
el partido	*game, match*
el patinador/la patinadora	*skater*
la pelota	*ball*
el puenting	*bungee jumping*
el rendimiento	*performance*
el riesgo	*risk*
el seguidor/la seguidora	*supporter / fan*
el seguimiento	*following*
el tenis	*tennis*
el triunfo	*victory*

La tecnología y el ocio

el archivo	*archive*
el baile	*dance*
el correo electrónico	*e-mail*
el entretenimiento	*entertainment*
el mensaje de texto	*text message, SMS*
el ocio	*leisure*
el ordenador portátil	*laptop*
la pantalla táctil	*touch screen*
la Red	*Internet, World Wide Web*
la red social	*social network*
el reproductor portátil de música	*portable music / media player*
la solidaridad	*solidarity*
el teclado	*keyboard, keypad*
el (teléfono) móvil	*cell phone*
el tiempo libre	*free time*
el usuario/la usuaria	*user*
el videojuego	*video game*

Verbos

conectarse	*to connect*
correr	*to run*
depender de	*to depend on*
deslizar (c)	*to slide*
disfrutar	*to have fun, to enjoy*
estar al día	*to be up to date*
experimentar	*to experience*
funcionar	*to work (machine), to function*
ganar	*to win*
identificarse (q)	*to identify with*
jugar (ue) a	*to play*
llevar	*to wear*
participar	*to participate in, play*
patear	*to kick*
perder (ie)	*to lose*
quedarse rezagado/a	*to be outdated*
teclear	*to key in, to type (in)*
vencer (z)	*to beat*

Adjetivos

bélico/a	*warlike*
desbordante	*boundless, unlimited*
desligado/a	*separate, disconnected*
fugaz	*fleeting*
ligero/a	*light*

Palabras y expresiones útiles

a pesar de	*in spite of*
estar de acuerdo	*to agree*
estar en desacuerdo	*to disagree*

Notas: For adverbs ending in -*mente*, see page 145.
For useful expressions to write an essay, see page 147.

La comida

6

Objetivos comunicativos

- Giving and following instructions
- Avoiding repetition when reacting to and commenting on issues
- Making polite requests

Contenido temático y cultural

- Variety of foods in the Spanish-speaking world
- Origins of foods and food products
- Work in food-related settings

Vista panorámica

En la mayoría de los países hispanos, la comida principal del día, que por lo general se come por la tarde, suele ser larga y abundante. Para muchos es el momento más importante del día porque es cuando se reúne toda la familia. Esta familia disfruta de una buena parrillada de carne y mariscos.

La cosecha de la uva es muy importante en España, Chile y Argentina, donde la producción de vino es excelente y se exporta a todo el mundo.

Productos como el maíz, la patata o papa, el tomate y el chocolate no se conocían en Europa antes del siglo XV.

Vista panorámica

La cocina peruana es muy variada y en ella se encuentran tradiciones incaicas, españolas y criollas, además de las más recientes influencias africanas, japonesas y chino-cantonesas. En Perú existen cuatro mil variedades de papas, dos mil especies de pescados e innumerables variedades de frutos y verduras.

El chile es un ingrediente fundamental en la comida mexicana. En los mercados se encuentran muchos tipos de este producto, que sirve para condimentar los platos y hacer salsas picantes.

El ganado que se cría en las grandes llanuras del norte de Argentina y en Uruguay produce carne de gran calidad.

A leer

Vocabulario en contexto

6-1 La comida como pasatiempo. Escriba el número de la descripción al lado del grupo de comida correspondiente en la pirámide alimenticia.

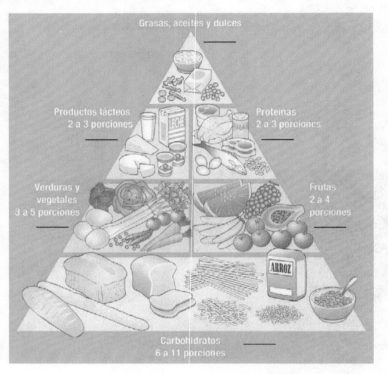

1. Diversos tipos de pan, cereal, arroz y pasta corresponden a este grupo. Son muy buenos para la salud, especialmente los de granos enteros.
2. Alimentos como el brócoli, los tomates, las zanahorias, las patatas o papas y la lechuga contienen importantes vitaminas en su dieta. Los médicos recomiendan que los comamos crudos o poco cocidos.
3. Los productos de este grupo son los más peligrosos para la salud. Sirven para endulzar o freír la comida o los postres. Se deben usar en cantidades pequeñas porque contienen mucha grasa y azúcar.
4. Este grupo está representado por las naranjas, las manzanas, los plátanos, las uvas, los mangos, etc. Contienen azúcar natural que se quema rápidamente en el cuerpo.
5. La leche, el queso y los yogures forman parte de este grupo. Son fundamentales en la dieta de los niños como la de los adultos.
6. Este grupo contiene una diversidad de carnes tales como carne de res, pollo, cerdo o puerco, cordero, pescados, mariscos, etc.

6-2 ¡La comida entra por la vista! Primera fase. En las siguientes fotos de platos hispanos, usted observará y leerá sobre los ingredientes básicos con que estos se preparan. Escriba la letra que corresponde a su descripción bajo la foto apropiada.

1. Paella _____

2. Parrillada _____

3. Ceviche _____

4. Tamales _____

a. Este plato criollo picante se come en varios países tales como Perú, Chile y Ecuador. Se prepara con pescado y mariscos marinados con lima y ají. En Perú se sirve con patatas dulces y choclo o maíz cocido.

b. Este es un plato popular en los países del norte de América Latina, Centroamérica y el Caribe. Se prepara con harina de maíz y varios ingredientes como carne molida (*ground*) y especias, y se envuelve en hojas de plátano. En algunos países agregan aceitunas y alcaparras.

c. Los argentinos son famosos por esta delicia. En su preparación se utilizan varios tipos de carne y verduras, las cuales se asan en una parrilla.

d. Este es un plato que, según muchos, nació en Valencia, España. Se prepara en una cazuela o sartén (*frying pan*) enorme en la que se fríen los mariscos, el pescado y otros ingredientes. Se le agrega azafrán y caldo (sopa) de pescado.

 Segunda fase. Respondan a las siguientes preguntas. Háganse preguntas adicionales para averiguar más sobre las experiencias culinarias de cada uno de ustedes.

1. ¿Alguna vez comiste alguno de los platos mostrados en la *Primera fase*? ¿Cuál? ¿Te gustó?

2. ¿Cuál de los platos no has probado nunca? ¿Te gustaría probarlo?

3. ¿Se usa algún ingrediente de los platos de la *Primera fase* con frecuencia en la cocina de tu casa? ¿Qué ingrediente? ¿Cómo se utiliza?

CULTURA

La cocina de cada país hispano varía según los productos alimenticios de la región y las influencias que ha recibido a lo largo de la historia. Así pues, hay que tener cuidado al hablar de *Spanish food*, porque, a menudo, se tiene una idea algo limitada de lo que esto significa y se cae en el estereotipo de creer que la comida de España, de México o de cualquier otro país hispano es toda igual: nada más lejos de la realidad.

VARIACIONES

Some names of foods vary from country to country. We find some examples in vegetables: **aguacate** is known as **palta** in some South American countries; **maíz** is known as **elote** in Mexico and in some Central American countries, and as **choclo** in parts of South America. Names of fruits also vary: **plátano**, in Spain becomes **cambur** in Venezuela, and **banano** in Colombia; **melocotón** in Spain is **durazno** in Latin America. Other names of food that vary by country are **pavo**, which is **guajolote** in Mexico, or **gambas**, which is **camarones** in most of Latin America.

6-3 ¡Matando el tiempo en la cocina! Piense en dos de sus platos favoritos. Escriba los ingredientes básicos que se usan en su preparación y marque (✓) la manera en que se preparan. Comparta la información con su compañero/a.

Plato	Ingredientes	Se fríe(n)	Se guisa(n)	Se marina(n)	Se asa(n)	Se rellena(n)

Estrategias de lectura

1. Use el título para anticipar el contenido del texto.
   a. Lea el título: "La variedad de la cocina hispana". En este texto, la palabra *cocina* significa *cooking* o *cuisine*; no significa *kitchen*. ¿A qué países se refiere la palabra *hispana*? Mencione cuatro o cinco.
   b. Por la palabra *variedades*, adivine el tema probable del texto. ¿Tratará de las diferencias entre la cocina de los países hispanos, o de las semejanzas entre países?
2. Examine el texto antes de leerlo.
   a. Mire rápidamente el texto y pase su marcador por la primera frase de cada párrafo. Ahora lea las frases. En su conjunto, dan un resumen de los temas principales del texto.
   b. Lea otra vez las frases por las que pasó su marcador: ¿Qué países y regiones se mencionan en estas frases? ¿Qué vegetales y qué granos se mencionan?

LECTURA

La variedad de la cocina hispana

Anticipe lo que va a leer. En este párrafo se habla de la comida hispana más conocida en Estados Unidos. ¿Cuál es? Luego se explica por qué hay más variedad ahora que antes.

Hasta hace muy poco, la única comida hispana popular en Estados Unidos era la mexicana. Los tacos, los burritos y las quesadillas son conocidos por todos, e incluso se pueden encontrar en los restaurantes de comida rápida, que ofrecen estas especialidades mexicanas adaptadas a los gustos estadounidenses. En los últimos años, la llegada de inmigrantes de otros países latinos ha resultado en 5 un mayor conocimiento de la extraordinaria diversidad de la comida hispana. En casi todas las grandes ciudades norteamericanas podemos encontrar hoy buenos restaurantes peruanos, cubanos, españoles, venezolanos, colombianos, bolivianos, salvadoreños o puertorriqueños, entre otros. Además, en los supermercados se encuentra una impresionante gama de productos de diversos países que les 10 permiten a los nativos de esos lugares mantener sus tradiciones gastronómicas y a los demás conocer esos productos.

¿Por qué hay más tipos de comida hispana en Estados Unidos ahora que en el pasado?

Es difícil decir cuál es el país latinoamericano con mayor diversidad culinaria, pero seguramente Perú y México estarían entre los primeros. Entre las delicias de la cocina peruana tenemos el ceviche, una refrescante combinación de pescados 15 y mariscos marinados en jugo de lima, y el lomo saltado, un plato de carne con papas que tiene influencia asiática.

⌃ Lomo saltado, acompañado de patatas, arroz, pimiento y cebolla

🗨 Igual que en Perú, la variedad de la comida mexicana es impresionante tanto por sus ingredientes como por las miles de maneras de prepararla. La diversidad del clima
20 y de culturas se refleja en la cocina de este país con sus platos guisados en toda clase de chiles y especias, sus salsas, sus verduras y sus postres. Entre los platos más apreciados tenemos el pozole, que es un guiso de carne y maíz previamente cocinado en jugo de lima. También es famoso el mole, una salsa hecha con cacao. La novela de la escritora mexicana Laura Esquivel, *Como agua para chocolate*, muestra
25 la importancia que tiene la comida en la vida de los mexicanos.

El maíz, también llamado choclo o elote, que por su origen americano está presente en muchos platos de la cocina hispana, también es el ingrediente más importante de las arepas, que encontramos principalmente en Venezuela y Colombia. Son unas tortitas (*patties*) de varios tamaños, formas y sabores que
30 suelen usarse para acompañar salsas en lugar del pan. Los venezolanos las comen como un sándwich, rellenas de queso o de carne. 🗨

Contrariamente al maíz, el arroz no es un producto original de las Américas. Sin embargo, se ha integrado de tal manera en la gastronomía hispana que en algunas regiones es casi imposible pensar en
35 una comida sin arroz. Así por ejemplo, el arroz con frijoles es el plato más común de todo el Caribe y buena parte de Centroamérica. Y algunos colombianos describen la comida de su país, un poco
40 en broma, un poco en serio, diciendo que es "arroz, papa y carne".

Al hablar de la comida hispana no podemos olvidar la del Cono Sur;

⌃ Sopa de pozole, hecha de maíz, carnes variadas, orégano y ají

❓ Descubra información nueva. En este párrafo se habla de dos platos mexicanos que posiblemente no conozca. Al leer, busque los nombres y los ingredientes de estos platos e imagínese los sabores.

❓ En este párrafo se habla de las arepas. Si no tiene una idea mental de ellas, vuelva a leer el párrafo para comprender mejor cómo son y busque una imagen de ellas en Internet.

aunque menos condimentada que la de otras partes de Hispanoamérica, se caracteriza por la calidad de sus carnes, pescados y mariscos. Son famosas las parrilladas argentinas, uruguayas y brasileñas, así como las empanadas o pasteles de choclo chilenos. 45

Por último, hay que mencionar la comida española, una de las más variadas de Europa, con sus múltiples tradiciones regionales que reflejan el encuentro y la mezcla de tantas culturas. Posiblemente, el plato español más conocido sea la paella, típica de la región valenciana. Se cocina en una gran sartén del mismo 50 nombre, tiene una base de arroz condimentado con azafrán y es adornado con mariscos, carnes y verduras. Sin embargo, la buena cocina española no se limita a la 55 zona mediterránea. En el norte encontramos zonas de gastronomía muy valorada con sus platos de pescado y marisco. En el resto del país son apreciados los productos 60 curados (*cured*) del cerdo, los asados de cordero, las múltiples formas de preparar las verduras y legumbres y los postres de origen árabe, como el turrón. Una de las tradiciones 65 culinarias más atractivas de España son las tapas, pequeñas muestras de platos cocinados o fríos que pueden probarse en casi todos los bares del país. Es una buena forma 70 de disfrutar de la variedad y riqueza de la cocina española.

⌃ Las tapas son una buena muestra de la variedad de la cocina española.

Comprensión y ampliación

6-4 Comprensión. Elimine el elemento o los elementos que según la lectura no se relacionan con cada uno de los siguientes conceptos y explique con qué país o región se asocian.

1. La cocina mexicana: los tacos, el mole, las quesadillas, el pozole, el ceviche, la paella
2. La cocina peruana: el pescado, el marisco, el mole, el ceviche, la lima, las tapas
3. La comida del Cono Sur: el turrón, la parrillada, el pastel de choclo, los chorizos, el azafrán, las empanadas
4. La comida española: las tapas, el chile, el asado de cordero, las verduras, el pozole, el arroz

6-5 Ampliación. Primera fase. Asocie los siguientes platos hispanos mencionados en la lectura con su correspondiente descripción.

1. _____ la arepa   a. salsa hecha con cacao y especias
2. _____ el pozole   b. tortita de maíz
3. _____ el turrón   c. guiso de carne y maíz cocinado en jugo de lima
4. _____ el mole   d. postre español de origen árabe

Segunda fase. Ahora lean la siguiente receta y contesten las preguntas.

Tortilla de patatas

Ingredientes

4 huevos
½ kilo de patatas
1 vaso de aceite de oliva (¼ de litro)
1 cebolla
sal

Preparación

Lavar y pelar las patatas. Cortar en láminas finas. Pelar la cebolla y cortarla en rodajas finas. Poner el aceite a calentar en una sartén y freír la cebolla y las patatas a fuego lento hasta que estén blandas y algo doradas. Añadir un poco de sal. Sacar de la sartén y poner en un plato sobre un papel absorbente para quitarles el aceite.

Batir los huevos con un poco de sal en un cuenco[1] grande. Añadirles las patatas y la cebolla. Mezclar[2] bien.

Echar la mezcla en otra sartén con un poco de aceite caliente. Mover agitando[3] la sartén para que no se pegue[4]. Cuando la tortilla cuaja,[5] poner una tapa a la sartén y darle la vuelta una o dos veces hasta que está dorada por los dos lados.

[1] bowl   [2] mix   [3] shaking   [4] it doesn't stick   [5] sets

1. ¿De qué país es típico este plato? Si no lo saben pregúntenle a su profesor o búsquenlo en Internet. ¿Conocen otro nombre para este plato? ¿Saben en qué ocasiones se come?
2. ¿Qué diferencia hay entre esta tortilla y la mexicana?

6-6 Conexiones. *Primera fase.* Elija uno de los siguientes cereales para hacer una investigación sobre su historia y su impacto social: el arroz, el trigo, el maíz. Tome notas sobre los siguientes puntos:

1. Dónde se originó
2. En qué parte/s del mundo se usa como alimento básico
3. Descripción de dos platos que se preparan o combinan con este cereal
4. Algún otro dato interesante sobre este producto u otro producto relacionado

Segunda fase. Escriba un breve texto describiendo el cereal elegido y los datos que ha aprendido como consecuencia de su investigación.

Aclaración y expansión

06-10 to 06-18

Direct and indirect object pronouns together

You saw in Capítulos 4 and 5 how to use direct and indirect object pronouns to avoid repetition. You will now learn how to use direct and indirect object pronouns together.

Indirect object pronouns		Direct object pronouns			
me	nos	me		nos	
te	os	te		os	
le (se)	les (se)	lo	la	los	las

When direct and indirect object pronouns are used together, the indirect object pronoun precedes the direct object pronoun, and they are placed before the conjugated verb.

I.O.   D.O.
El camarero **nos** sirvió **las arepas.** → El camarero **nos las** sirvió.
*The waiter served **us** the arepas.* → *The waiter served **them to us.***

I.O.   D.O.
Amanda **me** pasó **el plato.** → Amanda **me lo** pasó.
*Amanda passed **me** the plate.* → *Amanda passed **it to me.***

Two pronouns that begin with the letter **l** cannot be used together. The indirect object pronouns *le* and *les* always change to *se* before the direct object pronouns *lo, los, la,* and *las.*

I.O.   D.O.
Laura **les** *llevó* **la sopa**.   →   *Laura* **se la** *llevó.*
Laura brought **them** *the soup.*   *Laura brought* **it to them**.

In compound verb constructions, you may place double object pronouns either before the conjugated verb form or attach them to the accompanying infinitive or present participle.

Mi amigo quiere más arepas. El camarero **se las** va a traer en unos minutos.

El camarero va a **traérselas** en unos minutos.

My friend wants more arepas. The waiter is going to bring **them to him** *in a few minutes.*

El cocinero **se las** está preparando ahora.

El cocinero está preparándo**selas** ahora.

The chef is preparing **them for him** *now.*

6-7 Práctica. Complete las oraciones con el pronombre (o los pronombres) que falta(n).

1. Comimos cordero. Mario _____ preparó a la parrilla y _____ lo sirvió.
2. Yo _____ presté a Mariana unos platos grandes. Ella _____ _____ devolvió después del banquete.
3. La sopa de pescado estaba deliciosa. La camarera _____ _____ recomendó a Susana y a su marido.
4. ¿Tienes unos minutos? Saqué fotos de la boda de Jorge y quiero mostrár_____.
5. Necesitamos refrescos para la fiesta, y Carlos va a traér_____.
6. Sarita, Javier necesita las copas que _____ prestó. ¿Puedes devolvér_____ esta semana? Quiere usar_____ este fin de semana.

6-8 Las preguntas del dueño. El dueño del restaurante donde usted trabaja quiere saber qué hizo usted durante la última semana. Usen los pronombres de objeto directo e indirecto para hacerse las preguntas. Túrnense.

MODELO: Dar las solicitudes de trabajo al gerente
      E1: *¿Le dio usted las solicitudes de trabajo al gerente?*
      E2: *Sí, se las di./No, no se las di.*

— direct
◯ indirect

1. Entregar las recetas nuevas a la cocinera principal
2. Explicar los cambios en el menú a los camareros
3. Llevar el menú nuevo al diseñador gráfico
4. Enviar los cheques a todos los empleados
5. Mandar una carta con una oferta especial a los mejores clientes
6. Dar los nuevos uniformes a los empleados
7. Comprar las frutas y verduras de la temporada al vendedor italiano

6-9 Una periodista en el restaurante Jaleo.

Complete la conversación entre una periodista y el chef José Andrés, usando los pronombres de objeto directo o indirecto.

JOSÉ ANDRÉS: ¿Puedo (1) ofrecer_____ a usted croquetas de pollo para comenzar?

PERIODISTA: Claro que sí, (2) _____ encantan las croquetas. Usted (3) _____ prepara al estilo tradicional, ¿no?

JOSÉ ANDRÉS: La receta es de mi madre. Ella (4) _____ enseñó a (5) hacer_____ cuando era niño. Ahora cuando voy a Asturias para (6) ver_____, yo (7) _____ _____ preparo a ella.

PERIODISTA: ¡Qué interesante! ¿Qué otras tapas (8) _____ recomienda usted?

JOSÉ ANDRÉS: ¡El pan con tomate y queso manchego! Yo (9) _____ _____ recomiendo a los clientes que vienen a Jaleo por primera vez.

PERIODISTA: Y el queso manchego, ¿dónde (10) _____ compra?

JOSÉ ANDRÉS: Todos los quesos nosotros (11) _____ _____ compramos a un fabricante de quesos en Asturias.

PERIODISTA: Muchas gracias por describir estas dos tapas. Voy a (12) comer_____ con una copa de vino tinto.

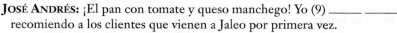

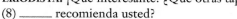 José Andrés, chef de origen español, es el dueño del restaurante Jaleo, en Washington D.C.

 6-10 El nuevo chef. Usted acaba de conseguir un nuevo trabajo como chef. Hágale las siguientes preguntas al jefe/a la jefa de personal (su compañero/a). Él/Ella debe contestarle usando pronombres de objeto directo e indirecto. Después intercambien roles.

MODELO: E1 (chef): *¿Quién les sirve la comida a los clientes VIP del restaurante?*
E2 (jefe/a de personal): *Se la sirven los camareros con más experiencia.*

1. ¿Quién nos pasa la orden de los clientes a los cocineros?
2. ¿Quién me compra los ingredientes frescos todos los días?
3. ¿Quién me pela (*peel*) las papas?
4. ¿Quién me lava los platos y utensilios de cocina?
5. ¿Cuándo nos pagan el salario?
6. ¿Quién le prepara a usted el informe de los gastos del restaurante?
7. ¿A qué hora nos abren la cocina para comenzar a trabajar?
8. ¿Quién nos limpia la cocina por la noche?

 6-11 Una invitación. El dueño de un restaurante famoso le envió a usted dos cupones para comer en su restaurante. Cuéntele a su compañero/a lo siguiente. Después intercambien roles.

1. ¿Por qué cree usted que el dueño de ese restaurante le mandó los cupones?
2. ¿Pudo usted usar los cupones?
3. ¿Le dio uno de los cupones a alguien?
4. ¿Probó usted la comida del restaurante?
5. ¿A quién recomendó usted el restaurante?

El maíz: un alimento de múltiples usos

Antes de ver

6-12 El maíz, más que un alimento esencial. De la siguiente lista, marque (✓) los elementos que pueden asociarse con el maíz.

❶ _____ Las tortillas

❷ _____ La harina

❸ _____ La energía alternativa

❹ _____ La energía nuclear

❺ _____ Los aztecas

❻ _____ Los granos

❼ _____ El aceite

❽ _____ Los europeos

6-13 Comida y cultura. Marque (✓) las costumbres y prácticas culturales que usted asocia con el mundo hispano. (Hay más de una respuesta correcta.)

❶ _____ Las tapas

❷ _____ La comida rápida

❸ _____ Un desayuno ligero

❹ _____ Beber leche en el almuerzo

❺ _____ La siesta

Mientras ve

6-14 ¿Cómo se preparan? Ordene cronológicamente (**a**=primero, **f**=finalmente) las siguientes instrucciones para preparar arepas según se indica en el video.

❶ _____ Forme bolitas medianas de aproximadamente 8 centímetros.

❷ _____ Caliente el horno a 350 grados y ponga las arepas a hornear.

❸ _____ Sírvalas inmediatamente.

❹ _____ Ponga una taza y media de agua en un tazón.

❺ _____ Coloque las arepas en una plancha.

❻ _____ Agregue una cucharadita de sal, aceite y dos tazas de harina de maíz.

Después de ver

6-15 ¿Cierto o falso? Primera fase. Indique si las siguientes afirmaciones son ciertas (**C**) o falsas (**F**) según la información que aparece en el video. Si la respuesta es falsa, dé la información correcta.

❶ _____ El maíz ha alimentado a los pueblos mesoamericanos desde los inicios de su cultura.

❷ _____ El maíz es una planta originaria de España.

❸ _____ Con maíz se preparan tortillas, tamales, hayacas y quesadillas.

❹ _____ Con maíz se preparan muchas bebidas, como el atole y el tejate.

❺ _____ La arepa es un plato típico de Venezuela.

❻ _____ Para preparar arepas necesitamos muchos ingredientes.

Segunda fase. Hagan una lista de platos del mundo hispano que ustedes conozcan. Cada grupo debe elegir uno de estos platos y explicar al resto de la clase cómo se elabora.

A leer

Vocabulario en contexto

6-16 Adivina, adivinador. Indiquen el origen de los siguientes productos, según ustedes.

1. _____ el chile   a. África
2. _____ el aguacate   b. América
3. _____ la pimienta negra   c. Asia
4. _____ el cacao   d. Australia
5. _____ el azafrán
6. _____ la canela
7. _____ el arroz

6-17 Sabores. *Primera fase.* Indique si los siguientes productos o platos son dulces (**D**), salados (**S**), amargos (**A**), o picantes (**P**).

1. _____ el azúcar   5. _____ el ají o chile
2. _____ un taco   6. _____ la miel
3. _____ el chocolate no procesado   7. _____ la pimienta
4. _____ el helado de vainilla

Segunda fase. Entreviste a su compañero/a para averiguar lo siguiente. Tome notas para compartir con la clase.

1. ¿Cuál es tu sabor preferido?
2. ¿Te gustan los platos salados? ¿Los picantes?
3. ¿Cuál es tu plato o postre preferido? ¿Y tu bebida favorita?
4. ¿Recuerdas alguna mala o muy buena experiencia en un restaurante?

6-18 ¡Deleite de los dioses! Pensando en la historia de América, indique si las siguientes afirmaciones son probables (**P**) o improbables (**I**), según lo que usted sabe.

1. _____ En las comunidades indígenas se les ofrecían a los dioses las comidas más caras que se producían.
2. _____ Los soldados que participaban en las guerras, los monarcas y los comerciantes eran las clases menos privilegiadas y consumían la comida de peor calidad.
3. _____ En las comunidades agrícolas indígenas precolombinas se valoraban mucho las semillas.
4. _____ El cacao es un producto amargo que en las culturas de Mesoamérica se mezclaba con miel para hacerlo dulce.
5. _____ Para los europeos que llegaron al nuevo continente, América parecía el paraíso por su paisaje, gente y comida.
6. _____ El anís y la canela son especias que no se conocían en América antes de la llegada de los europeos.

Estrategias de lectura

1. Use el título para anticipar el contenido del texto.
   a. Lea el título "El chocolate: una bebida para los dioses". Lea también los subtítulos. ¿Conoce todas las palabras? Si no, búsquelas en el diccionario.
   b. ¿Qué significa *bebida para los dioses* en este contexto? ¿Qué implica la frase acerca del sabor del chocolate? ¿Acerca del valor del chocolate?
2. Examine el texto antes de leerlo.
   a. Mire rápidamente el texto y pase su marcador por el título y los subtítulos, las fechas y todas las palabras relacionadas con regiones geográficas.
   b. Basándose en la frecuencia de estas palabras en el texto, trate de adivinar cuál de los siguientes es el tema del texto: (i) los viajes de Cristóbal Colón a las Américas o (ii) el cultivo del cacao en el pasado y en el presente.

 LECTURA

El chocolate: una bebida para los dioses
Orígenes del chocolate

El comercio del cacao es anterior a la colonización de América. Los indígenas de la zona de Mesoamérica cultivaban la planta del cacao y transportaban la
5 valiosa mercancía para venderla mucho antes de que los europeos descubrieran las virtudes del chocolate. En 1502, Cristóbal Colón encontró una canoa cargada de granos de cacao que posiblemente eran
10 de Costa Rica y seguían la ruta comercial hacia México para su venta.

Los restos arqueológicos indican que el consumo de cacao ya existía en épocas muy remotas; al menos desde el año
15 1100 A.C. Algunas esculturas y pinturas murales precolombinas muestran cómo se preparaba el chocolate y cómo se consumía.

Las culturas mesoamericanas antiguas
20 usaban los granos de esta planta como moneda. Esto demuestra el valor que le daban al cacao. El chocolate líquido que se preparaba a partir de ella era, además, una bebida ritual que se ofrecía a los dioses o a los muertos. Fueron sin duda los aztecas los que alcanzaron un mayor nivel de sofisticación en el uso del
25 chocolate. En la corte de Moctezuma, la bebida les estaba reservada a los nobles, los guerreros y los comerciantes. Preparaban un chocolate picante o amargo al que añadían miel o especias como el chile, achiote o la vainilla, y lo servían frío

⌃ Esta escena, pintada en un documento del siglo XVI, muestra la preparación ceremonial de la bebida del chocolate, que se presentaba a los dioses como ofrenda (*offering*).

? Anticipe el contenido. En este párrafo se cuenta cómo Cristóbal Colón encontró el cacao por primera vez. Al leer, fíjese en dónde, cuándo y cómo pasó.

? ¿Qué encontró Colón en 1502?

? Examine la escena de la foto antes de leer el párrafo. ¿Qué representa? Al leer, piense en la conexión entre la pintura y lo que dice el texto.

? En este párrafo se mencionan varias funciones del cacao. Al leer, pase su marcador por estas funciones. ¿Cuántas hay?

En este párrafo se describe la bebida de chocolate que tomaban los aztecas. ¿Qué diferencias nota usted entre la bebida azteca y el chocolate que se bebe hoy en día en cuanto a (a) su preparación y (b) su significado?

Los subtítulos señalan un cambio de tema o un contraste. En este caso se trata de un cambio de tema. Al leer el párrafo, piense en el cambio de tema que indica el subtítulo. ¿Cuál es?

¿Cómo cambiaron los españoles la bebida de chocolate azteca? Busque por lo menos dos cambios.

y espumoso. Tenía para ellos un valor religioso, pues compartían la creencia de que el dios Quetzalcóatl, serpiente emplumada y jardinero del paraíso, les trajo los primeros granos de cacao y les enseñó a cultivar la planta.

Los europeos descubren el chocolate

Los primeros europeos que probaron el chocolate fueron los colonizadores españoles que llegaron con Hernán Cortés a la ciudad de Tenochtitlán, capital del mundo azteca, situada en una isla en medio del altiplano en la que hoy se encuentra la capital de México. Se cree que fue Hernán Cortés el primero que llevó semillas de la planta del cacao a España en su viaje de 1528. A partir de esa 35 fecha, los españoles controlaron el comercio del cacao en Europa y mantuvieron en secreto su manufactura durante casi un siglo. Antes de llegar a Europa, el chocolate era consumido por los españoles en México, entre quienes se había convertido en un producto de lujo. Como los españoles cultivaban en México la caña de azúcar que trajeron de las Islas Canarias, pudieron beber chocolate dulce 40 al añadirle azúcar, además de otros condimentos como canela, anís o vainilla. Fue este chocolate dulce el que tendrá, tiempo después, un gran éxito en toda Europa.

Recuperar las técnicas antiguas de cultivo

En nuestros días, el mercado del chocolate está 45 en expansión y sus técnicas de producción siguen mejorando y refinándose. La creciente demanda de este producto en todo el mundo ha conducido a una continua extensión de los terrenos de cultivo del cacao frente a las selvas tropicales. 50 Por ello, los científicos están ahora interesados en recuperar los antiguos métodos de cultivo del cacao, con el fin de producirlo de una manera menos agresiva para el medio ambiente. Si durante miles de años se ha cultivado el cacao de 55 una manera sostenible, es hora de adoptar este modelo para que podamos seguir cultivándolo durante mucho tiempo en el futuro.

Comprensión y ampliación

6-19 Comprensión. Conteste las siguientes preguntas basando sus respuestas en conclusiones lógicas derivadas de la lectura.

1. ¿Cuál era un modo de transporte comercial común en Mesoamérica a principios del siglo XVI?
2. ¿Por qué se piensa que el consumo del chocolate es muy antiguo en el continente americano?
3. ¿Por qué cree usted que se les ofrecía chocolate a los muertos?
4. ¿Por qué en tiempos de Moctezuma se mezclaba el chocolate con miel?
5. ¿Por qué los españoles guardaban en secreto la forma de manufacturar el chocolate?
6. ¿Por qué está contribuyendo el chocolate a la desaparición de las selvas tropicales?

6-20 Ampliación. Escriba un párrafo basado en lo que usted leyó sobre el cacao. Incluya la siguiente información:

1. El valor del cacao en la época de los aztecas
2. El primer contacto de los españoles con el cacao
3. La demanda del cacao en nuestros días

6-21 Conexiones. Hagan conexiones con su propia experiencia y preparen una breve presentación sobre el chocolate para la clase que incluya lo siguiente:

1. Productos derivados del cacao que se pueden encontrar en los supermercados de su comunidad
2. Productos derivados del cacao que se comen regularmente y los que son considerados productos de lujo
3. Productos derivados del cacao que ustedes tienen siempre en sus casas

A escuchar

6-22 Una novia enfadada. *Primera fase.* Al volver de Otavalo, Ecuador, Miguel se encontró con su novia. Escuche su conversación e indique si las siguientes acciones se corresponden con Miguel (**MG**), Miriam (**MR**) o unos amigos (**UA**).

1. _____ Recomendaron la ciudad de Otavalo como un buen lugar para ir de compras.
2. _____ Se enfadó.
3. _____ Esperó más de una hora.
4. _____ Se olvidó de la cita.
5. _____ Tenía que hacer una llamada telefónica.
6. _____ Se disculpó.

Segunda fase. Ahora ponga las siguientes oraciones en orden cronológico (1 a 6). El número 1 ocurre primero.

_____ Miguel no llegó al café y Miriam se enfadó.
_____ Unos amigos le recomendaron a Miguel ir a Otavalo.
_____ Miguel se disculpó (*apologized*) con Miriam.
_____ Miriam no le creyó a Miguel y rompió con él.
_____ Miriam y Miguel decidieron encontrarse en un café para ir al cine.
_____ Miguel no recordó la cita que hizo con Miriam y se fue al mercado indígena.

Aclaración y expansión

06-33 to
06-43 ## Formal commands

> Margarita, por favor, **enséñeme** la receta de estas trufas de chocolate.

> Muy fácil, doña Juanita. **Derrita** (*melt*) 10 gramos de mantequilla y 125 gramos de chocolate. Luego, **ponga** la mezcla derretida en el refrigerador por dos horas. Después,…

> No me **diga** nada más. Prefiero comprarlas. Es menos trabajo.

LENGUA

To soften a command and be more polite, Spanish speakers may add **por favor: Pruebe este ceviche, por favor.** To make a polite request, they may avoid command forms and instead use a question with **podría(n)** + *infinitive* or a statement with an impersonal expression + *infinitive*.

Podría probarlo antes de echarle más sal.

You could taste it before you add more salt.

Es mejor para la salud **usar** menos sal.

It is healthier to use less salt.

- Use formal commands to tell people you address as **usted** or **ustedes** to do something. These commands have the same form as the **usted/ustedes** forms of the present subjunctive.

    Pruebe este ceviche.　　　　*Taste* this ceviche.
    Añada sal a su gusto.　　　　*Add* salt to taste.

- The use of **usted** and **ustedes** with command forms is optional. When used, they normally follow the command.

    Beba usted una copa de vino con el ceviche.　　　*Drink* a glass of wine with the ceviche.

- Object and reflexive pronouns are attached to the end of affirmative commands, but they precede negative commands.

    Si tiene barras de chocolate, **córtelas** y luego **combínelas** con agua caliente. Si tiene canela en palo, **métala** en el chocolate. Si tiene solamente canela en polvo, **no la use.** No tiene el mismo sabor.

    *If you have chocolate bars, **cut them** and then **combine them** with hot water. If you have a cinnamon stick, **put it** in the chocolate. If you have only ground cinnamon, **do not use it**. It does not have the same flavor.*

6-23 Práctica. Usando los mandatos formales, escriba algunos consejos útiles para un chef joven.

1. _____ (Ir) al mercado muy temprano por la mañana para elegir los productos más frescos.
2. _____ (Cambiar) frecuentemente el aceite de freír. El aceite quemado no es saludable.
3. _____ (Ofrecer) siempre pescado fresco a sus clientes.
4. _____ (Asegurarse) de que la carne es de muy buena calidad.
5. _____ (Poner) sal y pimienta para dar sabor a los platos.
6. _____ (Servir) porciones moderadas.
7. _____ (No cobrar) precios muy altos por el vino.
8. _____ (Comprar) siempre frutas y verduras de temporada.

6-24 Consejos a los camareros. Primera fase. Usted tiene que entrenar a un nuevo equipo de camareros sin experiencia. Escoja el verbo más apropiado entre paréntesis y, luego, escriba los consejos útiles para los camareros. Use mandatos formales.

1. Siempre _____ (sonreír/tratar mal) a los clientes.
2. _____ (Hablar/Escribir) claramente cuando les explican oralmente los ingredientes de un plato a los clientes.
3. _____ (No interrumpir/No permitir) las conversaciones de los clientes.
4. _____ (Leer/Enviar) mensajes de texto a los amigos después de las horas de trabajo.
5. _____ (Lavarse/Limpiarse) las manos siempre antes de comenzar su turno.
6. _____ (No llamar por/Contestar) el celular mientras sirven la comida.
7. Siempre _____ (estar atento a/desatender) las necesidades de los clientes.
8. _____ (Hacer yoga/Concentrarse) en su trabajo para evitar problemas con los clientes.
9. _____ (Ser irrespetuoso/Ser amable) con todos los clientes.
10. Nunca les _____ (robar/cobrar) más de lo correcto a los clientes.

 Segunda fase. Discutan cuáles son los cinco consejos más útiles de la *Primera fase* para un camarero sin ninguna experiencia. Expliquen por qué.

6-25 Disfrute de la comida saludable. Usted trabaja en un centro de nutrición. Prepare una lista de recomendaciones para un cliente importante.

MODELO: Consumir alimentos con fibra
Consuma alimentos que tengan fibra, como el pan integral (whole wheat).

1. Reducir los carbohidratos
2. Hacer ejercicio
3. No consumir alimentos que contienen azúcar procesada
4. Comer comida en cantidades moderadas
5. Aumentar el consumo de verduras, pescados y mariscos
6. Evitar las grasas saturadas
7. Beber seis o siete vasos de agua diariamente
8. Buscar productos orgánicos en el supermercado

 6-26 Cómo alimentarse bien y barato. Primera fase. Es difícil alimentarse bien y barato en la universidad. Hagan una lista de por lo menos cinco recomendaciones para sus compañeros. Consideren las mejores ideas de la siguiente lista u otras propias.

MODELO: *Comparen precios entre las tiendas de comida.*

1. Planificar el menú de la semana
2. Hacer una lista antes de ir de compras
3. Elegir los productos de temporada
4. No ir al supermercado con hambre
5. Comer fuera de casa una vez por semana
6. Usar cupones

 Segunda fase. Comparen su lista con la de otra pareja. Entre los cuatro, preparen una lista de las dos recomendaciones más importantes para presentar a la clase.

Informal commands

- Use informal commands with people you address as **tú**. For the negative informal command, use the **tú** form of the present subjunctive.

No pruebes el chocolate todavía. Está muy caliente.	**Don't taste** the chocolate yet. It is very hot.
Esta vez, **no uses** tanta vainilla.	This time, **don't use** so much vanilla.

- Affirmative **tú** commands usually have the same form as the **él/ella** form of the present indicative.

Prepara seis tazas de chocolate.	**Prepare** six cups of chocolate.
Come toda la comida en tu plato.	**Eat** all the food on your plate.

- There are eight irregular affirmative **tú** commands. Their negative commands use the subjunctive form like other verbs.

	Affirmative	Negative
decir	**di**	**no digas**
hacer	**haz**	**no hagas**
ir	**ve**	**no vayas**
poner	**pon**	**no pongas**
salir	**sal**	**no salgas**
ser	**sé**	**no seas**
tener	**ten**	**no tengas**
venir	**ven**	**no vengas**

- Placement of object and reflexive pronouns with **tú** commands is the same as with **usted** commands.

No **le des** chocolate al perro. **Dale** comida para perros.	**Don't give** the dog chocolate. **Give him** dog food.
Cómprala cuando vayas al mercado.	**Buy it** when you go to the market.

6-27 Práctica. Complete los consejos que Isabel le da a su amiga que trabaja en un supermercado. Use mandatos informales de los verbos entre paréntesis.

1. Si no te pagan lo suficiente, _____ (pedirle) a tu jefe que te suba el sueldo.
2. No _____ (hablar) mal de tus compañeros de trabajo.
3. _____ (Conversar) con ellos durante los recesos (*breaks*) para conocerlos mejor.
4. Si alguno de ellos tiene mucho que hacer, _____ (decirle) que puedes ayudarlo.
5. Si todos van a una pizzería, _____ (salir) con ellos.
6. No _____ (quejarse) tanto, tienes muchos amigos que te quieren mucho.
7. Sobre todo, no _____ (quedarse) en casa todas las noches.
8. Pero si de verdad no soportas más tu trabajo, _____ (buscar) otro.

6-28 Consejos prácticos. Primera fase. Su compañero/a busca trabajo en un restaurante muy elegante y les pide consejo. Usen mandatos informales de los verbos de la caja para hacer una lista de cinco actividades que debe hacer su compañero/a. Después comparen su lista con la de otro grupo.

hablar	pedir	ponerse en contacto con…
ir	probar	preparar(se)
llamar	solicitar	vestirse

MODELO: *Lee los anuncios de trabajo en Internet.*

 Segunda fase. Su compañero/a tiene una entrevista de trabajo en el restaurante de la *Primera fase*. Denle cinco consejos más para causar una buena impresión.

1. Qué ropa usar para la entrevista
2. Hora de llegada a la entrevista
3. Cómo reaccionar a las preguntas del entrevistador
4. Qué preguntar y qué no preguntar
5. Cómo despedirse apropiadamente

 6-29 Las primeras impresiones. Primera fase. Su compañero/a de clase va a cenar en la casa de los padres de su novio/a por primera vez. Háganle unas recomendaciones. Usen los verbos de la caja para hacer mandatos formales.

ayudar	hablar
beber	hacer comentarios sobre…
comer	regalar
conversar	saludar
demostrar	ser atento/a/amable/cariñoso/a
despedirse	traer

MODELO: E1: *¿Qué puedo hacer para causar una buena impresión?*
E2: *Habla con los padres de tu novia. Escucha las anécdotas de su padre con mucho interés.*
E3: *Observa las fotos y haz preguntas sobre las escenas y las personas en ellas.*

 Segunda fase. Ahora su compañero/a compartirá con la clase las mejores sugerencias que recibió de su grupo. Ayúdenle a explicar por qué piensan ustedes que son buenas sugerencias.

ALGO MÁS

The equivalents of English *let's*

- There are two ways to express English *let's* + *verb* in Spanish: **vamos a** + *infinitive* and the **nosotros/as** form of the present subjunctive.

  Vamos a cenar pizza esta noche.
  Cenemos pizza esta noche.
  Let's have pizza tonight.

- When the **nosotros/as** form of the subjunctive is used as an equivalent of *let's* + *verb*, placement of object and reflexive pronouns is the same as with commands.

  Compremos esos mariscos frescos. → **Comprémoslos.** *Let's buy them.*
  No compremos ese pescado añejo. → **No lo compremos.** *Let's not buy it.*

- In affirmative sentences, reflexive verbs drop the final **-s** of the **nosotros/as** form of the subjunctive when the pronoun **nos** is attached.

  Modernicemos + nos → **Modernicémonos.** *Let's modernize.*

6-30 ¡A comer bien para vivir más años! Intercambie ideas con su compañero/a sobre lo que ustedes van a hacer o no hacer para llegar a los 100 años con buena salud. Intercambien sus planes con otra pareja.

MODELO: Para mantener la salud
  E1: *Comamos vegetales y frutas todos los días.*
  E2: *Y no comamos comidas pesadas. Son difíciles de digerir.*

1. Para mantener activa la memoria
2. Para no engordar
3. Para sentirse felices
4. Para evitar la diabetes

6-31 Hagamos una campaña. Ustedes organizan una campaña en su universidad para promocionar la salud. Escojan uno de los siguientes temas y presenten sus ideas a la clase. Utilicen el equivalente de la expresión *let's* cuando sea posible.

MODELO: El estrés
  E1: *Generalmente los estudiantes viven con mucho estrés. A causa del estrés, duermen poco y se enferman fácilmente.*
  E2: *Tengo una idea. Hagamos una lista de sugerencias para reducir el estrés.*

1. La comida en las cafeterías
2. El ejercicio
3. Las actividades co-curriculares

A escribir

6-44

Estrategias de redacción: la exposición (continuación)

En este capítulo se continúa la práctica de la exposición. A continuación se presenta una síntesis de lo que usted debe hacer antes de escribir su texto.

- Determine el público que va a leer su texto.
- Determine el propósito de su texto.
- Seleccione los datos e información pertinentes y organícelos de forma lógica.
- Encuentre formas de atraer la atención de su público lector.

6-32 Análisis. Lea el siguiente texto expositivo sobre el efecto de la inmigración en la comida. Luego, siga las instrucciones a continuación.

La inmigración y la cadena de alimentación

La inmigración es un factor fundamental en la cadena de alimentación. En primer lugar, una parte significativa de la mano de obra de muchas economías proviene de la inmigración. Específicamente en la agricultura, los inmigrantes son indispensables tanto en las cosechas de recolección manual como en los trabajos permanentes, en el transporte y en la venta de frutas y vegetales.

Por otra parte, la creciente presencia de inmigrantes y su dispersión geográfica han estimulado la distribución de productos nuevos y han provocado cambios de hábitos alimenticios en la población. Así, en varias tiendas de comida ya se ven frutas y verduras poco comunes en la región o nuevas preparaciones de ciertos alimentos.

Es también notable el aumento de restaurantes especializados en los alimentos tradicionales de los países de origen de los inmigrantes. Sin duda, los restaurantes constituyen un mecanismo vital en la expansión de los alimentos étnicos. A estos restaurantes van cada vez más, además de los inmigrantes, ciudadanos del país anfitrión que propagan las diferentes culturas gastronómicas. Por otro lado, otros negocios relacionados con la comida, como las empresas de *catering*, incorporan en su carta especialidades extranjeras.

Al mismo tiempo, los inmigrantes están introduciendo rápidamente en su alimentación productos y platos de su nuevo país.

Este fenómeno altamente positivo está provocando una fusión de las culturas gastronómicas locales y las de los diversos países de origen de los inmigrantes. Es indudablemente uno de los efectos más afortunados de la *globalización*.

Marque (✓) la(s) respuesta(s) correcta(s).

1. El lector potencial de este ensayo es…
   _____ un público general. _____ un público experto.
2. El propósito del texto es…
   _____ explicar que los inmigrantes han influido negativamente en los hábitos alimentarios de los países donde se establecen.
   _____ afirmar que existe una influencia mutua positiva de costumbres alimenticias entre los inmigrantes y el país anfitrión.

3. Con respecto a la organización y la estructura del texto...

_____ hay una introducción, un desarrollo y una conclusión.

_____ hay una introducción y un desarrollo, pero no hay una conclusión.

_____ el autor conecta bien las ideas dentro de cada párrafo y entre ellos.

4. El autor usó ciertas expresiones para conectar las ideas entre los párrafos. Subráyelas.

5. Subraye las partes del texto en que el autor logra su propósito.

6. Marque (✓) las estrategias que usa el autor para lograr el interés del lector:

_____ Organiza la información de manera coherente e interesante.

_____ Presenta información y datos recolectados por una organización seria y confiable.

_____ Da ejemplos que el lector puede conocer.

6-33 Preparación. Ustedes van a escribir individualmente un artículo periodístico relacionado con temas alimentarios. En preparación hagan una lista de posibles titulares (_headlines_). Luego, escojan el mejor y respondan a las siguientes preguntas de la manera más detallada posible.

1. El titular que ustedes escogieron, ¿presentará una visión positiva o negativa de la influencia inmigrante en la comida autóctona? ¿Por qué?

2. ¿Qué ideas básicas deberá discutir este artículo?

3. ¿Pueden ustedes pensar en algunas preguntas centrales que este artículo deberá responder? Escríbanlas.

6-34 Más preparación. Ahora prepare un bosquejo que incluya por lo menos la siguiente información.

1. El titular de su artículo

2. El esqueleto de su artículo: número de párrafos y el contenido central de cada párrafo. Escriba palabras clave que incluirá en los párrafos de introducción, de desarrollo y de conclusión. Asegúrese de que el contenido de su texto se refleja en el titular.

3. Haga una lista de expresiones que lo/la ayudarán a lograr cohesión y transición dentro y entre los párrafos.

6-35 ¡A escribir! Utilizando la información que usted recogió en las actividades **6-33** y **6-34** escriba el artículo para los lectores de una revista.

6-36 ¡A editar! Ahora, lea su texto críticamente por lo menos una vez más y haga lo siguiente.

1. Analice el contenido: la cantidad y calidad de información para el lector/la lectora.

2. Revise la forma del texto:

   a. La cohesión y coherencia de las ideas

   b. Los aspectos formales del texto: la puntuación, acentuación, ortografía, mayúsculas, minúsculas, uso de la diéresis, etc.

3. Haga los cambios necesarios para lograr el efecto deseado en el lector/la lectora.

A explorar

6-37 La producción de alimentos. Primera fase: Investigación. Hagan una investigación sobre uno de los problemas relacionados con la producción de alimentos en el mundo moderno. Tengan en cuenta, por ejemplo, la gran demanda de ciertos productos, las exigencias del transporte, los problemas de higiene, etc. Tomen notas e intercambien sus ideas.

Segunda fase: Preparación. Preparen una presentación oral sobre uno de los temas que investigaron en la *Primera fase*. Hagan un bosquejo para su presentación. Incluyan en su bosquejo un programa con al menos cinco recomendaciones para mejorar la producción y distribución de los productos alimenticios en el mundo.

MODELO: *Usemos pesticidas que no sean tóxicos.*

Tercera fase: Presentación. Hagan su presentación usando la información que ustedes prepararon en la *Segunda fase*. Describan las fotos que incluyan.

6-38 En su comunidad. Primera fase: Investigación. Busquen en Internet la página web de algún restaurante hispano que haya en su comunidad o cerca de ella. Averigüen los siguientes datos.

1. País de origen de la comida que se ofrece en el restaurante
2. Una lista de sus especialidades
3. Descripción de dos de sus especialidades
4. Ingredientes más comunes en las recetas del restaurante

Segunda fase: Preparación. Preparen una presentación sobre el restaurante, incluyendo una descripción de sus platos favoritos, sus ingredientes y la forma de preparar y presentar estos platos. Incluyan al menos cinco recomendaciones para enviarles a los dueños del restaurante.

MODELO: *Sirvan más patatas con la carne.*

Tercera fase: Presentación. Hagan su presentación usando la información que ustedes prepararon en la *Segunda fase*. Describan las fotos que incluyan.

Vocabulario del capítulo

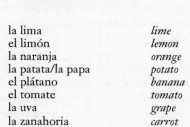

La comida

el aceite	*oil*
el cacao	*cocoa plant*
el carbohidrato	*carbohydrate*
el chocolate	*chocolate*
la fibra	*fiber*
la grasa	*fat*
el helado	*ice cream*
el huevo	*egg*
la miel	*honey*
el pastel	*cake*
el postre	*dessert*
el queso	*cheese*
el sabor	*taste, flavor*
la semilla	*seed*
el yogur	*yogurt*

Los cereales

el arroz	*rice*
el grano (integral)	*(whole) grain*
la harina	*flour*
el maíz	*corn*
el sésamo	*sesame*
el trigo	*wheat*

Los condimentos

el ají	*(a type of) hot pepper*
el ajo	*garlic*
el anís	*aniseed*
el azafrán	*saffron*
la canela	*cinnamon*
el clavo	*clove*
el comino	*cumin*
la especia	*spice*
el jengibre	*ginger*
la pimienta	*pepper*
la sal	*salt*
la vainilla	*vanilla*

Las frutas y las verduras

la aceituna	*olive*
la alcachofa	*artichoke*
la almendra	*almond*
la cebolla	*onion*
la lechuga	*lettuce*
la lima	*lime*
el limón	*lemon*
la naranja	*orange*
la patata/la papa	*potato*
el plátano	*banana*
el tomate	*tomato*
la uva	*grape*
la zanahoria	*carrot*

Las carnes y los pescados

la carne (molida)	*(ground) meat*
el ceviche	*marinated raw fish*
el cordero	*lamb*
el ganado	*cattle*
el marisco	*seafood, shellfish*
la parrillada	*grilled meats*
el pescado	*fish*
el pollo	*chicken*
el puerco/el cerdo	*pork*
la res	*beef*

Características

amargo/a	*bitter*
crudo/a	*raw*
dulce	*sweet*
espumoso/a	*foamy*
fresco/a	*fresh*
liviano/a	*light*
picante	*hot (spicy)*
salado/a	*salty*

Verbos

asar	*to roast*
cocinar	*to cook*
consumir	*to consume; to eat*
cortar en rodajas	*to slice, to cut into slices*
cultivar	*to grow, to cultivate*
envolver (ue)	*to wrap*
freír (i, i)	*to fry*
guisar	*to cook*
hornear	*to bake*
marinar	*to marinate*
probar (ue)	*to taste*
rellenar	*to fill; to stuff*

Las relaciones humanas

7

Objetivos comunicativos

- Analyzing and discussing human relations
- Describing and interpreting human behaviors
- Expressing opinions, doubts, and concerns about human relations

Contenido temático y cultural

- Family relationships
- Friendship
- Human behaviors in relation to social change

Vista panorámica

Como en muchas partes del mundo, la familia en los países de habla hispana está en un proceso de cambio. La mayor movilidad y los cambios en el tipo de vivienda hacen cada vez más difícil la supervivencia de la familia extensa tradicional, compuesta por abuelos, hijos y nietos y a veces también tíos, que comparten la misma vivienda.

El acceso de la mujer a la educación y al trabajo ha sido uno de los factores más importantes de cambio en las sociedades hispanas. El cambio de papel de la mujer —de ama de casa a mujer profesional— es una de las transformaciones más dinámicas de los países hispanos.

El mayor costo de la vida también influye en el número de hijos. Las familias hispanas ya no son tan grandes como antes; sin embargo, el cariño por los abuelos, tíos, primos, padrinos y madrinas todavía tiene mucha importancia.

Vista panorámica

El crecimiento acelerado de las principales ciudades de España y América Latina ha producido verdaderas mega-ciudades. Tal es el caso de México, Madrid, Lima, Bogotá y Buenos Aires. En las grandes ciudades hay muchas desigualdades, tanto económicas como sociales. Los gobiernos locales deben solucionar problemas como el transporte, la calidad del aire y la seguridad de las personas.

Las relaciones románticas y las costumbres de los jóvenes en el mundo hispano también han cambiado mucho en las últimas décadas. En el pasado los jóvenes gozaban de menos libertad y era más difícil tener amistades con el sexo opuesto.

En general, la cultura hispana valora el ocio, que es considerado como el tiempo que podemos dedicar a nuestras amistades, ya sea viendo una película, una obra de teatro, tomando un café o simplemente conversando en un parque. A pesar de todos los cambios sociales, la amistad siempre es considerada un valor de gran importancia entre los hispanos.

A leer

07-01 to
07-10 ## Vocabulario en contexto

7-1 Asociación. *Primera fase.* Asocie los siguientes comportamientos (*behaviors*) con la(s) característica(s) personales. Más de una respuesta es posible.

1. _____ Un padrastro no permite que sus hijastros miren televisión.
2. _____ Alguien se siente infeliz cuando otros tienen algo que él o ella no puede tener.
3. _____ Una madre castiga a su hijo porque se comporta mal.
4. _____ Unos padres no aceptan a la pareja de su hijo.
5. _____ Alguien no tolera que su pareja converse con una persona del sexo opuesto.
6. _____ Alguien se irrita cuando su mejor amigo expresa una opinión con la que él no está de acuerdo.
7. _____ Alguien cancela una cita con su amigo/a porque de repente se le presenta un plan más interesante.
8. _____ Una madre nunca disciplina a sus hijos.

a. intolerante
b. permisivo/a
c. celoso/a
d. exigente
e. estricto/a
f. controlador/a
g. envidioso/a
h. impulsivo/a

 Segunda fase. Primero, escojan uno de los comportamientos de la *Primera fase*. Luego, preparen un breve guión y dramaticen la escena.

 7-2 Actitudes. Sigan las instrucciones para compartir una experiencia personal.

1. Describa a una persona con una o varias de estas características: celoso/a, intolerante, tolerante, impulsivo/a, envidioso/a, perfeccionista, individualista.
2. Cuente alguna anécdota relacionada con esta persona.
3. Explique su opinión sobre la actitud de esta persona.

 7-3 ¿Qué tipo de persona es usted? *Primera fase.* Preparen un cuestionario que les permita determinar si en su clase hay personas con las siguientes características: celosos, reservados, perfeccionistas excesivos, serviciales (*helpful*).

Segunda fase. Con el cuestionario que prepararon en la *Primera fase*, entrevisten a los miembros de otros grupos. Después, hagan lo siguiente:

1. Analicen la información que recolectaron. Incluyan el número de personas entrevistadas y el porcentaje que respondió afirmativa o negativamente a cada pregunta.
2. Preparen sus conclusiones como grupo. ¿Qué porcentaje de los entrevistados es celoso, reservado, perfeccionista excesivo, servicial?
3. Si no hay personas con tales características, ¿a qué conclusión llegó el grupo?

Estrategias de lectura

1. Infórmese sobre el tema antes de leer.
   a. Examine el formato de los textos. ¿Qué tipo de textos son? ¿Cómo lo sabe?
   b. Lea el título y los subtítulos. ¿Puede adivinar de qué tratan estas cartas? Léalas rápidamente para buscar algunas palabras que lo/la ayuden a decidir si tratan de asuntos personales (la amistad, el amor, problemas en el trabajo) o de asuntos impersonales (problemas de la comunidad, la política).
2. Examine el texto antes de leerlo.
   a. ¿A quién se dirigen las cartas, a un hombre o a una mujer? ¿Cómo lo sabe?
   b. ¿Quién(es) escribe(n) las cartas? ¿Una persona o varias personas? ¿Son hombres, mujeres o ambos? ¿Cómo lo sabe?
3. Anticipe el contenido del texto.
   a. Lea el comienzo (una o dos oraciones) de cada carta. Pase su marcador sobre estas oraciones y señale las palabras que están relacionadas con el tema de la carta o con alguna característica de la persona que escribe carta.

EXPRESIONES CLAVE

¿Comprende estas expresiones? Si tiene dudas, revise *Vocabulario en contexto* antes de leer el siguiente texto.

aceptar	furioso/a
el castigo	el individualismo
celoso/a	permisivo/a
el comportamiento	ponerse
comprometerse	portarse
exigente	tolerar

 LECTURA

El rincón de Minerva

💬 **Carta 1**

Querida Minerva:

Cuando me casé con mi segundo marido, él se comprometió a ocuparse de mi hija y a tratarla como si fuera su propia hija. Al principio su relación era buena. A
5 él le gustaba enseñarle juegos nuevos y se interesaba por todo lo que ella hacía o decía. Sin embargo, esto fue cambiando poco a poco. Ahora él interviene cada vez que mi hija no
10 se porta bien, y yo considero que sus castigos son demasiado duros y desproporcionados. Por ejemplo, si no arregla su cuarto, le prohíbe ver la televisión durante una semana. Por
15 supuesto, ella se rebela cada vez más y reacciona violentamente. Es más, creo que lo odia. Aunque mi hija ya tiene dieciséis años, él es muy exigente y no tolera algunos comportamientos propios de su edad. Él me acusa de ser demasiado permisiva y de no educar bien a mi hija. Naturalmente, todo esto crea conflictos entre nosotros y nuestra relación se va
20 deteriorando. Yo quiero salvar mi matrimonio, pero al mismo tiempo quiero que mi hija sea feliz. ¿Qué puedo hacer?

Una madre preocupada 💬

❓ Pase su marcador por las dos primeras frases del texto. Basándose en las palabras *segundo marido, mi hija, al principio, relación . . . buena* y en la firma (*Una madre preocupada*) de la persona que escribe la carta, adivine el problema que tiene esta persona.

❓ ¿Es demasiado permisivo o demasiado estricto el marido de la autora de la carta? ¿Qué cosas hace el marido?

❓ Pase su marcador por las dos primeras oraciones del texto. Basándose en las siguientes afirmaciones *estoy casado, una mujer excepcional, razas y culturas diferentes* y en la firma (*Un desesperado*) de la persona que escribe la carta, adivine el problema que tiene esta persona.

❓ ¿Qué opina usted de la situación descrita por el autor de esta carta? ¿Por qué los padres de su novia no lo aceptan? En su opinión, ¿qué conflicto o problema tiene la mujer?

❓ Anticipe el tema del texto. Pase su marcador por las tres primeras frases del texto. Fíjese en estas plabras clave: *chica de 20 años, universidad, malas notas, mi novio me ha dejado por otra*. Basándose en estas palabras y en la firma (*Una celosa perdida*) de la persona que escribe la carta, adivine el problema de la persona.

Carta 2

Querida Minerva:

Hace tres años que estoy comprometido con una mujer excepcional a la que conocí en la universidad. Somos de razas y culturas diferentes, pero eso nunca fue un problema entre nosotros. Es más, hemos aprendido a respetar y a disfrutar de las diferencias. Sin embargo, ella está muy unida a su familia, pero su familia no me acepta ni me ha aceptado nunca. Piensan que ella ha traicionado a su raza y a su cultura y me tratan como a un intruso. Yo sé que para ella es muy duro tener que soportar las críticas, pero para mí es humillante saber que me desprecian y que todos desearían verla con otro hombre. Para ella la familia es sagrada y por eso no puede ignorar sus opiniones. Yo deseo que se aleje de ellos o que por lo menos se haga respetar poniendo fin a sus críticas. Estoy desesperado porque me da la impresión de que puede dejarse influir por ellos y abandonarme un día. Realmente no sé qué hacer y le agradezco cualquier consejo que usted pueda darme.

Un desesperado 💬

25

30

35

40

45

Carta 3

Querida Minerva:

💬 Soy una chica de 20 años. Estudio y vivo en una universidad de prestigio, pero este año me han ido muy mal los estudios, he faltado mucho a clase, y creo que voy a recibir malas notas en varias asignaturas. La culpa de todo es que mi novio me ha dejado por otra. Cuando lo conocí, pensé inmediatamente que era el hombre de mi vida, y la verdad es que tuvimos una relación muy buena durante tres meses. Compartíamos gustos musicales, íbamos al cine y

50

55

60 nos relacionábamos con otros amigos. Pero un día me enteré—y no por él—de
que había invitado a otra chica a pasar un fin de semana en una cabaña que sus
padres tienen junto al lago. A mí me mintió y me puse furiosa. Fue muy duro
darme cuenta de su traición. Desde entonces todo fueron excusas y él se alejó de
mí mientras yo me moría de los celos. Los celos me han hecho hacer cosas muy

65 tontas, como pasarme la noche llorando y no poder ir a clase al día siguiente, y
peor que eso: insultar a la nueva novia de mi ex novio en la universidad, hacer
un escándalo considerable. Yo sé que uno pierde su dignidad cuando muestra
públicamente su rabia y sus celos, pero yo no sé qué hacer para controlarme. Por
favor, ayúdeme.

70 Una celosa perdida 🗨

La autora de esta carta tiene dos problemas. En su opinión, ¿cuáles son?

Carta 4

Estimada Minerva:

🗨 Tengo ciertas ideas que
quisiera compartir con usted
y sus lectores, y que pongo
a continuación. Supongo que
75 todos nos hemos encontrado
en más de una ocasión con
una persona que asegura
constantemente que es nuestro
amigo, pero se comporta con
80 una mentalidad individualista.
Pues, eso es lo que más me
molesta de los "amigos" de hoy.
Tener amigos que solo piensan
en sus ideas, sus planes y sus posibilidades en vez de las del grupo es como no
85 tenerlos. Evidentemente la independencia y la iniciativa propia son importantes,
pero no deben ser más que las del grupo. Es importante pensar en las personas
que están alrededor de uno. Es más, los intereses y deseos personales se deben
acomodar a los del grupo, de lo contrario no tendríamos amigos.

Finalmente, quisiera comentar que hay ciertos individuos que confunden su
90 independencia con desconsideración hacia los demás. Vivimos en un mundo con
otros, no en una isla. No podemos vivir sin amigos y, para tenerlos, hay que
elegir entre *yo* y *nosotros*. Estoy seguro de que la mayoría de las personas que
tiene una mentalidad de grupo triunfará sobre la minoría inmadura y egoísta.
Ojalá que no olvidemos el significado de la palabra *amigo*.

95 Un verdadero amigo 🗨

Pase su marcador por las dos primeras oraciones del texto. Basándose en las palabras *ciertas ideas, amigo, mentalidad individualista* y en la firma (*Un verdadero amigo*) de la persona que escribe la carta, adivine el problema que tiene esta persona. ¿Es diferente el tono de las primeras oraciones de esta carta del tono del principio de las otras cartas que ha leído?

¿Qué significa para el autor de esta carta ser un buen amigo? ¿Qué cosas hacen los que no son amigos de verdad?

Muchas películas hispanas tratan sobre temas como la amistad, la familia y las relaciones sociales. Entre ellas, *Volver*, del director español Pedro Almodóvar, muestra las complejas relaciones de una familia cuyas mujeres vuelven a encontrarse para aclarar dolorosos secretos antiguos. Es también una película sobre la solidaridad femenina, tanto en los barrios pobres de una gran ciudad como en el ambiente supersticioso de un pueblo de La Mancha, en España. Por si esto fuera poco, las cinco actrices protagonistas consiguieron compartir el premio a la mejor actriz en el festival de Cannes, uno de los festivales de cine más prestigiosos de Europa.

Comprensión y ampliación

7-4 Comprensión. En sus propias palabras escriba una frase en la tabla que describa el tema o problema principal que se plantea en cada carta. Identifique dos consecuencias que se derivan del asunto o problema planteado e inclúyalas en la tabla.

Carta	Asunto/Problema	Consecuencia 1	Consecuencia 2
1.			
2.			
3.			
4.			

 7-5 Ampliación. Primera fase. Expliquen con otras palabras las siguientes ideas que aparecen en las cartas.

Carta 1. Nuestra relación se va deteriorando.
Carta 2. Me tratan como a un intruso.
Carta 3. Fue muy duro darme cuenta de su traición.
Carta 4. Los intereses y deseos personales se deben supeditar a los del grupo.

Segunda fase. Ahora piensen en otros contextos en que se podrían usar las afirmaciones de la *Primera fase* y compártanlos con la clase.

Modelo: *Tengo 18 años y mis padres no me comprenden. Ya no tenemos nada en común. Ellos me prohíben salir por la noche, pero a veces yo salgo. Nuestra relación se va deteriorando.*

 7-6 Conexiones. ¿Cuál de las siguientes sugerencias debería incluir Minerva en su respuesta a *Una celosa perdida* (Carta 3)? Hablen de las ideas y justifiquen su opinión. Luego, escriban la respuesta de Minerva en un breve párrafo.

1. _____ Es mejor que abandones tus estudios ahora, para no gastar el dinero de tus padres. ¿Por qué no buscas un trabajo? Con el tiempo, te sentirás mejor y podrás volver a la universidad el próximo semestre cuando tengas tu propio dinero.

2. _____ No dejes que los celos te consuman. Ve al Centro de Salud de tu universidad y pide cita con un psicólogo.

3. _____ La nueva pareja de tu ex-novio es una víctima de este chico, igual que tú. Hazte amiga de ella y trata de convencerla de que lo deje.

4. _____ Otra idea:

Aclaración y expansión

-11 to
7-19

Reflexive verbs and pronouns

- True reflexive verbs express what people do *to* or *for* themselves. The reflexive pronouns that accompany these verbs refer back to the subject. Reflexive verbs always use reflexive pronouns.

Reflexive verbs

Cuando tiene una cita con su novia, mi hermano **se baña, se peina** y **se viste** muy bien para impresionarla.

*When he has a date with his girlfriend, my brother **bathes, combs** his hair, and **puts on** nice clothes to impress her.*

Non-reflexive verbs

Por la mañana, él **lava** el coche, lo **seca** y lo **limpia** por dentro.

*In the morning, he **washes** the car, **dries** it, and **cleans** it inside.*

Reflexive verbs and pronouns		
yo	**me lavo**	*I wash myself*
tú	**te lavas**	*you wash yourself*
él/ella	**se lava**	*he/she washes himself/herself*
Ud.	**se lava**	*you wash yourself*
nosotros/as	**nos lavamos**	*we wash ourselves*
vosotros/as	**os laváis**	*you wash yourselves*
Uds.	**se lavan**	*you wash yourselves*
ellos/ellas	**se lavan**	*they wash themselves*

LENGUA

When referring to parts of the body and articles of clothing, use the definite articles **el, la, los, las** instead of possessives (e.g., **mi, su**) with reflexive verbs.

Mi hermano **se lavó las** manos y **se puso la** chaqueta antes de salir.

*My brother **washed his** hands and **put on his** jacket before leaving.*

- Reflexive pronouns go before the conjugated verb. When a conjugated verb is followed by an infinitive or a present participle, either place the reflexive pronoun before the conjugated verb or attach it to the accompanying infinitive or present participle.

Nuestros invitados **se van a levantar** temprano.	*Our guests **are going to get up***
Nuestros invitados **van a levantarse** temprano.	*early.*

- Other verbs in Spanish use reflexive pronouns in conveying mental and physical states. With these verbs, the reflexive pronouns do not necessarily convey the idea of doing something to or for oneself.

Me preocupo por mi familia.	*I **worry** about my family.*
Me sentí muy triste cuando recibí la noticia de la enfermedad de mi tío.	*I **felt** very sad when I heard the news about my uncle's illness.*
Según me dijeron, **se enfermó** la semana pasada.	*According to what they told me, he **got sick** last week.*

- Some verbs change meaning when used with reflexive pronouns.

acostar (ue)	to put (someone) to bed	**acostarse (ue)**	to go to bed; to lie down
bañar	to bathe (someone)	**bañarse**	to take a bath
despertar (ie)	to wake someone up	**despertarse (ie)**	to wake up, awaken
dormir (ue, u)	to sleep	**dormirse (ue, u)**	to fall asleep
ir	to go	**irse**	to go away, leave
levantar	to raise, lift	**levantarse**	to get up; to stand up
llamar	to call	**llamarse**	to be called
poner	to place, to put	**ponerse**	to put on clothing
llevar	to carry, to wear	**llevarse**	to get along (with someone)
quitar	to take away	**quitarse**	to remove, take off (one's clothing)
vestir (i, i)	to dress (someone)	**vestirse (i, i)**	to get dressed

7-7 Práctica. Una madre soltera describe sus actividades de un día típico. Complete su narración con el verbo adecuado y la forma correcta según el contexto.

Durante la semana, yo (1) _____ (levantar/levantarse) tan pronto suena el despertador. Luego, (2) _____ (duchar/ducharse), busco mi ropa y (3) _____ (vestir/vestirse). Cuando estoy lista, preparo a Laurita. Yo la (4) _____ (despertar/despertarse) a las siete y media. Ella (5) _____ (lavar/lavarse) la cara y yo la (6)_____ (vestir/vestirse) porque Laurita sólo tiene cinco años. Las dos desayunamos rápidamente, (7) _____ (lavar/lavarse) los dientes y salimos de la casa.

A eso de la una recojo a Laurita y regresamos a casa. Mientras ella juega en su cuarto, yo preparo la cena y algunos días (8) _____ (lavar/lavarse) la ropa. Antes de comer, yo (9) _____ (bañar/bañarse) a Laurita. Después de la cena, yo la (10) _____ (acostar/acostarse) en su cama y le leo un cuento. Nuestros fines de semana son más divertidos.

7-8 Para conocerse mejor. Háganse preguntas para hablar sobre sus emociones y su personalidad, y así conocerse mejor. Luego, escriba un breve resumen de las semejanzas y diferencias entre ustedes para compartir con la clase.

Modelo: Sentirse triste
E1: *En general, ¿cuándo te sientes triste?*
E2: *Me siento triste cuando peleo con alguien. ¿Y tú?*
E1: *Pues yo me siento triste cuando no puedo salir con mis amigos los fines de semana porque tengo mucha tarea.*

1. sentirse frustrado/a
2. preocuparse
3. ponerse contento/a
4. ponerse nervioso/a
5. enfadarse
6. ponerse de mal humor

7-9 Antes y ahora. Háganse preguntas sobre lo que hacían en el pasado y lo que hacen ahora en relación a lo siguiente. Expliquen los cambios y los motivos de esos cambios.

Actividades	Cuando éramos pequeños/as	Ahora
1. a qué hora se despertaban durante la semana		
2. tipo de ropa que se ponían		
3. cómo se entretenían		
4. cuándo se preocupaban		
5. por qué se enojaban		
6. cuándo se quejaban		

Modelo: *Durante la semana, mis amigos y yo nos despertábamos a las seis porque las clases empezaban a las siete y media. Ahora, nos despertamos mucho más tarde, como a las nueve o las diez.*

7-10 Perfil compatible. Primera fase. Ustedes buscan un compañero/una compañera de apartamento con hábitos compatibles con los de ustedes. Describan el perfil de la persona que buscan. Sigan el modelo y usen por lo menos seis verbos de la lista.

acostarse	entretenerse	preocuparse	relajarse
despertarse	lavarse	quejarse	sentirse cómodo/a con . . .
enfadarse	levantarse	relacionarse bien con . . .	vestirse

Modelo: *Nuestro compañero/a ideal se ducha por la noche porque nosotros/as nos duchamos por la mañana y el apartamento tiene solamente un baño.*

Segunda fase. Ahora compartan el perfil de su compañero/a ideal con otra pareja. Comparen las semejanzas y diferencias entre la persona que ustedes buscan.

1. ¿Buscan ustedes características semejantes o diferentes en su compañero/a ideal?
2. ¿Qué hábitos o costumbres de una persona pueden afectar la relación entre los/las compañeros/as que comparten un apartamento?
3. ¿Tienen ustedes en su grupo hábitos o costumbres compatibles? ¿Cuáles?

7-11 ¿Cómo se comportan generalmente? *Primera fase.* Escriban algunas acciones que en general caracterizan el comportamiento de los siguientes tipos de personas. Usen los verbos de la lista u otros de su preferencia. Observen el modelo.

acostarse	enojarse	expresarse	obsesionarse
despertarse	esforzarse	levantarse	preocuparse
dormirse	estresarse	llevarse bien/mal	quejarse

1. Los perezosos	*Jamás se levantan temprano.*
2. Los atléticos	
3. Los pacificadores	
4. Los dormilones	
5. Los cínicos	
6. Los intolerantes	
7. Los ambiciosos	
8. Los envidiosos	

Segunda fase. Ahora identifiquen dos tipos de personas mencionadas en la *Primera fase* que no son compatibles, según ustedes. Expliquen por qué.

MODELO: *Los cínicos no son compatibles con los sinceros. A los cínicos no les importa mentir. Sin embargo, los sinceros generalmente se enfadan cuando escuchan mentiras.*

Ventanas al mundo hispano

El compadrazgo

Antes de ver

7-12 El mundo de nuestras relaciones. Clasifique a las siguientes personas según la relación que tienen con usted. ¿Son parte de su mundo familiar (**F**), de su círculo de amigos (**A**), de su vida profesional (**P**) o de su comunidad (**C**)?

1 _____ su tío/a

2 _____ su compañero/a de clase

3 _____ su médico/a

4 _____ su profesor/a de español

5 _____ su vecino/a

6 _____ su novio/a o esposo/a

Mientras ve

7-13 ¿Cierto o falso? Indique si las siguientes afirmaciones son ciertas (**C**) o falsas (**F**) según la información que aparece en el video. Si la respuesta es falsa, dé la información correcta.

1 _____ El compadrazgo es una relación de sangre.

2 _____ Normalmente, alguien se transforma en padrino o madrina durante el bautismo del bebé.

3 _____ A veces, los padrinos deben apoyar económicamente a sus ahijados.

4 _____ Padres y padrinos se vuelven compadres.

5 _____ El vínculo más importante entre ahijados y padrinos es el bautismo.

6 _____ Los ahijados deben vivir con los padrinos después del bautismo.

Después de ver

7-14 Decisiones importantes. Primera fase. Elegir a los padrinos de sus hijos es una gran responsabilidad. Indique si las siguientes consideraciones son morales (**M**), económicas (**E**), políticas (**P**) o de personalidad (**PE**).

1 _____ Sus creencias religiosas

2 _____ Su sentido del humor

3 _____ Sus convicciones políticas

4 _____ Su puntualidad

5 _____ Sus ambiciones profesionales

6 _____ Sus gastos mensuales

Segunda fase. Hagan una lista de preguntas para entrevistar a posibles padrinos o madrinas (sus compañeros/as) para sus hijos. Incluyan preguntas sobre los valores morales, la orientación política, la solvencia económica y la personalidad de los entrevistados. Elijan a una madrina y a un padrino y defiendan su elección.

A Leer

Vocabulario en contexto

7-15 Preparación. Primera fase. Lea el siguiente relato del esposo de una paciente que fue atendida de emergencia. Diga si la afirmación indicada en negrita se refiere a la condición de una persona (**CP**), a una descripción del hospital (**DH**) o a un tratamiento médico o un procedimiento administrativo (**TMP**).

Lucía, mi esposa, sufrió un **infarto** por lo tanto fue **ingresada** en el hospital. En camino a la sala de emergencia, Lucía parecía **frágil** y su salud era muy **inestable**. Al llegar al hospital, todos corrimos por los pasillos blancos, impecables, **asépticos**, como desinfectados con cloro. Los enfermeros la conectaron a unas máquinas y **aplacaron** sus dolores. Después de estabilizar a Lucía, la **inquietud** de los médicos se disipó. En unos días, mi esposa se **recuperó**. Para disminuir posibles **altibajos** en el proceso de recuperación, los médicos le han recomendado **seguir una dieta** estricta y ejercicio diario.

1. infarto _____
2. ingresada _____
3. frágil _____
4. inestable _____
5. asépticos _____

6. aplacaron _____
7. inquietud _____
8. recuperó _____
9. altibajos _____
10. seguir una dieta _____

Segunda fase. Ahora asocie las palabras de la *Primera fase* con sus definiciones.

1. ___ infarto
2. ___ ingresada
3. ___ frágil
4. ___ pasillo
5. ___ asépticos
6. ___ aplacar
7. ___ inquietud
8. ___ recuperarse
9. ___ altibajos
10. ___ seguir una dieta

a. débil
b. calmar, tranquilizar
c. ataque
d. mejorarse, volver a un estado de normalidad
e. hospitalizada
f. intranquilidad
g. cambios, variaciones
h. corredor
i. esterilizados, desinfectados
j. consumir alimentos según un plan alimenticio

7-16 ¡Contigo, en las buenas y en las malas (*in good times and in bad*)!

Primera fase. Marque (✓) las afirmaciones que describen las relaciones que usted tiene con sus amigos.

1. _____ Si mi amigo/a se siente animado/a, es decir, está alegre, con energía, me gusta pasar tiempo con él o ella.
2. _____ Mis amigos y yo somos inseparables. Cuando estamos juntos irradiamos felicidad.
3. _____ Nuestro cariño y respeto mutuos han alargado nuestra amistad a través de los años.
4. _____ Cuando uno de nosotros se enfada, los otros aplacamos su ira con humor.
5. _____ Cuando estamos fatigados, nos pegamos al televisor por largas horas.

6. _____ Todos tenemos altibajos en la vida, pero siempre apoyamos a los amigos en las buenas y en las malas.

7. _____ Si uno de nosotros siente inquietud por algo, nos reunimos con nuestro amigo para tomar decisiones por él.

8. _____ Nuestra amistad representa un lazo o unión frágil que se puede romper en cualquier momento.

 Segunda fase. Escriba un párrafo respondiendo a cada una de las siguientes preguntas sobre su experiencia de la amistad, y compárelo con el de su compañero/a.

1. ¿Ha tenido usted relaciones estables con sus amigos o ha tenido altibajos en su relación con ellos?

2. Cuando han tenido altibajos, ¿cómo han resuelto sus problemas o diferencias?

3. Según usted, ¿cómo se mantienen las amistades a través del tiempo?

 7-17 Una amistad duradera. Hablen de un amigo/una amiga que ustedes conocieron durante la escuela primaria o secundaria y cuya amistad han mantenido hasta el presente. Incluyan como mínimo la siguiente información:

1. Fecha en que lo/la conocieron
2. Las circunstancias del encuentro
3. Las primeras impresiones que tuvieron el uno del otro/la una de la otra
4. Una experiencia que afianzó (*strengthened*) su amistad

Estrategias de lectura

1. Infórmese sobre el tema antes de leer.
   a. El cuento trata de la amistad profunda entre dos mujeres. Lea el título. ¿Cuál es la relación entre las hojas perennes y la amistad?
   b. Piense en la amistad y en las etapas de la vida. ¿Cuál es el valor de una amistad entre los niños? ¿Y el valor de una amistad entre adultos que ha durado por muchos años?

2. Examine el texto antes de leerlo.
   a. Lea el primer parrafo. ¿Dónde está la narradora? ¿Por qué está allí?
   b. Examine el texto rápidamente para buscar los nombres de los personajes. Pase su marcador por los nombres.
   c. Fíjese en el comienzo del diálogo entre los dos personajes principales. ¿Cómo se llaman? ¿Cuál de ellas está en el hospital?

⌃ Olga Fuentes, escritora española

🔊 LECTURA

Las hojas perennes

Olga Fuentes

🗨 El primer párrafo tiene mucha información importante. Al leer, busque la siguiente información: (a) el nombre de la persona hospitalizada, (b) la enfermedad que tiene, (c) si la persona que visita es hombre o mujer, (d) la relación del/de la visitante con la persona enferma.

🗨 Sin medir la importancia de algo así, en el ascensor del hospital pensé que Marta y yo habíamos sido amigas durante más de media vida. Habitación 216. Allí me habían dicho que estaba Marta ingresada. A los treinta y nueve años se recuperaba de un infarto. Un aviso de la muerte.

🗨 Fíjese en la descripción del hospital. ¿Qué impresión le causa a la narradora?

🗨 Los pasillos de los hospitales son tan hostiles como su olor, sus asientos, sus 5 camas y sus paredes asépticas. Las puertas entreabiertas de las habitaciones me producen inquietud. Por ellas se percibe la indignidad de estar enfermo en estos tiempos en los que los avances médicos pueden alargarte la vida aunque seas un fantasma viviente.

— ¿Marta? 10

— ¡Irene! ¿Pero qué haces aquí? No deberías haber venido.

— ¿Cómo estás?

— Bien... supongo. Creo que en una semana voy a salir del hospital.

🗨 ¿Por qué está temblando la narradora (Irene)? ¿Cómo se siente, y por qué?

Me acerqué a mi amiga temblando; me parecía tan frágil como un papel mojado. Le di un beso en la mejilla y tomé su mano. 🗨 15

— Ya ves, aquí estoy, quién lo iba a pensar hace dos días. A partir de ahora no sé qué va a pasar conmigo.

— ¿Qué tiene que pasar? ¡Nada! Tendrás que cuidarte un poco más, y los demás también tendremos que cuidarte. Por cierto, ¿y Álvaro?

— Ha bajado a comer algo. Lleva pegado a esta cama más de veinticuatro horas. 20 Pobre...

🗨 En este párrafo Irene hace una comparación entre su relación con Marta y sus relaciones amorosas (novios, amantes). ¿Cuál es la diferencia principal?

🗨 Vi en la mirada de Marta un brillo que nunca había visto antes. Sus ojos me daban la misma seguridad que siempre, pero irradiaban más vida que nunca. Comprendí entonces, al mirar el fondo de sus ojos, la importancia de la amistad. Aquella mujer frágil era fundamental en mi vida. Yo había dejado a tantas personas 25 por el camino, traiciones, novios, amantes... Sólo Marta permanecía en mi vida después de tantos años.

— ¿Y Ester? —preguntó.

— Con su padre. Te manda un "besito". Quería venir a verte, pero ya le he dicho que los niños no pueden ir a los hospitales. 30

— Dile que cuando me den de alta iremos a la playa, se lo prometí antes de entrar aquí.

— Claro, no te preocupes por eso ahora.

Supe entonces que Marta iba a estar siempre a mi lado. Durante todos estos
35 años me había equivocado tantas veces que no podía creer que ella me apoyara
en todos esos errores. Pienso que si yo hubiera asesinado a alguien tampoco me
habría juzgado[1]. Era como las hojas de esos árboles siempre brillantes y verdes a
pesar de la lluvia, del frío o del viento. Otras habían caído a lo largo de los años
dejando las ramas desnudas, dañadas y solas.

40 — ¿Quieres que te traiga algo de la cafetería?

— No, no me dejan. Ahora tengo que seguir una dieta estricta durante algún
tiempo. Voy a ser una de esas personas aburridas que no pueden salir a cenar,
que no pueden hacer casi nada.

— No exageres, mujer. Además, podemos ir a cenar al restaurante vegetariano,
45 ese que tanto nos gusta.

— Sí, claro, qué remedio.

— Vamos a hacer muchas cosas, ya verás.

— Seguro.

Recordaba cuántas veces me había animado Marta a mí. Hasta hacía unos años, la
50 más inestable de las dos había sido yo. Siempre con altibajos que Marta aplacaba
con esa calma que tan bien me venía.

— Bueno, tengo que irme. Le prometí a Ester que llegaría para acompañarla a
la cama.

— Claro, vete ya. Dale un beso muy grande de mi parte.

55 — Se lo daré. Mañana, cuando la deje en el colegio, vengo a verte.

— Como quieras, la verdad es que me viene bien hablar contigo un rato.

— Hasta mañana. Descansa.

— Adiós.

Le di un beso en las manos; fue un acto sin pensar. Ella me sonrió, siempre me
60 había dicho que quien te besa las manos es que está dispuesto a hacer cualquier
cosa por ti. Desde luego, en aquel momento yo lo hubiese hecho por ella[2].

El día, antes soleado y cálido, se había cubierto por unas nubes densas y oscuras,
que amenazaban con lluvia. Sentía que yo también me recuperaba de un infarto.
Tenía ganas de llegar a casa, de abrazar a Ester. Cuando pensaba en mi vida me
65 parecía mentira la estabilidad conseguida a pesar de tantos problemas. Javier y
yo llevábamos juntos siete años, el tiempo necesario para no poder concebir la
vida sin el otro, pero dudo que el amor sea suficiente para compensar el valor de
una verdadera amistad.

[1]*even if I had killed someone, she wouldn't have judged me*
[2]*I would have done anything for her*

❓ ¿Qué visión de la amistad expresa Irene en este párrafo?

❓ ¿Qué simbolizan "las hojas de esos árboles siempre brillantes y verdes" que se mencionan? Si no sabe, vuelva a leer el párrafo.

Comprensión y ampliación

7-18 Comprensión. Conteste las preguntas según la información de la lectura.

1. ¿Por qué está Marta en el hospital?
2. ¿Qué le parece "indigno" a Irene?
3. ¿Quién es Álvaro, probablemente?
4. ¿Por qué es Marta tan importante para Irene?
5. ¿Quién es Ester?
6. ¿Qué hizo Marta por Irene todos estos años?
7. ¿Por qué le dice Irene a Marta que no exagere?
8. ¿Qué piensa Irene sobre la amistad?

 7-19 Ampliación. Hablen del tema de la amistad guiándose por los siguientes puntos:

1. Las cualidades que más valoran en sus amigos/as. ¿Cuáles son? ¿Por qué las aprecian?
2. Las amistades más antiguas que tienen. ¿Quiénes son? ¿Cómo comenzaron?
3. Las diferencias entre una relación de amistad de una relación amorosa. ¿Pueden coincidir en la misma persona? ¿Por qué?
4. La diferencia entre sus relaciones de amistad y sus relaciones familiares. ¿Hay cosas que comparten con los amigos pero no con la familia? ¿Qué cosas?

 7-20 Conexiones. Lean las siguientes citas y expliquen su interpretación de ellas. Luego, digan si están de acuerdo o no, y por qué.

1. "La amistad siempre es provechosa, pero el amor a veces es perjudicial". Seneca (2 a.c.–65), filósofo romano.
2. "Cada uno muestra lo que es en los amigos que tiene". Baltasar Gracián (1601–1658), escritor español.
3. "La verdadera amistad es una planta de desarrollo lento". George Washington (1732–1799), presidente de Estados Unidos.
4. "La amistad termina donde la desconfianza empieza". Proverbio español.

🔊 A escuchar

7-21 Los temas controvertidos y las relaciones humanas. Escuche a dos estudiantes hablar sobre el uso de símbolos religiosos en las escuelas estatales. Luego indique si las siguientes afirmaciones son ciertas (**C**) o falsas (**F**).

1. _____ Francia ha aprobado una ley que no tolera el uso de emblemas religiosos en los colegios.
2. _____ Los europeos han reaccionado de forma positiva a esta ley.
3. _____ Clara nunca usó un crucifijo (*crucifix*).
4. _____ Varias escuelas estatales ya han obligado a sus estudiantes a usar uniformes.
5. _____ Los miembros de grupos religiosos se sienten discriminados.
6. _____ Las mujeres de varias religiones tienen derechos similares a los hombres.

7-22 Una polémica. Piensen en dos temas polémicos que pueden alterar las relaciones de los miembros de su comunidad. Primero, completen la tabla, siguiendo el modelo. Luego, discutan cómo se sienten estos grupos y de qué se preocupan.

Tema polémico	Grupo afectado	Consecuencias
Precio de la gasolina	*Los estudiantes*	*No pueden visitar a sus familias los fines de semana.*

 # Aclaración y expansión

7-32 to 07-43

Present subjunctive with expressions of doubt and denial

- When the verb in the main clause expresses doubt or uncertainty, always use a subjunctive verb form in the dependent clause.

Main clause	Dependent clause
↓	↓
Irene **duda**	que su amiga **salga** del hospital pronto.

Expressions of doubt, uncertainty, and denial			
dudar	*to doubt*	no es cierto, no es verdad	*it's not true*
negar	*to deny*	es imposible	*it's impossible*
no creer/no pensar	*not to believe*	es improbable	*it's improbable/unlikely*
no estar seguro/a	*not to be sure*	(no) es posible	*it's (not) possible*

Álvaro **niega** que su mujer **esté** muy enferma.

Álvaro denies that his wife is very sick.

No cree que **tenga** que cambiar su estilo de vida.

He does not believe that she has to change her lifestyle.

Es posible que Marta **se recupere** totalmente.

It is possible that Marta will recover completely.

No es cierto que **sea** un proceso fácil.

It is not true that it will be an easy process.

- Use the indicative in a dependent clause when there is no doubt or uncertainty in the main clause.

Expressions of certainty			
creer, pensar	*to believe, think*	es cierto/seguro	*it's certain*
no dudar	*not to doubt*	es verdad	*it's true*
estar seguro/a (de)	*to be sure*	es obvio	*it's obvious*

Marta **piensa** que Irene **es** una amiga muy fiel.

Marta thinks that Irene is a very faithful friend.

Está segura de que **puede** contar con ella.

She is sure that she can count on her.

Es obvio que las dos amigas **se quieren** mucho.

It is obvious that the two friends love each other a lot.

Es verdad que **tienen** una profunda amistad.

It is true that they have a deep friendship.

7-23 Práctica. Isabel reflexiona sobre los problemas que tiene con sus amigos. Complete las oraciones con la forma correcta del verbo.

1. Dudo que Alejandro y Silvia me _llamen_ (llamar) para salir con ellos.
2. Es obvio que ellos no _quieran_ (querer) pasar tiempo conmigo.
3. Mi compañera de cuarto piensa que Silvia _está_ (estar) celosa.
4. Pero esto es ridículo. Es imposible que yo _tenga_ (tener) interés romántico en Alejandro.
5. Dudo que esta _sea_ (ser) la razón.
6. Es posible que yo no le _caiga_ (caer) bien a Silvia.
7. Tal vez Silvia _esté_ (estar) enojada con nosotras porque no la invitamos a nuestra fiesta.
8. No creemos que a Silvia le _guste_ (gustar) nuestras fiestas porque no le gusta bailar.
9. Mi compañera de cuarto piensa que yo _debo_ (deber) invitarla a cenar en mi casa.
10. Es cierto que _sea_ (ser) una buena idea, pero no tengo ganas de hacerlo.

7-24 Un amigo mentiroso. Andrés nunca dice la verdad. Exprese las dudas que tiene usted sobre lo que Andrés dice. Use las expresiones entre paréntesis para responder.

1. Me levanto a las cinco todas las mañanas para estudiar. (no creer)
2. Corro diez millas antes de asistir a mis clases. (no ser verdad)
3. Mis padres tienen una casa en Costa Rica. Está en la playa. (ser improbable)
4. Mi tío trabaja en la Casa Blanca. (dudar)

5. Dos de mis amigos del colegio juegan para los Calcetines Rojos de Boston. (no pensar)

6. Estoy diseñando una nave espacial (*spaceship*) para viajar a la Luna. (ser imposible)

 7-25 ¿Qué ocurre en una amistad? Marque (✓) en la columna correspondiente las actividades que ocurren o no en una buena amistad. Después, intercambien opiniones, utilizando algunas expresiones de la caja. Finalmente, individualmente escriban una breve descripción de lo que significa un buen amigo e intercámbienla entre ustedes. ¿Están de acuerdo o no? ¿Por qué?

Para indicar acuerdo	Para demostrar desacuerdo
Es probable que...	(No) creo que...
Por supuesto, es evidente que...	Dudo que...
Sí, es probable que...	No estoy de acuerdo, es improbable que...
Tiene(s) razón, creo que...	¡Qué va! Es imposible que...

MODELO: El buen amigo se preocupa por sus amigos.
> E1: *Yo pienso que el buen amigo se preocupa por sus amigos.*
> E2: *Estoy de acuerdo, pero no creo que deba tratar de controlarlos.*

	Sí	No
1. Hay una confianza (*trust*) absoluta entre los amigos.		
2. El buen amigo aprueba todo lo que su amigo hace.		
3. Los amigos pueden pedir favores y ayuda en cualquier momento.		
4. El buen amigo da consejos solamente cuando sus amigos se los piden.		
5. El buen amigo está obligado a salir con sus amigos todos los fines de semana.		
6. El buen amigo invita (*pays for*) a sus amigos cuando los amigos no tienen dinero.		
7. Los buenos amigos llaman por teléfono todos los días.		
8. El buen amigo conoce bien a la familia de sus amigos.		

 7-26 La sociedad en que vivimos. Túrnense para opinar sobre los siguientes temas. Deben dar su opinión y justificarla.

MODELO: Las oportunidades de trabajo para el hombre y la mujer
> E1: *Yo creo que existen las mismas oportunidades de trabajo para el hombre y la mujer. Ya no hay discriminación de género.*
> E2: *No creo que las mujeres tengan las mismas oportunidades que los hombres. Por ejemplo, hay menos mujeres en la política.*

1. Los efectos de los teléfonos celulares en la comunicación entre amigos y familiares
2. Los efectos de la televisión y los videojuegos en la conducta de los jóvenes
3. Los requisitos en los programas universitarios
4. El costo de asistir a la universidad en tiempos de crisis
5. El efecto de la separación de los padres por motivos de trabajo
6. La propuesta de pagar un seguro de salud para las personas sin recursos

7-27 En el siglo XXII. Primera fase. Clasifique las siguientes predicciones para la sociedad del futuro de acuerdo con el grado de certeza, posibilidad o probabilidad de que ocurran, según usted.

Predicciones	Seguro	Probable	Posible	Dudoso	Imposible
1. Los robots nos van a sustituir en las tareas de casa.					
2. Las computadoras van a tener funciones insospechadas.					
3. La ropa va a tener sensores especiales para adaptarse al clima.					
4. Todas las personas van a colaborar para erradicar la pobreza en el mundo.					
5. Va a haber paz entre todas las naciones.					
6. El euro va a ser la moneda mundial.					

 Segunda fase. Comparen sus respuestas y discutan entre ustedes las predicciones.

MODELO: Vamos a usar robots para hacer todas las tareas domésticas.
    E1: *Es seguro que muy pronto muchas personas van a usar robots para las tareas domésticas. Ya hay un robot a la venta que limpia la casa.*
    E2: *No, no lo creo. No estoy de acuerdo contigo. Es imposible que los robots hagan todas las tareas domésticas. Las personas no van a permitir que un robot tome decisiones sobre, por ejemplo, el menú de la familia.*

 7-28 Los problemas en las relaciones personales. Primera fase.
Seleccionen entre las palabras de la caja aquellas que se refieren a sentimientos que perjudican (*harm*) las relaciones personales.

Sentimientos	
el amor	la generosidad
el cariño	el individualismo
los celos	el odio
la competencia	la solidaridad
el egoísmo	la superioridad

Segunda fase. Analicen el efecto que puede tener **uno** de esos sentimientos en las relaciones interpersonales. Usen las siguientes preguntas como guía para su análisis.

1. ¿Qué es importante que hagan las personas cuando encuentran a individuos que expresan el sentimiento que ustedes escogieron?
2. ¿Qué es posible que hagan los individuos cuando se dan cuenta de que ellos mismos expresan ese sentimiento?
3. ¿Qué es probable que hagan, o que puedan hacer, las personas que conviven con esta persona?

ALGO MÁS

Reciprocal verbs

- Use the plural reflexive pronouns **nos**, **os**, and **se** to express reciprocal actions. In English, these actions are usually expressed by using the phrase *each other* or *one another*.

Cuando **se saludan**, los hombres **se dan** la mano o **se abrazan;** las mujeres generalmente **se besan**.	*When **greeting each other**, men **shake** hands or **embrace;** women generally **kiss**.*
Mis amigas y yo **nos llamamos** frecuentemente durante el día. **Nos mandamos** mensajes de texto también.	*My friends and **I call each other** frequently during the day. We also **send each other** text messages.*

- It is usually clear from the context whether the speaker intends a reflexive or a reciprocal meaning. When clarification is needed, the expressions **a sí mismos** or **a nosotros mismos** are used to signal reflexive action, and expressions like **mutuamente** and **unos a otros** indicate reciprocal action.

Nuestros primos lejanos se conocen **unos a otros**, pero no se escriben.
*Our distant cousins know **each other**, but they don't write to **each another**.*

Nuestras primas Carla y Camila tienen muy mala memoria. Se escriben mensajes **a sí mismas** para recordar sus horarios.
*Our cousins Carla and Camila have very poor memories. They write messages **to themselves** to remember their schedules.*

7-29 Los signos de la amistad. Primera fase. Indique (✓) si los buenos amigos/las buenas amigas en general hacen lo siguiente. Luego, compare sus respuestas con las de su compañero/a.

	Sí	No
1. Ayudarse en los momentos difíciles		
2. Llamarse frecuentemente		
3. Prestarse dinero en caso de necesidad		
4. Criticarse a menudo		
5. Darse consejos cuando los necesitan		
6. Contarse detalladamente sus actividades diarias		
7. Visitarse con frecuencia los fines de semana		
8. Pelearse por cosas sin importancia		
9. Felicitarse el día del cumpleaños		
10. Mandarse mensajes electrónicos		

Segunda fase. Ahora preparen una lista de las seis actitudes que consideran más importantes para mantener unas buenas relaciones entre amigos. Expliquen por qué. Después, comparen su lista con las del resto de la clase.

MODELO: Saludarse con cariño
E1: *Creo que saludarse con cariño es importante porque hay que demostrarles afecto a los amigos.*
E2: *Tienes razón, creo que los amigos deben darse la mano o abrazarse.*

7-30 Reciprocidad. Primera fase. Marque (✓) cómo se demuestran reciprocidad usted y su mejor amigo/a. Después, compare sus respuestas con las de otro/a estudiante.

1. _____ Nos invitamos a salir.
2. _____ Nos preocupamos el uno/la una por el otro/la otra, especialmente en momentos difíciles.
3. _____ Nos perdonamos después de una discusión fuerte.
4. _____ Nos regalamos cosas con frecuencia.
5. _____ Nos dedicamos tiempo mutuamente.
6. _____ Nos visitamos aunque vivimos lejos.
7. _____ Nos toleramos las diferencias de gustos.
8. _____ Nos comunicamos de diversas maneras constantemente.

Segunda fase. Añada tres actitudes o comportamientos que usted comparte con sus amigos y compárelos con los de su compañero/a.

LENGUA

Expresiones útiles

Para conectar ideas semejantes

además
asimismo
de la misma manera

Para contrastar

pero
no obstante (*nevertheless*)
por el contrario (*on the contrary*)
sin embargo

Para formular conclusiones

basándonos en (*based on*)..., podemos concluir/afirmar que ...
en conclusión
finalmente, los expertos concluyen que...

7-31 Consejos para la felicidad de una pareja. ¿Qué consejos le darían ustedes a una pareja que comienza su relación y quiere mantenerse unida para siempre? Digan dos cosas que es bueno que hagan y dos que no es bueno que hagan. Usen los verbos de la siguiente lista.

apoyarse	comunicarse	quererse
ayudarse	criticarse	regalarse
comprenderse	gritarse	respetarse

MODELO: decirse

    E1: *En mi opinión, es bueno que se digan siempre la verdad. Las mentiras pueden destruir una relación.*

    E2: *Tienes razón, no es bueno que se digan mentiras. Y también es importante que se respeten el uno al otro.*

 # A escribir

7-44

Estrategias de redacción: la exposición (continuación)

En este capítulo continuamos la práctica de los textos expositivos. Para una síntesis de lo que usted debe hacer antes de escribir su texto, vea la página 173.

7-32 Preparación. *Primera fase.* Lea una vez más las cartas en "El rincón de Minerva" en las páginas 181 a 183. Seleccione la carta a la que a usted quiere responder. Prepare un bosquejo como sigue.

1. Identifique a su lector potencial.
2. Determine su propósito al responder.
3. Haga una lista de los asuntos que usted discutirá en su respuesta.

 Segunda fase. Investigue en Internet sobre el tema del texto que usted va a escribir. Busque la siguiente información:

- El análisis que hacen los expertos del tema (problema)

- La opinión de los expertos sobre el tema

- Algunos consejos, recomendaciones y/o advertencias de los expertos

Ahora haga lo siguiente:

- Tome apuntes de algún ejemplo (su experiencia propia o la de otros) que usted quisiera incluir en su texto.

- Escriba algunas de sus recomendaciones para la persona que escribió la carta.

7-33 ¡A escribir! Utilizando la información de la actividad, escriba su texto. Recuerde seguir su bosquejo.

7-34 ¡A editar! Lea su texto críticamente una o dos veces. Evalúe lo siguiente:

- El contenido: la cantidad y la calidad de información para el lector/la lectora
- La forma del texto: la cohesión y la coherencia de las ideas
- La mecánica del texto: la puntuación, la acentuación, la ortografía, las mayúsculas y las minúsculas, el uso de la diéresis, etc.

Cambie lo que sea necesario para lograr el propósito de su exposición.

A explorar

07-45

7-35 La amistad. Primera fase: Investigación. En Internet, busquen refranes que se refieran a las relaciones humanas.

Segunda fase: Preparación. Identifiquen algunas características de la amistad que se reflejan en los refranes que ustedes encontraron. Prepárense para compartir sus ideas con la clase.

Tercera fase: Presentación. Elijan uno de los refranes que encontraron y preparen unas viñetas ilustrando el significado del refrán.

7-36 Las relaciones humanas. Primera fase: Investigación. Busquen información en Internet sobre películas que traten de alguno de los siguientes temas:

1. El amor
2. La amistad
3. Las relaciones entre vecinos
4. Las relaciones de trabajo

Segunda fase: Preparación. Elijan una de las películas que encontraron y averigüen la siguiente información:

1. El director
2. El elenco (*cast*) de actores
3. El año en que se hizo la película
4. Alguna anécdota relacionada con la película

Tercera fase: Presentación. Hagan una presentación sobre la película incluyendo imágenes para ilustrarla. Incluyan un breve resumen de la película y su opinión personal. Tengan en cuenta lo siguiente:

1. ¿Cuál es la idea o el mensaje más importante de la película?
2. ¿Qué semejanzas ve usted entre la película y su propia experiencia?
3. ¿Qué diferencias encuentra?
4. ¿Cuál es su opinión sobre la película? ¿Por qué?

 Vocabulario del capítulo

Las actitudes y los sentimientos

la amistad	*friendship*
el amor	*love*
el brillo	*brightness*
el cariño	*affection, love*
el castigo	*punishment*
los celos	*jealousy*
el comportamiento	*behavior*
el individualismo	*individualism*
el lazo	*bond, tie*
el odio	*hatred*
la reciprocidad	*reciprocity*
el sentimiento	*feeling*

Las relaciones familiares

el ahijado/la ahijada	*godson/goddaughter*
el esposo/la esposa	*husband/wife*
la hija	*daughter*
el hijo	*son*
el hijastro/la hijastra	*stepson/stepdaughter*
la madrina	*godmother*
el marido	*husband*
la mujer	*woman; wife*
el novio/la novia	*boyfriend, fiancé/girlfriend, fiancée*
el padrastro	*stepfather*
el padrino	*godfather*

Características

animado/a	*cheerful, lively*
aséptico/a	*sterile*
controlador/a	*controlling*
desesperado/a	*desperate, hopeless*
duro/a	*hard*
egoísta	*selfish*
enamorado/a	*in love*
envidioso/a	*envious*
exigente	*demanding*
frágil	*fragile*
furioso/a	*furious*
inestable	*unstable*
infeliz	*unhappy*
inseparable	*inseparable*
intolerante	*intolerant*
perfeccionista	*perfectionist*
permisivo/a	*permissive*
servicial	*helpful*
triste	*sad*
verdadero/a	*true, real*

Verbos

abrazar (c)	*to embrace*
aceptar	*to accept*
afianzar (c)	*to strengthen*
alargar	*to prolong, to lengthen*
amar	*to love*
aparecer (zc)	*to appear; to come into view*
aplacar (q)	*to appease, to placate*
besar	*to kiss*
castigar (gu)	*to punish*
comportarse	*to behave*
comprometerse a	*to commit oneself; to promise*
disciplinar	*to discipline*
enfadarse	*to get angry*
enojarse	*to get angry*
entretener (g, ie)	*to entertain*
irradiar	*to radiate*
llevar pegado/a	*to remain close by*
pelear	*to fight*
ponerse	*to put on clothing; to become*
portarse	*to behave*
preocuparse por	*to worry about*
prohibir	*to prohibit, to forbid*
quejarse de	*to complain*
recuperarse	*to recover*
reunirse	*to get together*
romper	*to break (up)*
salir (g)	*to go out*
saludar	*to greet*
seguir (i, i) (una dieta)	*to follow (to be on a diet)*
sentir(se) (ie, i)	*to be sorry; to feel*
tolerar	*to tolerate*

Palabras y expresiones útiles

los altibajos	*ups and downs*
a menudo	*often*
el compromiso	*commitment*
la convivencia	*living together*
dar un consejo	*to advise, to give advice*
dar de alta	*to discharge*
los demás	*the others, the rest*
el infarto	*heart attack*
ingresado/a	*to be admitted*
la inquietud	*worry, concern*
juntos/as	*together*
la mentira	*lie*
pasar el tiempo	*to spend time*
el pasillo	*corridor*
perenne	*perennial, evergreen; constant*
poco a poco	*little by little*

Notas: For verbs that change meaning when used as reflexives, see page 186.

For expressions that convey connections, contrasts, and conclusions, see page 200.

Cambios sociales y políticos

8

Objetivos comunicativos

- Analyzing past and present social conditions and political issues
- Reporting and discussing social changes
- Supporting and opposing a point of view about social and political issues

Contenido temático y cultural

- Political changes
- Human rights
- Social issues

Vista panorámica

Aunque la educación siempre ha tenido gran importancia para el desarrollo económico y social, aún hoy representa uno de los grandes desafíos en la sociedad latinoamericana. La Universidad Nacional Autónoma de México es un ejemplo de los esfuerzos para extender la educación a todo el pueblo.

Los pueblos de América Latina han luchado siempre por su libertad y por el establecimiento de la democracia. Sin embargo, con frecuencia se han encontrado sometidos a gobiernos dictatoriales, en muchos casos apoyados por las grandes potencias mundiales. Este es el caso de la República Dominicana, gobernada durante 30 años por Rafael Leónidas Trujillo, representado en esta foto. Otros dictadores famosos fueron Augusto Pinochet en Chile y Anastasio Somoza en Nicaragua. En efecto, la familia Somoza controló el gobierno entre 1936 y 1979.

Otro desarrollo de mucha importancia social es el acceso de la mujer a puestos de relevancia, tanto en el gobierno como en las empresas y las profesiones. En esta foto está Michelle Bachelet, presidenta de Chile entre 2006 y 2010. Y aunque ella es una de las presidentas más conocidas, no es la única. Otras mujeres que han alcanzado la presidencia en sus países son María Estela Martínez de Perón y Cristina Fernández de Kirchner en Argentina; Violeta Chamorro en Nicaragua; Mireya Moscoso en Panamá; y Laura Chinchilla en Costa Rica. Más recientemente, Dilma Rousseff fue elegida presidenta de Brasil en 2010.

Tal vez el mayor desafío social de los países latinoamericanos en la actualidad es la eliminación de la pobreza. Se necesitan grandes esfuerzos para crear trabajo, distribuir mejor la riqueza y dar acceso a todos los niños y niñas a la educación.

Vista panorámica

José de San Martín, representado en este billete argentino, fue un libertador de América que luchó por la independencia de Argentina. Durante la época colonial, la corona española estableció un control sobre todas las actividades económicas y políticas de su imperio. Esto significó la exclusión de los criollos, o sea, los hijos de españoles nacidos en las colonias, de cualquier participación en el gobierno. Sin embargo, los jóvenes criollos, como José de San Martín, eran el sector social más educado de las colonias, y ellos iniciaron movimientos de independencia inspirados en la Revolución Francesa y la Independencia de los Estados Unidos.

Otro gran desafío de las sociedades latinoamericanas actuales es la extensión de los servicios médicos a la gran mayoría de la población. Hasta hace muy poco tiempo, en la mayoría de los países el acceso al médico estaba limitado a las clases media y alta, pero en las últimas décadas se han hecho esfuerzos para extender los servicios de salud a todos los sectores de la sociedad. Pero aún queda mucho por hacer.

Durante el siglo XXI han ocurrido varios cambios importantes en la sociedad y la política de los países latinoamericanos. Uno de ellos fue la elección de Evo Morales como presidente de Bolivia en 2005. La importancia de este hecho se comprende fácilmente cuando pensamos que es el primer indígena elegido presidente de este país.

JOSÉ

A leer

Vocabulario en contexto

8-1 Los esclavos o los indígenas. A través de la historia, la vida de los indígenas y la de los esclavos negros ha tenido mucho en común. Marque los hechos que se asocian con los esclavos negros (**E**), los indígenas (**I**) o ambos (**A**) en Hispanoamérica.

1. _____ Provenían de África.
2. _____ Vivían en el continente americano antes de la llegada de los europeos.
3. _____ Los conquistadores los vendían en mercados.
4. _____ Eran explotados por los europeos.
5. _____ Fueron excluidos y discriminados.
6. _____ Vivían en climas muy diferentes al de su lugar de origen.
7. _____ Eran vasallos del rey.
8. _____ Realizaban los trabajos manuales más duros como, por ejemplo, en las minas.

8-2 ¿Necesario/a o inaceptable? Primera fase. Indiquen (✓) si los siguientes fenómenos sociales son necesarios o inaceptables para la sociedad de su país. Luego determinen con qué grupos o comunidades se puede asociar cada uno.

Fenómenos	Necesario/a	Inaceptable	Grupo o comunidad
la esclavitud			
la humillación			
la libertad			
la violación de los derechos humanos			
la explotación			
el castigo físico			
el maltrato			
la opresión			
la discriminación			
el respeto			

 Segunda fase. Seleccionen dos o tres fenómenos de la *Primera fase* y expliquen por qué son malos para una comunidad civilizada.

 8-3 Personas agraviadas (*offended*). Preparen un informe sobre un personaje de la historia que sufrió la esclavitud, la violación de sus derechos, la opresión, o la discriminación (e.g., Martin Luther King Jr., Rigoberta Menchú, Nelson Mandela, Rodney King). Incluyan la siguiente información:

- Lugar de origen de la persona
- Vejaciones o maltratos que sufrió la persona
- Término del sufrimiento o solución del problema
- Momento en que la comunidad se dio cuenta de este sufrimiento
- ¿Cómo se supo esta información?

Estrategias de lectura

1. Infórmese sobre el tema antes de leer.
   a. Lea el título: "Los esclavos y los indígenas". Piense en la palabra *esclavos*. Haga una lista breve de nombres, fechas y otra información asociados con la esclavitud en América del Norte y en América del Sur.
   b. Ahora considere la palabra *indígenas* en el título. Haga una lista breve de la información que usted asocia con esta palabra en el continente americano.
2. Anticipe el contenido del texto.
   a. Lea la primera oración de cada párrafo del texto. Pase su marcador por la idea principal de cada oración.
   b. Escriba en tres o cuatro oraciones sencillas el contenido que piensa encontrar al leer el texto completo.

LECTURA

Los esclavos y los indígenas

Uno de los hechos más tristes y condenables en la historia de los pueblos americanos ha sido la esclavitud. La injusticia de privar de su libertad y mantener oprimidos a otros seres humanos es inadmisible. Aunque en otras épocas esta era una práctica común, siempre existieron voces que se levantaron en contra de esta indiscutible violación de los derechos humanos.

Los africanos, procedentes de países como Senegal, Congo o Angola, llegaron a las colonias españolas como esclavos desde principios de la conquista. Debido a la explotación, al abuso y a las enfermedades traídas por los europeos al Nuevo Mundo, los indígenas morían por miles. Entonces, para compensar el trabajo que hacían los indígenas, los europeos se dedicaron al tráfico de mujeres y hombres africanos. Estos eran capturados por los mismos europeos o vendidos por sus propios caciques a los traficantes, conocidos entonces como negreros.

Las condiciones en los barcos que transportaban a estos futuros esclavos eran inhumanas. Además, el viaje duraba muchos meses y, a veces, más de un año. Si los futuros esclavos lograban sobrevivir la penosa travesía, su situación no mejoraba al llegar a tierras americanas, pues eran sometidos a castigos, malos tratos y humillaciones. Por ejemplo, los caciques separaban a los miembros de las familias y los marcaban como al ganado para venderlos en los mercados de esclavos.

Al hablar de la esclavitud en Hispanoamérica, generalmente se piensa en la región del Caribe, donde la influencia de las diversas culturas africanas se manifiesta en muchas áreas. Pero es importante recordar que la esclavitud también existió en otras regiones. En todos los lugares donde residían, la vida diaria de estos esclavos era en general degradante y penosa. Tenían que cumplir rigurosas jornadas de trabajo descalzos y con escasa ropa, cargando grillos (*shackles*) y cadenas, y amenazados por el látigo (*whip*) de sus opresores. Los que vivían en las sierras andinas, tenían que soportar temperaturas muy frías, a las que no estaban acostumbrados.

⌃ En esta imagen de un relieve precolombino, comprobamos que las sociedades jerárquicas y posiblemente la práctica de la esclavitud existían antes de la llegada de los europeos.

5

10

15

20

25

30

35

40

? El primer párrafo generalmente introduce el texto y presenta la idea central. Al leer el párrafo, trate de identificar la idea central del texto.

? ¿Cuándo empezó el tráfico de esclavos africanos en el Nuevo Mundo? ¿Por qué empezó?

? En este párrafo se mencionan varios ejemplos de maltrato. Pase su marcador por tres ejemplos.

? ¿Dónde vivían los esclavos que se describen en este texto? Al leer el párrafo, pase su marcador por las palabras y frases que indican dónde había esclavos.

Con la abolición de la esclavitud, a consecuencia de las guerras de independencia
45 en el siglo XIX, sus condiciones de vida mejoraron algo. Sin embargo, a pesar del
sufrimiento y la opresión de sus antepasados, se mantuvieron marginados y, en
muchos casos, fueron víctimas de la exclusión y la discriminación. 🗨

🗨 La situación de los indígenas después de la llegada de los españoles a América
tiene muchas semejanzas con la de los esclavos. Aunque los españoles decían que
50 los indígenas no eran esclavos, sino vasallos del rey de España, los obligaron a
trabajar en las minas y en las haciendas, y sufrieron innumerables maltratos, a pesar
de que muchos sacerdotes y personajes importantes los defendieron. Por ejemplo,
el testamento (*will*) de la reina Isabel la Católica manda que los españoles respeten
a los indígenas y sus propiedades y que "sean justamente tratados, y si algún
55 agravio han recibido, lo remedien". Unos años después, su nieto, el rey Carlos V,
prohibió enviar a los indígenas a las minas y aclaró que en los casos en que su
labor era indispensable, debían recibir pago por su trabajo. Sin embargo, muchos
conquistadores, debido a la distancia y la dificultad en las comunicaciones entre
España y el Nuevo Mundo, cometieron abusos y no cumplieron estas órdenes.

60 A lo largo de los siglos, los descendientes de los pueblos africanos e indígenas
han contribuido a fomentar la riqueza de los poderosos en las minas, las plantaciones y las haciendas. Fueron, además, instrumentales en las luchas por la independencia y en las guerras internas de las nuevas naciones hispanoamericanas en el siglo XIX. A pesar de que todavía hay desigualdades sociales y situaciones injustas, ambos grupos han contribuido con su trabajo, sus creencias y sus manifestaciones culturales a la formación y el desarrollo de las naciones latinoamericanas.

⌃ Ilustración del Códice de Tlaxcala, de 1632, donde se ve a los conquistadores luchando contra los indígenas.

> **❓** ¿Qué ha comprendido? ¿Cómo se caracteriza la vida de los descendientes de esclavos después de las guerras de independencia? ¿Siguió la opresión? ¿Cómo se manifestó?

> **❓** Al leer este párrafo sobre la situación de los indígenas, conteste estas preguntas. ¿Eran esclavos los indígenas? ¿Qué orden dio el rey Carlos V de España acerca del trato de los indígenas? ¿Se cumplió la orden?

Comprensión y ampliación

8-4 Comprensión. Responda a las preguntas según la lectura.

1. ¿Por qué llevaron los europeos a los africanos como esclavos al continente americano?
2. ¿Quiénes eran los negreros?
3. ¿Cómo era la vida de los esclavos en los barcos?
4. ¿En qué regiones de América vivieron los africanos?
5. ¿Qué decían las leyes españolas sobre los indígenas?
6. ¿Qué trabajos se asignaban normalmente a los indígenas?
7. ¿Qué abusos cometían algunos conquistadores probablemente?
8. Según el texto, ¿cómo han contribuido los africanos y los indígenas al desarrollo de sus países?

8-5 Ampliación. Rodrigo es uno de los esclavos de África que fue vendido en tiempos de la conquista de América. Escriban un testimonio de las experiencias de Rodrigo basándose en los detalles que ustedes leyeron y en lo que saben de la historia.

MODELO: *Me llamo Rodrigo y tengo… años. Un día caluroso caminaba cerca de mi casa cuando…*

1. Edad aproximada y circunstancias en que fue capturado
2. Su viaje en barco y las condiciones del viaje
3. Lo que sintió y lo que vio a su llegada al continente americano
4. Su traslado a un mercado público para ser vendido
5. Descripción de sus nuevos amos (*masters*) y del trabajo que lo obligaban a hacer
6. Las circunstancias de su liberación

8-6 Conexiones. Invente un contexto contemporáneo diferente y real para cada una de las siguientes acciones o situaciones que aparecen en el texto.

MODELO: Privar de su libertad
El juez privó de su libertad a los prisioneros.

1. Morir por miles
2. Ser capturado/a
3. Exhibir en los mercados
4. Soportar largos viajes
5. Conquistar
6. Recibir pago por su trabajo

08-10 to 08-18

Aclaración y expansión

Indefinite and negative expressions

Affirmative		Negative	
todo	everything	nada	nothing
algo	something, anything		
todos	everybody, all	nadie	no one, nobody
alguien	someone, anyone		
algún, alguno/a	some, any	ningún, ninguno/a	no, not any, none
algunos/as	several		
o... o	either . . . or	ni... ni	neither . . . nor
siempre	always	nunca, jamás	never, (not) ever
una vez	once		
alguna vez	sometime		
algunas veces, a veces	sometimes		
también	also, too	tampoco	neither, not . . . either

- Negative words may precede or follow the verb. When they follow the verb, use **no** before the verb.

Algunos profesores de historia **nunca** hablan del trato a las mujeres indígenas en la época colonial.
Algunos profesores de historia **no** hablan **nunca** del trato a las mujeres indígenas en la época colonial.

*Some history teachers **never** talk about the treatment of indigenous women during the colonial period.*

- When **alguno** and **ninguno** are adjectives that precede a masculine singular noun, they are shortened to **algún** and **ningún**.

¿Tienes **algún** libro sobre este tema?

*Do you have **any** books on this topic?*

No, **no** tengo **ningún** libro sobre este tema.

*No, I have **no** books on this topic.*

8-7 Práctica. Complete las siguientes oraciones con una expresión negativa. Siga el modelo.

MODELO: *Sara siempre lee libros de historia. Pero* ___nunca___ *lee libros de ciencia ficción.*

1. Algunos estudiantes hacen presentaciones sobre la explotación de los indígenas.
   Pero _ningunos_ estudiante hace una presentación sobre la explotación de los esclavos africanos.
2. Todo el mundo va a la conferencia de la profesora de historia colonial.
   Pero _nadie_ fue a la conferencia de la semana pasada.
3. Elena y Marcos no pueden ir; tienen otro compromiso.
   Pero Enrique no va _ni_ porque tiene que terminar un proyecto.
4. Hay una manifestación contra el racismo en el centro del campus esta tarde.
   Pero mi amigo me dice que no hay _tampoco_ hoy.
5. A veces leo el periódico para enterarme de los eventos del mundo.
   Pero no leo _nada_ la sección de deportes.
6. Siempre podemos tomar cursos de verano.
   Pero _nunca_ podemos irnos de vacaciones.

LENGUA

In Spanish, unlike English, it is common to use two or more negative words in the same sentence.

Nunca confía en **nadie**. / **No** confía en **nadie nunca**.

He never trusts anyone.

With the negative words **ningún, ninguno,** and **ninguna,** only the singular forms are used.

Ningún estudiante quiere más tarea.

Ninguno de los estudiantes quiere más tarea.

LENGUA

When **alguno/a/os/as** and **ninguno/a** refer to persons who are the direct object of the verb, use the personal **a**. Use it also with **alguien** and **nadie** since they always refer to people.

¿Conoces **a algunos** historiadores que estudien la esclavitud en la época colonial?

*Do you know **any** historians who study slavery of the colonial period?*

8-8 Algunos errores. Revisen las siguientes oraciones y corrijan los errores en la información que se presenta. Usen las expresiones indefinidas y negativas.

MODELO: Los esclavos del Nuevo Mundo no vinieron de ningún país africano.
Corrección: *Los esclavos del Nuevo Mundo **vinieron de algunos países africanos.***

1. En la época colonial, ningún esclavo vivía bajo condiciones intolerables.
2. Los esclavos no hacían los trabajos más duros y tampoco sufrían muchas enfermedades.
3. Los indígenas no tenían el apoyo de ninguna persona importante.
4. Las personas que transportaron a los esclavos de África al Nuevo Mundo siempre pensaron en el bienestar físico y mental de los esclavos.
5. No había esclavos en ninguna parte de América del Norte.

8-9 Una investigación. Dos estudiantes hacen una investigación sobre la esclavitud en el Caribe. Lean su conversación y complétenla con las palabras que aparecen abajo. Algunas palabras se pueden usar más de una vez.

algo	nadie	ningún, ninguno/a	también
nada	ni	nunca	tampoco

E1: ¿Has encontrado (1) _____ interesante?

E2: No, no he encontrado (2) _____. Leí estos dos artículos, pero no encontré información relevante (3) _____ a la época que nos interesa (4) _____ al Caribe. Y (5) _____ hay mucho sobre la esclavitud.

E1: ¡Qué raro! Los títulos parecían tan interesantes. Vamos a hacer una búsqueda en Internet.

E2: Mira, aquí hay un buen sitio que tiene mucha información. (6) _____ vamos a encontrar mejor información. No has encontrado (7) _____ tan bueno, ¿verdad?

E1: ¡Qué suerte! Con este artículo, vamos a tener la mejor presentación de la clase. (8) _____ va a sacar una mejor nota que nosotros.

8-10 ¿Con qué frecuencia? Primera fase. Indique la frecuencia con que usted hace las siguientes actividades y déle esa información a su compañero/a. Después, averigüe con qué frecuencia las hace él/ella.

MODELO: mirar películas en español
E1: *A veces miro películas en español. ¿Y tú?*
E2: *Yo casi nunca miro películas en español porque mis amigos prefieren ver películas en inglés.*

Actividades	Siempre	A veces	Casi nunca	Nunca
Leer noticias sobre la política de Latinoamérica				
Debatir temas sociales con mis amigos				
Hablar de temas raciales en mis clases				
Investigar sobre temas como el colonialismo o el imperialismo				
Estudiar la historia de Latinoamérica				

Segunda fase. Ahora hágale preguntas a su compañero/a para tratar de averiguar más detalles sobre sus actividades.

1. Dos o tres actividades que le gustan mucho
2. Cuándo las hace y con quién
3. Actividades que no le gustan nada
4. Si alguna vez tiene que hacer esas actividades o no
5. Algo que nunca ha hecho y que quiere hacer

Desafíos y cambios

Antes de ver

8-11 Cambios y consecuencias. Asocie los cambios con sus consecuencias.

1 ___ En 1947, el presidente de Argentina firmó la ley que les dio a las mujeres el derecho al voto.

2 ___ Evo Morales fue el primer indígena elegido presidente en Bolivia.

3 ___ Las guerras de independencia terminaron con la esclavitud en América Latina.

4 ___ La Revolución Mexicana que comenzó en 1910 tuvo el objetivo de mejorar la situación de los campesinos.

a. Todos los ciudadanos de los países de América Latina se consideran libres.

b. La reforma agraria mejoró la situación económica y laboral de muchas personas.

c. Las mujeres argentinas tienen los mismos derechos que los hombres en la votación presidencial.

d. La clase indígena siente que tiene una mayor representatividad en el gobierno.

🎬 Mientras ve

8-12 Hechos del mundo hispano. Empareje la información de la columna izquierda con los eventos o temas de la columna derecha.

1 ___ El 11 de marzo de 2004

2 ___ Evo Morales

3 ___ Michelle Bachelet

4 ___ La diversidad lingüística

5 ___ La diversidad étnica

a. Fue la primera mujer que alcanzó la presidencia de Chile en 2006.

b. Significa que se habla más de una lengua, como ocurre en países como México, Guatemala, España, por ejemplo.

c. Es una riqueza y un desafío para muchas sociedades.

d. España sufrió el peor ataque terrorista de su historia.

e. Fue elegido presidente de Bolivia en 2005.

Después de ver

8-13 ¿Diversidad o unidad? Primera fase. Clasifique las siguientes oraciones según indiquen diversidad (**D**) u homogeneidad (**H**) cultural.

1 ___ Existe sólo una lengua oficial para todos los ciudadanos de un país.

2 ___ No hay ninguna celebración cultural de grupos étnicos minoritarios.

3 ___ Todos tienen derecho a participar de distintas tradiciones étnicas.

4 ___ En las ciudades siempre se encuentran anuncios importantes en distintos idiomas.

5 ___ En la corte se ofrece servicio de intérpretes cuando la persona no habla la lengua oficial.

6 ___ Los trajes tradicionales de grupos minoritarios no pueden usarse nunca en eventos oficiales del país.

Segunda fase. Contesten las siguientes preguntas y discutan sus ideas: ¿Creen ustedes que la diversidad debilita la integridad cultural de un país? ¿Es la diversidad étnica un desafío o una ventaja? ¿Por qué?

A leer

08-23 to 08-32

Vocabulario en contexto

8-14 Cambios económicos. Primera fase. Indique si las siguientes afirmaciones describen una economía creciente o emergente (**EE**) o una economía en crisis (**EC**).

1. _____ No hay apertura de su mercado; es decir, el país no compite con mercados extranjeros.
2. _____ No se observa un crecimiento ni una recuperación económica.
3. _____ Los ricos invierten (*invest*) su capital; es decir, son inversores que ponen a trabajar su dinero.
4. _____ La población protege y hace buen uso de los recursos naturales como el agua y los bosques.
5. _____ La riqueza del país se desperdicia (*is wasted*) o no es repartida equitativamente.
6. _____ Las mejoras ayudan a los habitantes del país porque elevan su nivel de vida.

Segunda fase. Respondan a las siguientes preguntas sobre la economía de su región o país. Luego, comparen sus respuestas con las de otra pareja.

1. ¿Tiene su país una economía creciente, desarrollada o decadente? Justifiquen su respuesta.
2. ¿Cuáles son las industrias principales de su país: petróleo, minerales u otras? Den ejemplos.
3. ¿Qué recursos naturales hay en su región? ¿Cómo los usa la población?
4. ¿Tiene la población de su país un buen nivel de vida? Expliquen.

8-15 Recursos renovables o no renovables. Los recursos de diversos tipos son el fundamento de las economías. Indique si los siguientes son recursos renovables (**RR**), no renovables (**NR**) o humanos (**RH**).

1. _____ el agua
2. _____ un yacimiento de oro
3. _____ la mano de obra (*work force*)
4. _____ los bosques tropicales
5. _____ la plata
6. _____ el café
7. _____ los profesionales
8. _____ un yacimiento de cobre (*copper*)
9. _____ el petróleo
10. _____ el viento

8-16 ¿Repercusión positiva o negativa? De la siguiente lista, marquen las situaciones que tienen una repercusión positiva **(R+)** o negativa **(R–)** en la economía de un país. Presenten sus conclusiones a la clase, justificando su opinión.

1. ____ la lucha del gobierno contra el narcotráfico
2. ____ la falta de apertura del mercado nacional a los mercados internacionales
3. ____ la distribución justa de la riqueza
4. ____ la inversión en energía renovable
5. ____ la explotación indiscriminada de los recursos naturales
6. ____ la educación en contra del consumo de las drogas
7. ____ el crecimiento del desempleo (*unemployment*)
8. ____ la protección en conjunto de los derechos humanos

Estrategias de lectura

1. Use el título y la primera frase para anticipar el contenido del texto.
   a. Lea el título: "El despegue económico de América Latina". La palabra *despegue* significa literalmente la acción de un avión o de un cohete (*rocket*) de separarse de la tierra y subir al aire. ¿A qué tipo de actividad se refiere en este texto?
   b. Ahora lea la primera frase del texto. ¿Cómo se expresa en esta frase la idea de un *despegue económico*?
2. Examine el texto antes de leerlo.
   a. Examine el texto rápidamente y pase su marcador sobre los nombres de países. ¿Qué países se mencionan en el texto?
   b. Este texto tiene seis párrafos: una introducción, una conclusión y cuatro párrafos sobre regiones o países específicos. Busque los países que ha marcado y ponga un círculo alrededor del país o de la región que es el tema de cada párrafo.

LECTURA

El despegue económico de América Latina

América Latina está experimentando un crecimiento económico muy notable. Los aproximadamente veinte países que integran esta región forman hoy, en su conjunto, la tercera gran economía del mundo. Son los principales productores de alimentos y cuentan con grandes recursos naturales, además de importantes yacimientos minerales y de petróleo. Algunos de estos yacimientos se descubrieron recientemente en México y Brasil. 5

Brasil es el líder indiscutible de este crecimiento económico. En la actualidad es ya la octava economía más rica del mundo, y se piensa que en las próximas décadas este crecimiento va a mantenerse o incrementarse. La llegada a la presidencia en 2011 de Dilma Rousseff parece asegurar la continuidad en 10 la exitosa política económica de sus antecesores en el gobierno, Fernando Henrique Cardoso (que gobernó en el período 1995–2002) y Luiz Inácio Lula da Silva (2003–2010). La población de Brasil se acerca a los 200 millones de habitantes, por lo que es considerado hoy un país emergente de gran extensión

Este párrafo da información económica sobre América Latina. Al leer, subraye tres datos (*pieces of information*) sobre la región.

¿Qué ha aprendido? Haga una lista de sus datos.

Este párrafo trata de Brasil. Al leer, anote un dato sobre cada uno de estos temas: la economía, la política y los deportes.

15 territorial, elevada población y de un crecimiento rápido que resulta atractivo
a los inversores. Brasil fue propuesto para ser la sede, en el año 2014, de un
importante acontecimiento deportivo de gran tradición: el Campeonato Mundial
de Fútbol. Además, la ciudad de Río de Janeiro ha sido elegida para los Juegos
Olímpicos de 2016. Desde México en 1968 no se han vuelto a organizar en América
20 Latina unos Juegos Olímpicos.

🗨 México es la segunda potencia económica de América Latina. Con 112 millones
de habitantes, es el país con más hispanohablantes del mundo. Desde la rápida
recuperación de la crisis financiera de 1994–1995, la economía mexicana ha
crecido sostenidamente gracias a su apertura a los mercados internacionales,
25 en especial a las exportaciones de sus productos en Estados Unidos y Canadá,
y al turismo. México, con su rico patrimonio de ruinas precolombinas y sus
hermosas playas, es un destino turístico importante de América Latina. Pero en
México, como en otros países, todavía existen grandes diferencias entre ricos y
pobres. No es este el único problema importante del país: en México se mantiene
30 una feroz batalla contra el narcotráfico. Desde que en 2006 las autoridades
decidieron perseguir con más insistencia a las organizaciones de narcotraficantes en Ciudad Juárez, han muerto más de 34.000 personas, según datos oficiales,
muchas de ellas víctimas de las luchas entre cárteles rivales. Esto, naturalmente,
ha afectado la economía de México y ha propiciado la decadencia de la industria
35 turística. 🗨

🗨 Los países del Cono Sur, Argentina, Chile y Uruguay tienen economías estables y
en crecimiento. Bajo la presidencia de Cristina Fernández de Kirchner, Argentina
sufrió los efectos de la crisis financiera de 2008 por la disminución del comercio
mundial y de los flujos de capital, pero en 2010 experimentó una recuperación
40 de casi el 5%, aunque mantiene todavía una enorme deuda externa y una fuerte
inflación. Chile, con un alto nivel de vida, se caracteriza por una economía
dinámica que ha reaccionado bien a las crisis. Por su parte, Uruguay creció un
8% anual entre 2004 y 2008, frenando (*slowing down*) ese ritmo después de la
crisis de 2008.

🗨 45 Uno de los países que ha registrado importantes mejoras en los últimos años
es Colombia, que es en la actualidad la cuarta economía de América Latina
tras Brasil, México y Argentina, y ha conseguido desde 2002 un crecimiento
anual del 5,5%. País exportador de petróleo y café, Colombia ha realizado en
los últimos años grandes avances en seguridad, combatiendo con cierto éxito el
50 narcotráfico y la guerrilla.

A pesar de que los indicadores de pobreza son todavía desfavorables, en algunos
países un alto porcentaje de la población vive todavía bajo la línea de pobreza
extrema (población con menos de dos dólares diarios), se puede decir que hay
una tendencia global positiva. En su conjunto, América Latina experimenta hoy
55 día un buen momento histórico que se resume en un claro fortalecimiento de las
instituciones democráticas y en una rápida recuperación económica.

? Este párrafo trata de México. Al leer, apunte por lo menos tres datos sobre su economía.

VARIACIONES

Algunas palabras se pronuncian de manera diferente según la región. En el texto se encuentra la palabra *cárteles*. Tanto *cartel* como *cártel* se acepta. Otros ejemplos son *video/vídeo, icono/ícono, atmosfera/atmósfera* y *chofer/chófer*.

? ¿Qué conexión hace el autor del texto entre el narcotráfico, el turismo y la economía de México?

? Este párrafo trata del Cono Sur. Al leer, averigüe si las economías de los países del Cono Sur están en buenas condiciones o en malas condiciones.

? Este párrafo trata de Colombia. Al leer, averigüe qué piensa el autor del texto sobre la situación en Colombia. ¿Ha mejorado su situación económica en la última década, o no?

Comprensión y ampliación

8-17 Comprensión. Vuelva a leer el texto y responda a las preguntas.

1. ¿Cuál es la situación de América Latina dentro de la economía mundial?
2. ¿Cuáles son los tres factores que han jugado un papel en el crecimiento económico de Brasil?
3. ¿Cuáles son los problemas de México en la actualidad?
4. ¿Cuáles son dos factores que contribuyen a la economía de Colombia?
5. ¿Sugiere este texto que todos los países de América Latina han experimentado progresos en los últimos años? Explique su respuesta.

8-18 Ampliación. Expansión de vocabulario.

1. En la lectura se dice que Brasil es un país *emergente*. Explique lo que significa este concepto y dé ejemplos de otros países que también se consideran emergentes.
2. En la lectura se dice que Chile se caracteriza por tener una economía dinámica. Dé ejemplos de lo que ocurre cuando una economía es dinámica.
3. Al hablar sobre México, en la lectura se dice que la guerra contra el narcotráfico "ha propiciado la decadencia de la industria turística". Explique el significado del verbo *propiciar* en esta oración. En su opinión, ¿qué ha propiciado la crisis económica de la que se habla en la lectura?
4. Explique el significado de la expresión "tendencia global positiva", que se utiliza en el último párrafo del texto.

8-19 Conexiones. La lectura anterior sugiere ciertos temas de interés cultural. Investigue y explique algunos de los siguientes, o proponga otros.

1. Posibles ventajas y desventajas de ser la sede de eventos deportivos y turísticos como la Copa Mundial de Fútbol o los Juegos Olímpicos.
2. Algunas personas piensan que la explotación del patrimonio histórico para fines turísticos es una mala idea. Piense en dos o tres razones que justifiquen esa posición y otras dos o tres razones que la contradigan.
3. En la lectura se menciona a dos mujeres presidentas de países latinoamericanos, Dilma Rousseff (Brasil) y Cristina Fernández de Kirchner (Argentina). ¿Qué otros países de América Latina han tenido mujeres presidentas?

A escuchar

8-20 La democratización mundial. Primero, lea las afirmaciones a continuación. Luego, escuche la información e indique si las afirmaciones son ciertas (**C**) o falsas (**F**). Si la respuesta es falsa, corrija la información.

1. _____ Durante la década de los noventa comenzaron a desintegrarse las dictaduras de tres países europeos.
2. _____ El movimiento hacia la democracia influyó más tarde en los sistemas políticos de países latinoamericanos que vivían bajo regímenes militares.
3. _____ El interés por expandir la democracia por el mundo facilitó el colapso del comunismo en la Unión Soviética.
4. _____ España es un buen ejemplo que otras naciones con democracias jóvenes pueden imitar.

8-21 ¿Símbolo de democracia? Indiquen dos países que se han democratizado en las últimas décadas. Mencionen uno o dos cambios significativos que han ocurrido en estos dos países. ¿Qué tipos de cambios son?

Aclaración y expansión

3 to
41

Indicative and subjunctive in adjective clauses

- An adjective clause is a dependent clause that describes a person, a place, or an object and is used as an adjective.

Adjective

El país tiene una economía **creciente**.

Adjective clause

El país tiene una economía **que está creciendo**.

- Use the indicative in an adjective clause when referring to an antecedent (a person, place, or thing) that exists or is known.

Algunos dictadores tenían creencias políticas **que terminaron** en asesinatos.	*Some dictators had political beliefs **that resulted** in assassinations.*
Los periódicos revelan información **que nunca ha publicado** ningún medio de comunicación.	*Newspapers reveal information **that no other media have ever published**.*

- Use the subjunctive in an adjective clause when referring to a person, place, or thing that does not exist or whose existence is unknown or uncertain.

No hay ningún movimiento revolucionario **que luche** contra el gobierno sin perder a muchos de sus miembros.	*There is no revolutionary movement **that fights** against the government without losing many of its members.*

LENGUA

When referring to a specific person who is the direct object in the main clause, use the personal **a** and the indicative in the adjective clause. If it is not a specific person, do not use the personal **a** and use the subjunctive in the adjective clause.

Buscan **a** la doctora **que habla** español. (*They have a specific doctor in mind.*)

Buscan una doctora **que hable** español. (*They are willing to see any Spanish-speaking doctor.*)

Remember that **alguien** and **nadie** are always preceded by the personal **a** when they function as direct objects.

Necesitamos **a alguien** que **sea** bilingüe.

No conocemos **a nadie** que **hable** español, árabe y ruso.

Los revolucionarios quieren un gobierno **que permita** la libertad de expresión.

The revolutionaries want a government that allows freedom of expression. [We do not know if a government that allows freedom of expression exists or will exist for them.]

8-22 Práctica. Complete las siguientes oraciones con el indicativo o el subjuntivo de los verbos entre paréntesis.

1. Vivimos en una época que _____ (ser) distinta a la de nuestros padres.
2. Hay muchos jóvenes hoy en día que no _____ (tener) trabajo.
3. No hay nadie que _____ (preferir) hacer trabajo manual, pero a veces es la única opción.
4. La crisis económica ha creado una sociedad que _____ (sufrir) de mucha ansiedad.
5. No hay nada que _____ (causar) más ansiedad que el desempleo.
6. Todo el mundo quiere un trabajo que les _____ (garantizar) seguridad de empleo.
7. Quiero conseguir un trabajo que me _____ (permitir) vivir bien.
8. Desafortunadamente, no hay agencias en la ciudad que _____ (ofrecer) cursos de capacitación para los desempleados.

8-23 Los cambios sociales. Lea la siguiente reflexión sobre los cambios en la sociedad. Complete el texto con el indicativo o el subjuntivo de los verbos entre paréntesis.

El cambio puede provocar conflicto. Hoy en día observamos cambios sociales que (1) _____ (afectar) a todos los sectores de la población. Sin embargo, no hay ningún cambio que (2) _____ (beneficiar) a todos de igual forma. Por eso, generalmente hay grupos que (3) _____ (oponerse) a cualquier cambio. Prefieren una situación estable que (4) _____ (dar) más tranquilidad. Pongamos el ejemplo de la industria automovilística. No hay nadie que (5) _____ (querer) pagar tanto por la gasolina. Algunas personas optan por una solución personal: buscan autos que (6) _____ (consumir) menos gasolina. Hay otras personas que (7) _____ (insistir) en tener autos grandes porque son más cómodos. Unos grupos de activistas quieren leyes nuevas que (8) _____ (imponer) impuestos adicionales a la venta de los autos muy grandes. Quieren crear incentivos sociales que (9) _____ (convencer) a más gente para comprar autos más pequeños. Claro está que hay mucha controversia entre las personas que (10) _____ (buscar) cambios sociales y las que (11) _____ (querer) más libertad individual.

8-24 La situación actual. Usen la palabras y expresiones a continuación para hablar de sus expectativas sobre la situación económica, política o social de su país. Luego, hablen sobre su perspectiva con otro grupo.

MODELO: *Necesitamos unos candidatos que sepan mejorar la situación económica.*

Hay / No hay	unos políticos	afectar a todos los sectores de la población
Buscamos	una economía	(no) saber mejorar la situación
Queremos	una crisis	(no) crear más trabajo
Necesitamos	una comunidad	(no) crecer
Tenemos	unas personas	cubrir el alto costo de la educación universitaria
Somos	un trabajo	(no) pagar bien
	unos candidatos	trabajar muy duro
	unos préstamos	(no) tener trabajo
	unas becas	(no) escuchar las necesidades de la gente
	¿...?	¿...?

8-25 Un secretario para la oficina. Usted está buscando un secretario para el gerente de su compañía. Explíquele al/a la agente de una agencia de empleos el tipo de profesional que su compañía necesita. El/La agente debe hacerle preguntas para obtener más información. Incluyan los siguientes temas en su conversación.

Usted requiere un secretario que...	Preguntas del/de la agente
ser bilingüe	hablar inglés / francés
tener un mínimo de cinco años de experiencia	vivir en Estados Unidos o en un país hispano
poder viajar al extranjero	viajar cada mes / cada semana
conocer la nueva tecnología	manejar la computadora u otras tecnologías

8-26 Una nueva vida. Dramaticen una conversación entre un inmigrante reciente y un empleado de la agencia Una Nueva Vida. El/La inmigrante busca información sobre los asuntos que aparecen a continuación. El empleado/La empleada contesta sus preguntas de acuerdo con la información del anuncio.

MODELO: E1: *Hola, buenos días. ¿Hay alguien que me pueda dar información sobre los servicios de la agencia?*

E2: *Por supuesto, ¿en qué le puedo servir?*

Información que necesita la familia

1. Nombre de la organización que ofrece los servicios
2. Clases para las personas que no saben inglés
3. Abogados que aconsejan a los inmigrantes
4. Ayuda a las personas que buscan vivienda
5. Orientación para las personas que buscan trabajo
6. Guarderías que sean económicas o gratis

AGENCIA UNA NUEVA VIDA

Ayuda gratis a un costo mínimo a los inmigrantes
Equipo de voluntarios y profesionales
Clases nocturnas de inglés

Consejeros bilingües especializados en temas de educación, permisos de trabajo, vivienda, nacionalización
Información sobre guarderías que ofrecen becas

ALGO MÁS

Relative pronouns

- To avoid unnecessary repetition, when two clauses or sentences repeat a noun or pronoun, both Spanish and English use relative pronouns to combine them.

En la década de los setenta, muchos países latinoamericanos tuvieron **gobiernos totalitarios. Los gobiernos totalitarios** privaron al pueblo de su libertad de expresión.	*In the 1970s many Latin American countries had **totalitarian governments. The totalitarian governments** deprived the people of their freedom of expression.*
En la década de los setenta, muchos países latinoamericanos tuvieron gobiernos totalitarios **que** privaron al pueblo de su libertad de expresión.	*In the 1970s many Latin American countries had totalitarian governments **that** deprived the people of their freedom of expression.*

- The most commonly used relative pronoun is **que**. It introduces a dependent clause and it may refer to persons or things.

La primera mujer **que** alcanzó el puesto de presidenta de un país latinoamericano fue Isabel Perón.	*The first woman **who** attained the office of president of a Latin American country was Isabel Perón.*
Durante su presidencia, **que** duró menos de dos años, Argentina sufrió muchos problemas económicos.	*During her presidency, **which** lasted less than two years, Argentina had many economic problems.*

- **Quien(es)** refers only to persons. It is used after prepositions (**a, con, de, por, para**, etc.). It may also be used instead of **que**, usually in writing, in clauses that are set off by commas.

La única mujer indígena **a quien** le han dado el Premio Nobel de la Paz es Rigoberta Menchú.	*The only indigenous woman **to whom** the Nobel Peace Prize has been given is Rigoberta Menchú.*
El dictador, **que/quien** murió a los 91 años, nunca respondió por sus crímenes.	*The dictator, **who** died at age 91, never answered for his crimes.*

- **Lo que** refers to a previously mentioned idea, action, or situation.

Muy pronto va a haber elecciones en muchos países, **lo que** mantendrá al resto del mundo muy atento.	*Very soon there are going to be elections in many countries, **which** will capture the attention of the rest of the world.*

8-27 Los cambios sociales y políticos. Lea las siguientes afirmaciones sobre temas históricos y sociales y luego, indique si el pronombre relativo **que** puede sustituirse por **quien** o **quienes**. En algunas frases hay más de un **que**.

1. Rafael Leónidas Trujillo, **que** fue dictador de la República Dominicana durante muchos años, murió asesinado.
2. Las mujeres, **que** antes tenían dificultades para acceder a la educación, ahora superan en número a los hombres en muchas carreras profesionales.
3. Las mujeres **que** se dedican a la política son pocas comparadas con las mujeres **que** se dedican a los negocios.
4. Los avances de la medicina, **que** han sido muchos en los últimos años, han alargado las expectativas de vida.
5. Las personas **que** creen en la democracia como sistema político deben expresar sus ideas votando.
6. El calentamiento global **que** amenaza el planeta debe ser un tema prioritario en los debates políticos.

8-28 El narcotráfico. El narcotráfico es un problema serio que ha obligado a varios países a tomar medidas drásticas para proteger a la población. Lea el siguiente artículo y complételo con el pronombre relativo correcto: **que, quien(es)** o **lo que**.

Un problema (1) _____ preocupa a muchos gobiernos es el narcotráfico. Debido a los numerosos crímenes perpetrados por los narcotraficantes y al aumento de la producción y venta de drogas, se han adoptado en todo el mundo medidas de seguridad (2) _____ a veces hacen más difícil pasar las vacaciones en lugares (3) _____ eran preferidos por los turistas en el pasado. Por ejemplo, hoy en día es peligroso viajar a algunas ciudades del Golfo de México, (4) _____ afecta notablemente a la economía del lugar.

Al mismo tiempo, los controles en las fronteras se han intensificado. Los viajeros a veces tienen que soportar largas colas (5) _____ añaden tiempo en las aduanas de los aeropuertos. Muchas personas para (6) _____ viajar era un placer, ahora se quejan de los agentes (7) _____ revisan cuidadosamente su equipaje en busca de drogas. Asimismo, ahora hay máquinas sofisticadas (8) _____ almacenan las huellas dactilares de todos los viajeros (9) _____ cruzan de un país a otro. Sin embargo, estas medidas no han resuelto definitivamente el problema del narcotráfico internacional.

A escribir

08-42

Estrategias de redacción: la exposición (continuación)

El autor/La autora de un texto puede captar la atención de su público utilizando algunas estrategias como las siguientes:

- Escoja un tema atractivo, considerando los intereses y el conocimiento de su público.

- Enfoque su texto. Dele una orientación concreta, real y práctica.

- Organice su párrafo introductorio para expresar claramente las ideas principales del ensayo.

- Seleccione cuidadosamente las palabras. Los verbos, especialmente los que denotan movimiento físico, le dan vida y acción a su texto.

- Use los títulos y subtítulos como una ayuda visual: cortos, atractivos, provocativos, directos.

- Capte la atención del lector con las opiniones de alguien conocido. Cuando sea pertinente, cite a un experto o a alguien famoso.

8-29 Análisis. La carta a continuación apareció en un periódico universitario. Léala y siga las siguientes instrucciones:

1. Identifique (✓) al lector potencial de la carta.
   _____ Es un público general.
   _____ Es un público particular. (Indique el público.)
2. Determine (✓) el propósito de la carta.
   _____ entretener
   _____ informar
3. Identifique las características de la organización y la estructura del texto.
   _____ Hay una introducción, un cuerpo y una conclusión claros.
   _____ No hay una introducción, un cuerpo y una conclusión claros. Explique.
   _____ Las ideas se han conectado bien. Subraye algunas expresiones que indican orden.
4. Identifique las características de la lengua que utilizó el escritor. Subraye en el texto y luego escriba aquí las formas lingüísticas que el autor usa para…

- informar: _____

- expresar sus expectativas: _____

- expresar sus preocupaciones: _____

Estimados alumnos y comunidad universitaria:

Después de muchísima reflexión y discusión con el profesorado y la administración de la universidad, deseo informarles de algunos hechos que nos preocupan y de algunas decisiones que hemos tomado sobre dos problemas serios que nos afectan a todos: el costo de la matrícula y la calidad de la comida en las cafeterías.

En los últimos meses, los alumnos de esta universidad han demostrado su preocupación por el aumento del precio de la matrícula. Las manifestaciones y protestas, que han llegado a la violencia en algunos casos, son hechos que nuestra universidad lamenta profundamente. Es indudable que la violación de las normas de respeto de nuestro recinto universitario ha afectado nuestra convivencia, lo cual no podemos tolerar.

Además, tanto los alumnos como el personal administrativo se han quejado de la comida poco saludable de las cafeterías. De hecho, una gran mayoría de los alumnos ha decidido no consumir ningún producto en las cafeterías. Históricamente, la administración de la universidad se ha preocupado por la salud de sus miembros, y esta vez no haremos una excepción.

Por lo anteriormente expuesto, la universidad cumple con la obligación de informarles sobre las siguientes medidas con que esperamos solucionar los problemas indicados.

Con respecto a las protestas violentas provocadas por el alza de las matrículas, la universidad ha decidido prohibirlas. Es necesario que las diferencias de opiniones se expresen de manera constructiva y pacífica, como lo indican los reglamentos. En relación con la calidad de la comida de las cafeterías, se ha formado una comisión para estudiar la situación. La universidad espera que los estudiantes presenten sus quejas a este comité. Nos interesa que todos los miembros de nuestra comunidad reciban una alimentación sana.

Finalmente, esperamos que estas medidas nos ayuden a recuperar la armonía y sana convivencia entre nosotros.

Joaquín Barceló

Rector

8-30 Preparación. Primera fase. Hagan una lista de los problemas que afectan a su universidad o a la comunidad donde está su universidad. Los siguientes constituyen ejemplos.

- La falta de viviendas adecuadas
- El aumento de la drogadicción
- El abuso del alcohol

Seleccionen un problema y respondan a estas preguntas:

1. ¿Conocen ustedes alguna universidad donde no exista este problema?
2. ¿Dónde y bajo qué circunstancias ocurren eventos relacionados al problema?
3. ¿Hay algunos individuos o comunidades afectadas sistemáticamente por el problema?
4. ¿Por qué sucede este problema?
5. ¿Qué soluciones se proponen para resolver el problema? Expliquen.

Segunda fase. Hagan una investigación más profunda sobre el problema serio que discutieron en la *Primera fase*. Preparen algunas preguntas útiles para cubrir el tema con mayor objetividad.

8-31 ¡A escribir! Utilizando la información que usted recogió en la *Segunda fase* de la actividad **8-30,** escriba un editorial para el periódico de su universidad. Revise las estrategias para escribir una exposición (p. 226) y siga el plan a continuación:

- Identifique el problema que usted discutirá en su texto y el efecto de este en los miembros de la comunidad.
- Informe a su público sobre los hechos relacionados con el problema.
- Organice sus datos lógica y coherentemente.
- Resuma el problema y las posibles soluciones.

8-32 ¡A editar! Lea su texto críticamente. Analice el contenido (cantidad, calidad de información, grado de interés para el lector/la lectora), forma del texto (cohesión y coherencia de las ideas) y la mecánica del texto (puntuación, acentuación, ortografía, mayúsculas, minúsculas, etc.). Haga los cambios necesarios para lograr el efecto deseado.

A explorar

08-43

8-33 A resolver problemas. Primera fase: Investigación. La vida moderna ha creado problemas sociales que deben solucionarse para el beneficio de todos. Primero escojan uno de los siguientes temas. Luego, busquen información en Internet y tomen nota de algunos de los efectos provocados por este problema y de algunas posibles soluciones.

- El hambre en el mundo
- La superpoblación
- Las enfermedades pandémicas, como el SIDA

Segunda fase: Preparación. Preparen una presentación con materiales visuales para informarles a sus compañero/as. Incluyan lo siguiente:

1. La situación actual del problema
2. Las consecuencias futuras si no se toman medidas urgentes
3. Maneras de solucionar el problema desde un punto de vista político, científico o tecnológico

Tercera fase: Presentación. Hagan su presentación y respondan a las preguntas de sus compañeros.

8-34 La historia se vive. Primera fase: Investigación. Busquen un artículo en Internet sobre un acontecimiento social, nacional o internacional de interés común para ustedes. Tomen nota de los hechos.

Segunda fase: Preparación. Preparen una encuesta para averiguar la opinión de sus compañeros sobre el tema del artículo que leyeron en la *Primera fase*. Luego, pasen la encuesta y analicen los resultados.

Tercera fase: Presentación. Hagan una presentación en la que incluyan:

1. Una exposición de los hechos que leyeron en la *Primera fase*
2. Una discusión de las preguntas y los resultados de su encuesta

Vocabulario del capítulo

En la sociedad

la apertura	*opening*
en conjunto	*as a whole, altogether*
el crecimiento	*growth*
la democracia	*democracy*
los derechos humanos	*human rights*
el desarrollo	*development*
la dictadura	*dictatorship*
la discriminación	*discrimination*
la droga	*drug*
el gobierno	*government*
la independencia	*independence*
el inversor/la inversora	*investor*
la libertad (de expresión)	*freedom (of speech)*
la lucha	*fight, struggle*
las mejoras	*improvements, progress*
el narcotráfico	*drug trafficking*
el negocio	*business*
el nivel de vida	*standard of living*
la población	*population*
el poder	*power*
la política	*politics*
el puesto	*position*
la recuperación	*recovery*
el recurso	*resource*
el rico/la rica	*wealthy person*
el yacimiento	*field, deposit*

La esclavitud

el barco	*ship*
el castigo físico	*physical punishment*
la esclavitud	*slavery*
la explotación	*exploitation*
la humillación	*humiliation*
el maltrato	*mistreatment*
la mano de obra	*labor, workforce*
la opresión	*oppression*

la potencia	*power (economic, military)*
el respeto	*respect*
el sufrimiento	*suffering*
el vasallo	*vassal*
la vejación	*abuse*
la violación	*violation*

Personas

el dictador/la dictadora	*dictator*
el esclavo/la esclava	*slave*
el/la traficante	*dealer, trafficker*

Características

emergente	*developing, emerging*
marginado/a	*outcast, marginalized*
oprimido/a	*oppressed*
político/a	*political*
propiciado/a	*favored*
repartido/a	*distributed*

Verbos

contar (ue)	*to tell; to count*
empezar (ie, c)	*to begin*
levantarse en contra de	*to rise up against; to protest*
luchar	*to fight*
privar	*to deprive*
resolver (ue)	*to solve*
respetar	*to respect*
soportar	*to bear, to tolerate*

Palabras y expresiones útiles

de acuerdo con	*according to*
el cuadro	*picture*
la enfermedad	*illness*
el hecho	*fact*
el país emergente	*a developing country*

Nuestro entorno físico

9

Objetivos comunicativos
- Reporting on geography and the environment
- Discussing causes and effects of current environmental problems
- Expressing purpose and conjecture
- Talking about future consequences of current situations

Contenido temático y cultural
- Natural resources and their preservation
- Natural phenomena
- Pollution and other environmental problems

La selva amazónica ocupa cerca del 60% del territorio peruano. El contraste climático entre la costa y la selva es extraordinario. En la selva llueve gran parte del año y su densa vegetación ayuda a purificar el aire, por lo que es conocida como el pulmón del planeta.

La pampa es una enorme extensión de tierra llana y fértil donde se cultivan cereales y se cría un ganado de excelente calidad. Ocupa una buena parte de Argentina, Uruguay y del sur de Brasil y es muy importante para la economía de estos países. La palabra *pampa* (*plain*) proviene de la lengua quechua.

España tiene una geografía variada, con costas en el Atlántico y en el Mediterráneo, con diversas cadenas de montañas y una inmensa meseta central. El clima varía según la región. El norte es lluvioso y el sur es más seco. La zona del Mediterráneo tiene temperaturas cálidas, mientras que en la meseta central los inviernos son fríos y los veranos son muy calurosos. En la imagen vemos un típico paisaje del norte del país.

El norte de Chile, donde se encuentra el desierto de Atacama, es uno de los lugares más secos del planeta.

Vista panorámica

Los paisajes de la Patagonia, en el sur de Chile y Argentina, son espectaculares. Los glaciares, las colonias de pingüinos y los parques nacionales le ofrecen al viajero la oportunidad de disfrutar plenamente de la naturaleza. En invierno, los vientos helados, las temperaturas bajo cero y la niebla dificultan mucho los viajes a esta zona. Este es el glaciar Perito Moreno.

El altiplano boliviano tiene una altura media de 3.500 metros. Allí se encuentra La Paz, la capital más alta del mundo. Al este del altiplano, están los valles y los llanos del Oriente. Los llanos ocupan un 70% del territorio nacional y se unen a las selvas de Brasil al este y a la región semiárida del Chaco, Argentina al sureste.

Muchas de las tierras del norte de México, como el desierto de Sonora, son áridas y secas, igual que una gran parte de la zona suroeste de Estados Unidos. El cactus es una planta autóctona que se adapta muy bien al clima de esa zona.

Millones de árboles se cortan cada día en la selva amazónica para dar lugar a nuevas zonas agrícolas y también a carreteras. Desgraciadamente, la deforestación tiene consecuencias graves para el medio ambiente.

A leer

09-01 to 09-10

Vocabulario en contexto

 9-1 Asociación. Asocie la descripción de algunos fenómenos relacionados con la geografía o el medio ambiente con la expresión apropiada. Luego, descríbale a su compañero/a el entorno físico del lugar donde usted nació, usando algunas expresiones.

1. _____ capa que nos protege de los rayos infrarrojos de sol
2. _____ zona árida, desértica
3. _____ escasez o insuficiencia de agua
4. _____ lugar donde plantamos o caminamos
5. _____ elevación de las temperaturas de la Tierra
6. _____ transformarse en hielo
7. _____ efecto de sobrevivir
8. _____ transformación del hielo en agua

a. sequía
b. ozono
c. efecto invernadero
d. Atacama
e. suelo
f. supervivencia
g. congelarse
h. derretirse

9-2 ¿El clima se está volviendo loco? Marque (✔) las afirmaciones con las que usted está de acuerdo. Explique por qué.

1. _____ El calentamiento de la Tierra, es decir, el aumento de la temperatura media, es evidente.
2. _____ La escasez prolongada de lluvia ha provocado la desertización en varias regiones.
3. _____ Solamente en África hay sequía, es decir, no llueve.
4. _____ El Niño y la Niña provocan inundaciones. Ciudades y pueblos quedan sumergidos.
5. _____ En algunos lugares se construyen muros de contención o represas (*dams*) para evitar que el agua de las inundaciones destruya las viviendas.
6. _____ En la actualidad el suelo es más fértil en muchas regiones del mundo. Hay más vegetación y menos desiertos.

 9-3 ¿Qué pasa? Observen las fotos a continuación y expliquen los fenómenos naturales, los grandes cambios que están ocurriendo en el medio ambiente y los esfuerzos por buscar fuentes alternativas de energía. Usen las expresiones de la caja u otras. Ahora digan cuál de las fotos les impactó más y por qué.

la amenaza	el desierto	florecer
la congelarse	emitir	el gas
la contaminación	la energía eólica	el hielo
la contención del mar	el esfuerzo	la inundación
derretirse	la fábrica	el ozono

⌃ 1. El glaciar Upsala en la Patagonia argentina en la actualidad

⌃ 2. Parque de energía eólica

⌃ 3. Efectos de la desertización

⌃ 4. Un camión intenta aplanar (*flatten*) los desperdicios en un basural.

Estrategias de lectura

1. Infórmese sobre el tema antes de leer.
   a. Fíjese en el título: "El calentamiento global, motivo de alarma".
      Vuelva a las actividades de *Vocabulario en contexto* y anote las palabras y
      expresiones asociadas con el tema.
   b. Piense en lo que ya sabe. ¿Qué sabe usted acerca del calentamiento
      global? ¿Por qué es un motivo de alarma?
2. Use la primera oración de cada párrafo para anticipar el contenido. Pase su
   marcador por la primera oración de cada párrafo. Luego, lea las oraciones
   para tener una idea del texto en su totalidad.

EXPRESIONES CLAVE

¿Comprende estas expresiones?
Si tiene dudas, revise
Vocabulario en contexto antes
de leer el siguiente texto.

el calentamiento	la escasez
la capa	la sequía
congelarse	el suelo
la contención	sumergir(se)
derretirse	la supervivencia
la desertización	la zona desértica
el desierto	
el efecto invernadero	

LECTURA

El calentamiento global, motivo de alarma

El primer párrafo generalmente presenta la idea principal del texto. Al leer el párrafo, trate de identificar la idea central.

Desde que a mediados del siglo XIX terminó un período frío en nuestro planeta, la temperatura de la atmósfera y de los océanos ha aumentado poco a poco. Ha subido más rápidamente en las últimas décadas del siglo XX y en la primera del siglo XXI. Las alarmas se han encendido: si el calentamiento sigue a este ritmo, dentro de un siglo tendremos serios problemas de supervivencia.   5

En este párrafo se explica por qué suben las temperaturas atmosféricas. Al leer piense en cómo Ud. lo explicaría en sus propias palabras.

¿Qué ha comprendido? Sin mirar el párrafo, explique en qué consiste el efecto invernadero y cómo funciona para que suban las temperaturas atmosféricas.

Los inviernos son ahora menos fríos, los veranos más calurosos, los períodos sin lluvia más largos y los huracanes más frecuentes. Según los científicos, esto se debe a un aumento de los gases de efecto invernadero en la atmósfera. El efecto invernadero es un fenómeno natural: el sol calienta el suelo y el calor emitido del suelo se atrapa en la atmósfera, debido principalmente a la presencia 10 desequilibrada de gases como el dióxido de carbono (CO_2). Aunque los gases de efecto invernadero son necesarios en proporciones adecuadas para evitar que los océanos se congelen, la retención del calor en la atmósfera afecta el clima de la Tierra. Lo preocupante es que el aumento de estos gases produzca un efecto invernadero superior al normal y que suba la temperatura en las capas más bajas 15 de la atmósfera. Según muchos científicos, no hay duda alguna de que esto es lo que está pasando actualmente.

Desde hace años el intenso debate político sobre este tema se centra en si el aumento de los gases de efecto invernadero ha sido producido por el hombre. Mientras continúa el debate, nadie duda de que las consecuencias de este 20 aumento de las temperaturas, si se prolonga durante un siglo, serán desastrosas. Es posible que la mitad de los glaciares del mundo y el hielo del Polo Norte y del Polo Sur se derritan, inundando las costas y los valles y sumergiendo ciudades enteras bajo el agua. Por otro lado, la humedad y la lluvia serán más escasas y aumentarán las zonas desérticas, lo cual será muy grave para aquellos lugares 25 que ya sufren escasez de agua. También es probable que muchas zonas agrícolas se conviertan en desiertos y que numerosas especies de animales y plantas desaparezcan como consecuencia del cambio climático.

En este párrafo se da una lista de las consecuencias del efecto invernadero. ¿Cuáles son? Pase su marcador por ellas para recordarlas.

Al leer el párrafo, pase su marcador por estas palabras clave: *desertización, sequías, huracanes*. ¿Qué regiones del planeta están afectadas por estas condiciones climáticas?

De hecho, estos cambios en los ecosistemas ya están afectando a todo el mundo. En Oriente Medio, en África y en la cuenca (*basin*) del Mediterráneo el proceso 30 de desertización es alarmante, pero también en Estados Unidos hay regiones de California, Arizona, Nevada y Texas que sufren sequías cada vez mayores. Los huracanes del Caribe son cada vez más frecuentes y afectan a zonas más grandes debido en parte a que la evaporación del agua de los océanos es mayor a causa de las altas temperaturas. En un futuro no muy lejano, los gobiernos tendrán que 35 planificar obras de contención del mar en Nueva York, San Francisco y en numerosas ciudades costeras de otros países, como Valparaíso en Chile.

En cualquier caso, la velocidad a la que se está produciendo el cambio climático ha alertado no sólo a los científicos sino también a los políticos y a la sociedad en general. Sin duda, en los próximos años oiremos hablar mucho de este problema 40 y de sus posibles soluciones.

Comprensión y ampliación

9-4 Comprensión. Primera fase. Utilizando la técnica del resumen, conteste por escrito las siguientes preguntas basándose en la lectura.

1. ¿Cuáles son las principales causas de los cambios climáticos?
2. ¿Cuáles son los principales efectos de estos cambios?

Segunda fase. Lean varias veces sus respuestas individualmente y luego reúnanse para intercambiar oralmente sus resúmenes sin leerlos.

9-5 Ampliación. Primera fase. Basándose en la información del texto y en sus propios conocimientos, escriba una lista de problemas del medio ambiente en las siguientes áreas:

1. El aire
2. El agua
3. El suelo

Segunda fase. Seleccionen los seis problemas más interesantes de las listas que ustedes han hecho individualmente y preparen una lista en grupos. Luego, propongan soluciones para cada uno de los problemas.

MODELO: la extinción del atún (*tuna*)

E1: *Es mejor prohibir la pesca del atún.*

E2: *Quizá no sea bueno prohibir la pesca sino los métodos de extracción masiva.*

9-6 Conexiones. Busquen información en Internet sobre el Protocolo de Kyoto. Utilicen las siguientes preguntas como guía. Luego, preparen una presentación con fotos para la clase.

1. ¿Qué es el Protocolo de Kyoto?
2. ¿Cuáles son los puntos más importantes de este tratado?
3. ¿Cuáles son los puntos controvertidos?
4. ¿Cuándo entró en vigor (*went into effect*)?
5. ¿Qué países firmaron el tratado?
6. ¿Qué países no lo ratificaron? ¿Por qué?

Aclaración y expansión

09-11 to
09-21

The future tense

Oye, Pancho, dicen que el gobierno **construirá** la planta nuclear en nuestro pueblo. ¡Eso **será** muy peligroso!

No sé, pero tengo un plan. Tú y yo **nos casaremos** y **viviremos** lo más lejos posible de la planta.

CULTURA

El río Amazonas es el más caudaloso (*carries the greatest amount of water*) del mundo y el segundo en longitud, después del Nilo. Nace en los Andes de Perú y cruza el continente americano de oeste a este. Cuenta con más de mil afluentes (*tributaries*) y en algunos lugares tiene unos seis kilómetros de ancho. Las tierras de esta región constituyen la Amazonía, la mayor selva tropical del mundo.

- In addition to the present tense of **ir** + **a** + *infinitive* to express the future, Spanish also uses the future tense.

  Vamos a viajar a los glaciares mañana. — *We are going to travel to the glaciers tomorrow.*

  Viajaremos a los glaciares durante las vacaciones. — *We'll travel to the glaciers on our vacation.*

- The Spanish future tense can also be used to express probability or conjecture. English normally uses expressions like *probably*, *may*, *might*, and *I/we wonder*.

  — ¿Qué tiempo **hará** en San José ahora? — *I wonder what the weather is like in San José now.*

  — Lloverá mucho. Es época de lluvias. — *It is probably/It must be raining. It is the rainy season.*

- The future tense is formed by adding the endings **-é, -ás, -á, -emos, -éis, -án** to the infinitive of **-ar, -er,** and **-ir** verbs.

Future tense			
	hablar	**comer**	**vivir**
yo	hablar**é**	comer**é**	vivir**é**
tú	hablar**ás**	comer**ás**	vivir**ás**
Ud., él/ella	hablar**á**	comer**á**	vivir**á**
nosotros/as	hablar**emos**	comer**emos**	vivir**emos**
vosotros/as	hablar**éis**	comer**éis**	vivir**éis**
Uds., ellos/as	hablar**án**	comer**án**	vivir**án**

- The following verbs are irregular in the future tense. These verbs have irregular stems, but the endings are the same as those of the regular verbs.

Infinitive	New stem	Future forms
caber	**cabr-**	cabr**é**, cabr**ás**, cabr**á**, cabr**emos**, cabr**éis**, cabr**án**
poder	**podr-**	podr**é**, podr**ás**, podr**á**, podr**emos**, podr**éis**, podr**án**
querer	**querr-**	querr**é**, querr**ás**, querr**á**, querr**emos**, querr**éis**, querr**án**
saber	**sabr-**	sabr**é**, sabr**ás**, sabr**á**, sabr**emos**, sabr**éis**, sabr**án**
poner	**pondr-**	pondr**é**, pondr**ás**, pondr**á**, pondr**emos**, pondr**éis**, pondr**án**
tener	**tendr-**	tendr**é**, tendr**ás**, tendr**á**, tendr**emos**, tendr**éis**, tendr**án**
valer	**valdr-**	valdr**é**, valdr**ás**, valdr**á**, valdr**emos**, valdr**éis**, valdr**án**
salir	**saldr-**	saldr**é**, saldr**ás**, saldr**á**, saldr**emos**, saldr**éis**, saldr**án**
venir	**vendr-**	vendr**é**, vendr**ás**, vendr**á**, vendr**emos**, vendr**éis**, vendr**án**
decir	**dir-**	dir**é**, dir**ás**, dir**á**, dir**emos**, dir**éis**, dir**án**
hacer	**har-**	har**é**, har**ás**, har**á**, har**emos**, har**éis**, har**án**

LENGUA

Remember that the future form of **hay** is **habrá** (*there will be*) and that it is invariable.
 Habrá una inundación debido a las lluvias. **Habrá** muchas tierras inundadas debido a las lluvias.

9-7 Práctica. Para su clase de sociología, Pablo tiene que describir su visión del mundo en el futuro. Complete el texto para saber cómo se imagina la vida del futuro.

El mundo del futuro (1) _____ (ser) bastante diferente del mundo presente. Por ejemplo, las ciudades (2) _____ (convertirse) en urbanizaciones más pequeñas, pero autosuficientes. Nosotros no (3) _____ (tener) que ir a las tiendas para comprar, porque (4) _____ (conseguir) todo con un toque en los cientos de pantallas que (5) _____ (estar) instaladas en las calles. En mi mundo del futuro no (6) _____ (haber) congestiones en las carreteras. La gente (7) _____ (transportarse) por el aire en pequeños vehículos activados con energía solar.

En el mundo del futuro nosotros (8) _____ (disfrutar) de más tiempo libre, pero (9) _____ (vivir) vidas más independientes y solitarias. Muchas personas (10) _____ (decir) que la vida era mejor en el pasado.

 9-8 ¡Un viaje espectacular! Usted y su familia van a visitar Chile. Refiriéndose al mapa, hágale preguntas al/a la agente de viajes (su compañero/a) para averiguar los detalles del viaje.

El cerro Santa Lucía fue el lugar donde se fundó la ciudad de Santiago en 1541. Con el fin de descentralizar, hace algunos años el congreso chileno se mudó al puerto de Valparaíso, que queda a unos 90 kilómetros al noroeste de la capital. El volcán Osorno, los saltos de Petrohué y el lago Todos los Santos están en el Parque Nacional Vicente Pérez Rosales, en la región de Los Lagos en el sur del país.

Usted quiere saber	Las respuestas del/de la agente
1. Línea aérea	Lan Chile
2. Duración del vuelo	Unas doce horas
3. Número de días en Santiago	Dos días y medio
4. Lugares para visitar cerca de Santiago	El cerro Santa Lucía y Valparaíso
5. Día y hora de salida para Puerto Montt	24 de enero: 4:15 p.m.
6. Lugares para visitar el 25 de enero	El volcán Osorno, los saltos de Petrohué y el lago Todos los Santos
7. Medios de transporte	Autobús y barco
8. Lugar donde alojarse	Un hotel cerca del lago

MODELO: Fecha de salida de Los Ángeles 21 de enero: 11:15 p.m.
E1 (turista): *¿Qué día/Cuándo saldremos de Los Ángeles?*
E2 (agente): *Saldrán el 21 de enero a las 11:15 de la noche.*

9-9 La opinión de los científicos. Basándose en su conocimiento de los problemas del medio ambiente, indiquen qué harán los individuos y los gobiernos en el futuro para resolver los problemas. Usen los verbos en la caja.

ahorrar	hacer
conservar	mantener
construir	planificar
crear	plantar
eliminar	proteger
evitar	reciclar
firmar	tener

Modelo: E1: *Los gobiernos harán cambios en su política para mejorar la situación ambiental.*

E2: *Los individuos tendrán que colaborar también. Reciclarán y conservarán la energía.*

1. Las emisiones de gases de efecto invernadero
2. Las energías alternativas
3. El transporte
4. La explotación no planificada de los recursos naturales
5. Los tratados internacionales
6. El uso de productos no contaminantes

9-10 Conjeturas. Primera fase. Observen las siguientes escenas y túrnense para conjeturar sobre las causas de lo que ven. Su compañero/a debe dar su opinión.

MODELO: E1: *¡Mira cuántos peces muertos hay en el primer dibujo! El agua de esta playa estará contaminada, ¿verdad?*

E2: *Es probable. La contaminación vendrá de los barcos que vemos allá lejos.*

1.

2.

3.

4.

5.

Segunda fase. Ahora hagan una lista de las medidas que probablemente se tomarán en el futuro para resolver estos problemas.

MODELO: *Probablemente se inventarán carros eléctricos que contaminen menos.*

9-11 Un artículo. Primera fase. Lean el siguiente artículo de la revista *Medio ambiente* y, según la gravedad del problema, pongan en orden de prioridad (1 a 5) los problemas que se mencionan.

¿Qué ocurrirá en nuestro planeta Tierra?

Los investigadores han estimado que el aumento de 1, 4 a 5, 8° C en las temperaturas tendrá estas consecuencias:

- _____ Subirá el nivel del mar de 0,009 a 0,88 metros hasta el año 2100, amenazando a millones de personas que habitan las zonas costeras y al turismo.
- _____ Empeorará en algunas partes de África la desertificación como respuesta a la escasez de lluvias y suelos húmedos.
- _____ Disminuirá en muchos países asiáticos la producción agrícola y, por extensión, la seguridad alimentaria.
- _____ Disminuirá en Australia y Nueva Zelanda la barrera de coral y sus habitantes tendrán problemas con la subida del nivel del mar.
- _____ Aumentará la posibilidad de inundaciones en Europa. En Sudamérica, las inundaciones y las sequías serán frecuentes.

Segunda fase. Ahora, comparen con el resto de la clase el orden de prioridad de los problemas y añadan una consecuencia nueva a cada uno de estos problemas.

Modelo: *Algunas playas desaparecerán. En América del Norte, por ejemplo, la subida del mar intensificará la erosión en la costa.*

9-12 El futuro de mi región. Primera fase. Escriba una lista de por lo menos tres problemas relacionados con el medio ambiente de su región o país que resultaron de las acciones del ser humano. Considere las siguientes áreas:

Áreas	Problemas
1. El clima	
2. La degradación ambiental	
3. La energía	

 Segunda fase. Ahora comparta los tres problemas de la *Primera fase* con su compañero/a y seleccionen el más urgente de resolver. Luego planifiquen una campaña en la que digan qué harán para resolver el problema.

Modelo: *Mi compañero/a y yo pondremos carteles en el campus para pedirles a los alumnos que eviten usar aerosoles.*

The conditional

¿Qué **haría** usted con los responsables?
¿Qué castigo les **daría**?
¿Los **obligaría** a limpiar las calles?
Envíeme sus ideas a
delitosmedioambientales@policia.com

- The use of the conditional in Spanish is similar to the use of the construction *would + verb* in English to express what one would do or what would happen in a hypothetical situation.

  Yo **leería** más sobre el problema para entenderlo mejor.

  *I **would read** more about the problem to understand it better.*

- Spanish also uses the conditional to express probability in the past.

  Sería la década de los ochenta cuando la concienciación social empezó a aumentar.

  ***It was probably/It must have been** the 1980s when social consciousness started to increase.*

- When English *would* implies *used to*, Spanish uses the imperfect.

  Cuando éramos chicos, **reciclábamos** papel solamente.

  *When we were young, we **would (used to) recycle** only paper.*

Conditional tense			
	hablar	**comer**	**vivir**
yo	hablar**ía**	comer**ía**	vivir**ía**
tú	hablar**ías**	comer**ías**	vivir**ías**
Ud., él/ella	hablar**ía**	comer**ía**	vivir**ía**
nosotros/as	hablar**íamos**	comer**íamos**	vivir**íamos**
vosotros/as	hablar**íais**	comer**íais**	vivir**íais**
Uds., ellos/as	hablar**ían**	comer**ían**	vivir**ían**

- Verbs that have an irregular stem in the future have the same irregular stem in the conditional.

Infinitive	New stem	Conditional forms
caber	**cabr-**	cabría, cabrías, cabría, cabríamos, cabríais, cabrían
poder	**podr-**	podría, podrías, podría, podríamos, podríais, podrían
querer	**querr-**	querría, querrías, querría, querríamos, querríais, querrían
saber	**sabr-**	sabría, sabrías, sabría, sabríamos, sabríais, sabrían
poner	**pondr-**	pondría, pondrías, pondría, pondríamos, pondríais, pondrían
tener	**tendr-**	tendría, tendrías, tendría, tendríamos, tendríais, tendrían
valer	**valdr-**	valdría, valdrías, valdría, valdríamos, valdríais, valdrían
salir	**saldr-**	saldría, saldrías, saldría, saldríamos, saldríais, saldrían
venir	**vendr-**	vendría, vendrías, vendría, vendríamos, vendríais, vendrían
decir	**dir-**	diría, dirías, diría, diríamos, diríais, dirían
hacer	**har-**	haría, harías, haría, haríamos, haríais, harían

9-13 Práctica. Alguien le envía este mensaje por correo electrónico a la policía. Complételo con el condicional para saber qué piensa el público sobre las personas que ensucian las calles.

De: pericolospalotes@gmail.com
Para: *delitosmedioambientales@policía.com*

A quien concierna:

Me (1) _____ (gustar) darles algunas ideas para resolver definitivamente el mal hábito de quienes tiran basura por las calles. Yo (2) _____ (obligar) a los niños a asistir a clases sobre el medio ambiente. Las clases les (3) _____ (enseñar) buenos hábitos. La primera vez que los chicos adolescentes tiran la basura en la calle, ellos (4) _____ (pagar) una multa y, la segunda vez, (5) _____ (recolectar) la basura de las calles por un mes. Todos nosotros (6) _____ (deber) ser responsables de proteger la salud ambiental. ¿No creen que (7) _____ (ser) una buena idea ofrecer clases a los padres para que la protección del medio ambiente empezara en casa? ¿(8) _____ (Tener) ustedes interés en tener voluntarios como yo para entrenar en las escuelas? Me (9) _____ (encantar) colaborar.

9-14 ¿Qué haría usted en esta situación? *Primera fase.* Usted está paseando por un parque donde ocurren algunas irregularidades. Escoja las oraciones que expresan lo que usted haría. Proponga respuestas alternativas.

1. Durante su paseo usted ve que alguien tira una lata de refresco vacía en el césped.
   a. Le diría que no es bueno tirar basura en el parque.
   b. Continuaría mi paseo sin decir nada.
2. Usted tira descuidadamente el envoltorio (*wrapping*) de un chocolate que acaba de comer en el césped y una persona lo/la ve.
   a. Me iría del lugar rápidamente.
   b. Le explicaría a la persona por qué tiré el envoltorio.

The conditional of some verbs, such as **deber, poder, querer, preferir, desear,** and **gustar,** is used to express a polite request or to soften suggestions and statements.

¿**Podría** decirme más sobre el calentamiento de las regiones polares?

Could you tell me more about the warming of the polar regions?

Me **gustaría** saber más sobre este tema.

I would like to know more about this topic.

The conditional form of **hay** is **habría** (*there would be*) and it is invariable.

Pensó que **habría** más esmog en el valle.

He thought there would be more smog in the valley.

3. Un perro, que corre por el parque sin su dueño, quiere estar con usted y lo/la sigue por el parque.
   a. Trataría de huir rápidamente del perro.
   b. Buscaría un policía o un empleado del parque para pedirle ayuda.
4. Usted se da cuenta de que cinco perros lo/la siguen ahora, y que muchas personas los miran a usted y a los perros con mucha curiosidad. La gente no puede entender por qué usted sale a la calle con tantos perros.
   a. Les explicaría que los animales no son míos.
   b. Les diría que yo no sé por qué me siguen.
5. De repente los perros empiezan a atacarse unos a otros.
   a. Saldría corriendo del parque.
   b. Trataría de separarlos para evitar que se hicieran daño.

 Segunda fase. Compare sus respuestas con las de su compañero/a. Luego, inventen el final de esta situación. Después, comparen su final con el de otra pareja y seleccionen el mejor.

9-15 Un oso (*bear*) en el vecindario. Primera fase. Algunos vecinos han visto un oso en su vecindario. Muy preocupados, todos discuten las medidas que se deben tomar. Marque (✓) las más importantes o lógicas para resolver este problema y añada una.

1. ____ Mantener todas las puertas y ventanas cerradas todo el tiempo
2. ____ No dejar ningún depósito de basura con comida fuera de la casa
3. ____ Dejar comida con veneno (*poison*) en algunos lugares estratégicos
4. ____ Tener tiradores (*marksmen*) expertos para lanzarle tranquilizantes desde lejos
5. ____ Prohibir todo tipo de reunión nocturna en el vecindario
6. ____ Salir solo/a a la calle para pasear a los perros
7. ____ Llamar a la policía para vigilar (*watch*) el vecindario

 Segunda fase. Hable con su compañero/a sobre lo que usted haría o no haría basándose en la información de la *Primera fase*. Su compañero/a debe hacerle preguntas para obtener más detalles.

Modelo: E1: *Yo no llamaría a la policía para vigilar el vecindario.*
E2: *¿A quién llamarías entonces?*
E1: *No llamaría a nadie porque . . .*

9-16 Para proteger el medio ambiente. Primera fase. Usted ha creado la siguiente lista de medidas para combatir la crisis medioambiental. Pregúnteles a sus compañeros/as cuáles de estas medidas tomarían ellos, cuáles no y por qué.

Modelo: E1: *¿Cuáles de estas medidas tomarías tú?*
   E2: *Yo usaría el transporte público y cubriría las ventanas con plástico en el invierno.*

1. Usar transporte público; usar lo menos posible los autos privados
2. Llevar sus propias bolsas a las tiendas
3. Mantener la casa/el apartamento un poco más frío en el invierno
4. Proteger las ventanas con plástico para ahorrar energía
5. Recoger fondos para plantar árboles en la ciudad
6. Participar en las campañas de limpieza en los lagos, ríos y bosques cerca de su universidad
7. Ducharse con agua fría

Segunda fase. Hagan una lista de las cinco medidas más importantes de la *Primera fase*. Luego, comparen su lista con la de otros grupos. ¿Son sus listas semejantes o diferentes? Defiendan su opinión.

 9-17 Una donación. Su organización ha recibido una donación de cien mil dólares para resolver un problema específico del medio ambiente en su localidad. Intercambien ideas y escriban por lo menos tres propuestas para utilizar el dinero. Luego, comparen sus ideas con las de otra pareja. Presenten una de las propuestas a la clase.

Modelo: *Usaríamos la donación para crear un programa de reciclaje de plástico en todos los edificios de la universidad.*

Nuestros recursos naturales

Antes de ver

9-18 Recursos naturales. Asocie los recursos naturales con sus usos.

❶ _____ la madera

❷ _____ el agua

❸ _____ los vientos

❹ _____ el sol

❺ _____ los minerales

❻ _____ el petróleo

❼ _____ los productos agrícolas

a. para hacer funcionar coches y otros medios de transporte
b. para crear energía eólica
c. para la alimentación
d. para calentar paneles que acumulan su energía
e. para construir casas y muebles
f. para producir energía hidráulica
g. para crear utensilios y productos metálicos

Mientras ve

9-19 ¿Cierto o falso? Indique si las siguientes afirmaciones son ciertas (**C**) o falsas (**F**) según la información del video. Si la información es falsa, corríjala.

Sobre el agua:

❶ _____ Los recursos naturales de América Latina son limitados.

❷ _____ Los ríos Orinoco, Amazonas, Paraná y de la Plata transportan más o menos el 30% del agua dulce del mundo.

❸ _____ La demanda de agua está en directa proporción al crecimiento de la población.

Sobre los bosques:

❹ _____ En 1980, América Latina contaba con más del 20% del total de bosques del planeta.

❺ _____ Hoy en día, el total de bosques de América Latina ha aumentado.

❻ _____ La deforestación está relacionada con el creciente valor de las importaciones de productos forestales.

❼ _____ El Protocolo de Kyoto es un acuerdo internacional para contrarrestar las tendencias mundiales de deforestación.

Después de ver

9-20 El Protocolo de Kyoto. Primera fase. En este video se señalan tres medidas acordadas por los países de América Latina en el Protocolo de Kyoto. Marque (✓) las que corresponden.

❶ _____ Promoverán las exportaciones de productos forestales para activar las economías nacionales.

❷ _____ Promoverán la forestación y reforestación.

❸ _____ Reducirán las emisiones de los gases de efecto invernadero.

❹ _____ Presentarán planes para usar más eficazmente el agua y los otros recursos naturales.

 Segunda fase. Discutan los posibles efectos que habría para la economía, el medio ambiente y las relaciones internacionales si las medidas acordadas en el Protocolo de Kyoto no se cumplieran. ¿Qué consecuencias habría para las futuras generaciones?

A leer

27 to
9-34

Vocabulario en contexto

9-21 El medio ambiente es de todos. Lea las definiciones relacionadas con el medio ambiente y conéctelas con la descripción correspondiente.

1. _____ deforestación o tala
2. _____ selva tropical
3. _____ pluviosidad
4. _____ ecosistema
5. _____ terreno de pasto
6. _____ ganado

a. suelo con abundante hierba de la que sirve de alimento para los animales
b. comunidad de seres vivos cuya vida y desarrollo están relacionados por los factores ambientales que comparten
c. proceso de cortar árboles o arbustos y no plantar otros
d. lugar donde abundan la lluvia y las altas temperaturas
e. terreno extenso, no cultivado que tiene abundancia de árboles
f. cantidad de lluvia que cae en un lugar durante un período determinado de tiempo
g. grupo de animales que generalmente viven juntos

9-22 Descripciones. Observen las imágenes y respondan a las siguientes preguntas. Usen expresiones de la actividad **9-21.**

a. ¿Qué representa esta foto?
b. ¿Muestra esta foto una imagen positiva o negativa del medio ambiente?
c. ¿Qué problemas o soluciones sobre el medio ambiente se asocian con estas fotos?

⌃ Selva de Centroamérica

⌃ Ganado pastando en Chile con el volcán Osorno a la distancia

⌃ Petróleo sobre una playa

⌃ Una mujer replantando árboles

 9-23 ¿Problema o solución? Indiquen si los siguientes son problemas (**P**) o soluciones (**S**) relacionados con el medio ambiente. Luego, decidan cuál de los problemas se debe resolver con más urgencia en su región o país. ¿Por qué?

1. _____ La extinción de algunas especies de pájaros y otros animales en los diversos ecosistemas
2. _____ La desaparición de la selva tropical como consecuencia de la construcción de carreteras
3. _____ La reforestación de los bosques y la selva
4. _____ Reforzar, es decir, vigorizar o fortificar, la protección del aire, el suelo y el agua
5. _____ La aplicación de planes de conservación y recuperación de especies amenazadas
6. _____ Convertir los terrenos cultivables en terrenos de pasto para alimentar al ganado
7. _____ La plantación excesiva de soja en las granjas para aumentar las ganancias de las compañías multinacionales
8. _____ Frenar el uso excesivo de gases contaminantes

 9-24 ¿Qué se debe hacer? Primera fase. El Ministerio del Medioambiente pide la participación del público para resolver dos problemas medioambientales serios. Escojan uno de los problemas y expliquen qué plan implementarían ustedes.

Problemas:

1. Los agricultores han plantado y explotado (*exploited*) sus terrenos sin ninguna planificación. Por eso, la tierra está degradada a niveles peligrosos.
2. Las autoridades han permitido la construcción de pozos de petróleo que se han roto y han contaminado el mar.

 Segunda fase. Presenten su propuesta a la clase. Discutan las ventajas y posibles desventajas y la manera en que su plan resolvería el problema.

Estrategias de lectura

1. Infórmese sobre el tema antes de leer.
   a. El título del texto, "La Amazonía en peligro", ayuda a anticipar el contenido. ¿Qué asocia con el título? ¿Qué tipo de región es la Amazonía? ¿Qué tipos de animales y plantas viven allí? Entre todos, hagan una lluvia de ideas (*brainstorm*), escribiendo todas las asociaciones que puedan.
   b. Piense en lo que ya sabe. Si el texto trata de los problemas relacionados con la Amazonía, ¿de qué tipo de problemas se va a hablar en el texto? Escriba una lista de ellos.

2. Mire las fotos y lea sus anotaciones. ¿Qué información saca de ellas sobre el contenido del texto?

 LECTURA

La Amazonía en peligro

El mayor ecosistema tropical del mundo, la selva de la Amazonía, se encuentra en grave peligro. Un 40% de su tamaño podría
5 desaparecer antes del año 2050 según un estudio publicado recientemente en la prestigiosa revista *Nature*.

El científico brasileño Britaldo
10 Silveira Soares-Filho, de la Universidad de Minas Gerais (Belo Horizonte, sur de Brasil), asegura en este estudio que la selva tropical de la Amazonía se está reduciendo a un ritmo alarmante debido a la
15 deforestación. La actividad humana que más gravemente está afectando la selva amazónica consiste en la eliminación de los bosques para ampliar los campos de cultivo de soja y para ganar terrenos de pasto para el ganado. La soja se emplea mayoritariamente para la industria del alimento de animales de granja. Como dijo Jeremy Rifkin, presidente de *Foundation on Economic Trends,* "estamos destruyendo
20 el Amazonas para alimentar vacas". El incremento en las ventas de carne de res brasileña es el factor principal de esta actividad.

⌃ La Amazonía vista desde el espacio

EXPRESIONES CLAVE

¿Comprende estas expresiones? Si tiene dudas, revise el *Vocabulario en contexto* antes de leer el siguiente texto.

advertir (ie, i)
la deforestación
el ecosistema
la especie
frenar
el ganado
la granja
la pluviosidad
reforzar (ue)
la selva
la selva tropical
la soja
el terreno de pasto

El primer párrafo de un texto generalmente resume la idea central. Identifique la idea central al leer.

En este párrafo se explica la causa del problema en la Amazonía. Al leer, fíjese en ella.

¿Qué ha comprendido? ¿Cuál es el motivo de la deforestación? Explique el significado de la cita de Jeremy Rifkin.

En este párrafo se explican las consecuencias de la deforestación. Al leer, fíjese en ellas.

Si no se frena el actual ritmo de deforestación con medidas proteccionistas, la selva amazónica sufrirá una reducción de entre 5,3 y 3,2 millones de kilómetros cuadrados antes del año 2050, según el estudio de *Nature*. Es urgente, por tanto, que la legislación brasileña refuerce la protección de la Amazonía ampliando las áreas declaradas reserva

25

30

⌃ Al norte de Brasil la deforestación ha alcanzado proporciones espectaculares.

forestal. Dicho estudio dice también que la deforestación amazónica podría afectar el calentamiento global de la Tierra. La desaparición de los árboles en 35 áreas tan extensas haría aumentar en miles de millones de toneladas el dióxido de carbono de la atmósfera e intensificaría el efecto invernadero. Por esta razón, una reducción tan grande de la masa vegetal de la biosfera no sólo reduciría la pluviosidad en América del Sur, sino que podría acelerar el calentamiento global. 40

La Amazonía, con una extensión de siete millones de kilómetros cuadrados, es además un tesoro biológico que vale la pena conservar por su rica biodiversidad. Es la reserva biológica más importante del mundo, con miles de especies de insectos, plantas, pájaros y otras formas de vida, muchas de las cuales todavía no han sido catalogadas por la ciencia. 45

En este párrafo se habla del calentamiento global. Explique la conexión entre la deforestación y el calentamiento de la Tierra.

Comprensión y ampliación

9-25 Comprensión. Conteste las siguientes preguntas según la información del artículo.

1. ¿Por qué está en peligro la selva amazónica?
2. ¿Qué factores contribuyen a la deforestación de la Amazonía?
3. ¿Cuál es la opinión de los científicos de la revista *Nature* sobre este problema?
4. ¿Cuál es la relación entre la deforestación y el calentamiento global?
5. ¿Qué otras consecuencias tiene la deforestación para el planeta?
6. ¿Por qué es importante la Amazonía?

9-26 Ampliación. Primera fase. Comenten los problemas ecológicos más importantes que sufre actualmente el lugar donde ustedes viven. Comenten estos problemas con el resto de la clase usando las preguntas siguientes como guía:

1. ¿Cuáles son los problemas ecológicos de su región?
2. ¿Cuál es, en su opinión, la solución para estos problemas?
3. ¿Qué esperan o desean que ocurra en el futuro en relación con estos problemas?

Segunda fase. Describan en un breve párrafo uno de los problemas indicados en *Primera fase* y expliquen sus posibles soluciones.

9-27 Conexiones. Busque en Internet un artículo en español sobre un aspecto relacionado con la ecología. Haga lo siguiente:

1. Resuma el artículo.
2. Prepare una breve presentación para la clase en la que describa el artículo y exprese su opinión sobre el tema.

 ## A escuchar

9-28 Predicciones para el futuro. El señor Galván, miembro de la Sociedad Futurista Mexicana pronostica cambios para el futuro. Escuche sus pronósticos e indique si las afirmaciones son ciertas (**C**), falsas (**F**) o si no sabemos (**NS**) porque la información no se mencionó en la conversación.

1. _____ Con tal que el calentamiento global siga al paso que va, las zonas urbanas y rurales verán cambios drásticos de temperatura.
2. _____ Debemos hacer algo para frenar el aumento de la temperatura de todo el mundo antes de que cause más problemas de salud.
3. _____ El aumento de la temperatura beneficiará a algunas personas enfermas.
4. _____ Necesitamos hacer algo para que no mueran muchas personas a causa del calor, como ya ocurrió en Europa.
5. _____ Los médicos empezarán a usar la realidad virtual para que las víctimas de paros cardíacos o infartos recuperen el movimiento de sus extremidades.
6. _____ Un beneficio de la realidad virtual es que elimina la necesidad de mover las extremidades.
7. _____ Será posible ir de un lugar a otro sin usar las carreteras.
8. _____ Se construirán vehículos especiales para los pacientes con enfermedades provocadas por el calentamiento global.

 9-29 ¿Qué haremos y cómo? Escojan uno de los siguientes problemas y digan qué harán ustedes como ciudadanos para ayudar a aliviar cada uno de ellos y cómo lo harán.

- El calentamiento global
- La condición de pacientes con enfermedades serias
- La congestión de tráfico en las ciudades

Aclaración y expansión

09-35 to
09-43

Indicative and subjunctive in adverbial clauses

Antes de tomar una decisión, mire este carro deportivo.

¡Me encanta! Pero no lo compro a menos que consuma poca gasolina.

● The adverbial conjunctions below always require the subjunctive when followed by a dependent clause.

a menos que	*unless*
antes (de) que	*before*
con tal (de) que	*provided that*
en caso (de) que	*in case that*
para que	*so that, in order that*
sin que	*without*

Los ingenieros han diseñado autos **para que usen** menos gasolina.

*Engineers have designed cars **so that** they **use** less gasoline.*

Los autos híbridos cambian de gasolina a electricidad **sin que** nadie **tenga** que programarlos.

*Hybrid cars change from gasoline to electricity **without** anyone **having** to program them.*

● The infinitive is used after **para, antes de,** and **sin** when there is no change of subject.

Prueban los autos eléctricos **antes de venderlos.**

They test electric cars before selling them.

Prueban los autos eléctricos **antes de que** las compañías los **vendan.**

*They test electric cars **before** the companies **sell** them.*

- The expressions below may be followed either by the indicative or the subjunctive when introducing a dependent clause.

aunque	although, even though, even if
como	as; how, however
cuando	when
después (de) que	after
donde	where, wherever
en cuanto	as soon as
hasta que	until
mientras	while
según	according to; as
tan pronto (como)	as soon as

- When the main clause and the dependent clause refer to actions or events that have taken place or usually take place, use the indicative in the dependent clause.

El oficial anunció el acuerdo **tan pronto (como)** lo **firmó.**	*The official announced the agreement **as soon as** he **signed** it.*
Él responde a las preguntas de los periodistas **cuando se reúne** con ellos.	*He answers the journalists' questions **when** he **meets** with them.*

- When the main clause indicates that the action or event will take place in the future, use the subjunctive in the dependent clause.

El oficial anunciará el acuerdo **tan pronto (como)** lo **firme.**	*The official will announce the agreement **as soon as** he **signs** it.*
Él va a responder a las preguntas de los periodistas **cuando se reúna** con ellos.	*He is going to answer the journalists' questions **when** he **meets** with them.*

- When **como** and **donde** refer to something definite or known, use the indicative. If they refer to something indefinite or unknown, use the subjunctive.

Van firmar el acuerdo **donde** el oficial **quiere.**	*They are going to sign the agreement **where** the official **wishes** (it is known).*
Van a reunirse para firmar el acuerdo **donde** el oficial **quiera.**	*They are going to sign the agreement **wherever** the official **may wish** (it is not known).*

- **Aunque** requires the subjunctive when it introduces a condition not regarded as a fact.

Van a limpiar los ríos de la ciudad **aunque sea** caro.	*They are going to clean up the rivers of the city **although** it **may be** expensive.*

9-30 Práctica. Complete las oraciones con el subjuntivo o el infinitivo de los verbos entre paréntesis.

1. Tomás va a hacer estudios avanzados de ecología después de _____ (terminar) su carrera.
2. Susana piensa viajar a la Amazonía cuando _____ (estudiar) en Argentina el próximo semestre.
3. Los miembros de Club Ciclismo no usan autos a menos que _____ (ser) necesario.
4. Uno puede hacerse socio del club con tal de que _____ (prometer) vender su carro.
5. Después de _____ (tomar) refrescos en sus reuniones, siempre reciclan las botellas.
6. Hacen publicidad para _____ (frenar) la compra excesiva del agua en botellas.
7. En cuanto la ciudad _____ (mejorar) la calidad del agua, empezaré a tomarla.
8. Aunque los oficiales _____ (decir) que el agua no está contaminada, no me atrevo (*dare*) a tomarla.
9. Tan pronto como nosotros _____ (graduarse) de la universidad, vamos a trabajar para traer agua potable a todos los habitantes de este barrio.
10. Habrá cambio en cuanto _____ (ponernos) todos a colaborar en el proyecto.

9-31 El sueño de un inventor. El científico Carlos Cernuda se reúne con una compañía multinacional que le ha hecho una oferta por un invento suyo. Llene los espacios en blanco con el subjuntivo o el infinitivo de los verbos entre paréntesis para saber qué sucedió.

Carlos Cernuda inventó un pequeño aparato que mantiene la temperatura ideal en las diferentes partes de la casa. Este aparato funciona sin (1) _____ (hacer) ruido. Por lo tanto, puede estar en cualquier lugar de la casa sin que nadie (2) _____ (oír) nada. Hoy Carlos Cernuda tiene una reunión con una compañía multinacional que le ha hecho una oferta por su invento, así que antes de (3) _____ (salir) de su casa, lee las cartas que le enviaron para (4) _____ (estar) seguro de que entiende todos los detalles de la propuesta.

Carlos llega temprano a la cita y tiene que esperar un momento antes de (5) _____ (pasar) al salón de conferencias. Aprovecha ese tiempo para revisar sus notas antes de que la secretaria le (6) _____ (decir) que puede pasar. Carlos está dispuesto a hacer algunas concesiones en el contrato con tal de que la compañía (7) _____ (comenzar) la producción este año. También espera que la compañía prepare una buena campaña de publicidad para que el público (8) _____ (saber) cuáles son las ventajas de su invento.

9-32 ¿Cómo será nuestra vida en el futuro? Completen las oraciones con el final que les corresponde. Fíjense en el contexto y también en la forma verbal correcta. Luego, escojan tres de las oraciones de la columna de la izquierda y complétenlas con sus propias ideas.

1. _____ Se podrá programar los robots para que…
2. _____ Las personas vivirán muchos más años a menos que…
3. _____ Todos veremos las condiciones del tráfico en las minicomputadoras antes de…
4. _____ Las computadoras estarán en todas partes para…
5. _____ Haremos todas las compras desde la casa sin…
6. _____ Habrá más oportunidades de trabajo para que…
7. _____ Todos los cursos se ofrecerán en Internet sin que…
8. _____ La contaminación ambiental continuará a menos que…

a. facilitarles la vida a las personas.
b. los alumnos tengan que ir a la universidad.
c. hagan el trabajo de la casa.
d. salir para el trabajo.
e. las industrias decidan cuidar el medio ambiente.
f. sufran un accidente grave.
g. los padres puedan mantener a su familia.
h. tener que ir a las tiendas.

9-33 El apartamento ecológico de nuestros amigos. Primera fase. Dos de sus compañeros van a alquilar un apartamento. Completen las oraciones con el final que les corresponde.

1. _____ Vieron el anuncio cuando…
2. _____ Decidieron ver el apartamento después de que…
3. _____ Uno de ellos revisó el apartamento con cuidado mientras…
4. _____ El apartamento es pequeño, pero según el dueño…
5. _____ Les encantó la distribución del apartamento aunque…
6. _____ No pagarán el depósito hasta que…
7. _____ Se mudarán al apartamento tan pronto como…
8. _____ Se ocuparán de la decoración después de que…

a. estén instalados.
b. leyeron el periódico *Medio ambiente*.
c. no es grande.
d. el otro examinaba el aislamiento (*insulation*) térmico de las paredes.
e. es cómodo y se ahorra mucha energía.
f. el dueño repare un problema en el baño.
g. termine este semestre.
h. el dueño les dijo que se calentaba con energía solar.

Segunda fase. Su compañero/a y usted han decidido mudarse juntos/as a un apartamento muy moderno. Primero, describan el apartamento.

MODELO: El apartamento es... / tiene...

Ahora hablen de sus planes completando las siguientes oraciones. Finalmente, compartan sus planes con otra pareja.

1. Vamos a pintar el apartamento tan pronto como...
2. Nos mudaremos después que...
3. Queremos comprar algunos muebles cuando...
4. Vamos a invitar a nuestros amigos en cuanto...

9-34 Las casas del futuro. Muchos arquitectos van a presentar sus proyectos en el concurso el hogar del futuro. Complete el texto con el indicativo, el subjuntivo o el infinitivo de los verbos para saber qué ha hecho una de los concursante.

Ayer la arquitecta Rosa Fuentes estuvo trabajando todo el día en el diseño de la casa que va a presentar en el concurso. Revisó la maqueta y los planos hasta que (1) _____ (sentirse) completamente satisfecha con lo que tenía. Finalmente, decidió irse a casa. Cuando (2) _____ (llegar), descansó un rato, miró su programa favorito de televisión, y tan pronto como (3) _____ (terminar) el programa, se puso a pensar en todo lo que tenía que hacer al día siguiente.

"Tendré que levantarme en cuanto (4) _____ (sonar) el despertador y luego bañarme rápidamente. En cuanto (5) _____ (poder), saldré para la oficina. Tan pronto (6) _____ (llegar) mi asistente, llevaremos la maqueta al salón de exhibición. Creo que mi casa del futuro va a ser todo un éxito. No sabremos los resultados hasta que los jueces (7) _____ (tomar) su decisión. Aunque nosotros no (8) _____ (ganar) ningún premio, me siento muy contenta con lo que hemos hecho. Ahora sé que en el futuro voy a diseñar casas para que (9) _____ (ser) ecológicamente más eficientes. Además, tan pronto como (10) _____ (terminar) este concurso haré nuevos diseños".

ALGO MÁS

Verbs followed by an infinitive

- Some Spanish verbs, such as **gustar, deber, querer, necesitar, poder,** and **preferir,** are followed directly by an infinitive.

  Muchas personas **quieren mejorar** el medio ambiente.
  *Many people **want to improve** the environment.*

  Les **gusta reciclar** metales y plástico y **reusar** el papel y las bolsas.
  *They **like to recycle** metal and plastic and **reuse** paper and bags.*

- With other verbs, a preposition is required before the infinitive. There are no general rules regarding which preposition is needed, except for verbs of motion (**entrar, ir, salir, venir**) and verbs that express beginning (**empezar / comenzar / ponerse**), which require **a** before the infinitive.

  Camila **vino** a Estados Unidos **a hacer** sus estudios de posgrado en ingeniería.
  *Camila **came** to the United States **to do** her graduate work in engineering.*

  Después de graduarse, **empezó a trabajar** en nuestra oficina y nos hicimos amigas.
  *After she graduated, she **started to work** in our office and we became friends.*

- Here are some other Spanish verbs that need a preposition before an infinitive.

invitar a	*to invite*
acordarse de	*to remember*
dejar de	*to stop / to quit* (doing something)
encargarse de	*to take charge*
olvidarse de	*to forget*
preocuparse de/por	*to worry about*
tratar de	*to try*
soñar con	*to dream about*
insistir en	*to insist on*
quedar en	*to agree on* (e.g., a meeting)

9-35 La activista incansable. Complete la descripción de la señora López usando los verbos de la lista. OJO: Preste atención a las preposiciones en el texto.

acordar	gustar	olvidarse
dejar	invitar	querer
empezar	insistir	soñar

La señora López, una activista de la organización ecologista Planeta Azul (1) _____ a las autoridades a observar con ella los efectos de la tala de árboles en la Amazonía. Ella (2) _____ en que los políticos locales tomen medidas para solucionar este problema ecológico. Los políticos tienen otras prioridades y a veces (3) _____ de pensar en los efectos que este problema puede tener para el planeta. Todas las mañanas muy temprano la señora López (4) _____ a escribir mensajes con fotos de la desforestación para distribuir entre los políticos locales. Siempre (5) _____ de escribir a las compañías que sacan beneficios de la tala de árboles. La señora López (6) _____ en educar a los jóvenes porque (7) _____ continuar la lucha para preservar la Amazonía. Le (8) _____ hablar con gente joven y (9) _____ con un futuro en el que se respete la naturaleza.

9-36 Ecologista ilusionado/a. Usted será responsable de establecer un programa de recuperación de la cuenca del Amazonas. Un/a periodista (su compañero/a) lo/la entrevista utilizando las preguntas a continuación u otras adicionales.

1. ¿Por qué decidió encargarse de establecer este programa?
2. ¿A qué país de la cuenca amazónica va a ir? ¿Dónde va a vivir?
3. ¿Qué sueña con realizar allí los primeros meses?
4. ¿Qué tratará de hacer cuando conozca los detalles sobre los problemas de la zona?
5. ¿Qué necesita usted para poner en marcha sus planes?

A escribir

09-44

Estrategias de redacción: la argumentación

Argumentar es defender un punto de vista con razones y hechos. Para convencer al lector, el autor de un texto argumentativo expone cuidadosamente sus opiniones y las defiende con datos y hechos comprobados, siguiendo, por lo general, una organización como la siguiente:

1. Presentar una tesis breve y clara que representa su opinión sobre el tema.
2. Presentar argumentos que fortalecen la tesis: razones, datos, estadísticas y hechos.
3. Presentar una opinión contraria y atacarla, explicando sus puntos débiles.
4. Resumir el contenido del ensayo y afirmar eliminate de nuevo de la tesis defendida a lo largo del texto.

9-37 Análisis. El siguiente texto discute el tema del medio ambiente. Léalo y luego determine (✔) lo siguiente.

1. El lector potencial de esta carta es…
   a. _____ un público especializado en temas ambientales.
   b. _____ un lector general.
2. La autora de la carta tiene el/los siguiente(s) propósito(s):
   a. _____ Quiere despertar el interés por el medio ambiente entre el público en general.
   b. _____ Critica la actitud pasiva del público frente a la destrucción del medio ambiente.
3. El artículo tiene la siguiente estructura:
   a. _____ Hay una introducción, un cuerpo y una conclusión.
   b. _____ Hay una introducción y un cuerpo, pero no hay una conclusión.
   c. _____ Los argumentos se exponen en un orden lógico.
4. La lengua que utiliza la escritora para lograr su propósito tiene las siguientes características:
   a. _____ Usa preguntas provocativas para hacer pensar a los lectores.
   b. _____ Utiliza un lenguaje más íntimo, de amigo para lograr la confianza de los lectores.
   c. _____ Ejemplifica para sustentar su visión del problema.
   d. _____ Propone soluciones al problema de la destrucción del medio ambiente.
   e. _____ Usa el indicativo para fundamentar los hechos.

Estimado señor editor:

Después de leer su artículo "¿Y a usted le importa el medio ambiente?" resulta imposible ignorar la preocupante realidad que se vive en nuestro planeta. Por eso, escribirle era la opción más sensata para continuar el diálogo con los lectores sobre las actitudes y los comportamientos de los ciudadanos comunes frente al medio ambiente.

Se sabe que el planeta Tierra, sus habitantes, su flora y fauna, tienen serios problemas. No es un secreto que el hambre, la extinción de muchas especies animales y vegetales, el agujero de la capa de ozono, la contaminación del aire, los mares y ríos, etc. han sido causados por el desinterés, la apatía e irresponsabilidad del ser humano.

La tierra no produce como antes porque se ha abusado de ella por siglos. Por consiguiente, hay falta de comida, hambre y desnutrición en el mundo. Si se está desnutrido o enfermo de gravedad, no se puede trabajar; por lo tanto, los niveles nacionales de producción bajan. Si no se produce, las economías no crecen y, en algunos casos, se colapsan. ¿Se puede hacer algo o ya no hay nada que hacer? ¿Cómo se puede romper este círculo de destrucción para garantizarles a los niños una vida tan larga como la que usted y yo hemos vivido?

Finalmente, termino preguntándole: ¿Qué se debe hacer para salvar el planeta? ¿Y qué se puede hacer para despertar interés e incentivar una actitud proteccionista del medio ambiente? Si no se hace nada, ¿qué otros problemas veremos?

Atentamente,

Preocupada

9-38 Preparación. Vuelva a leer la carta de *Preocupada* y prepárese para responder a las tres preguntas en el último párrafo. Los siguientes pasos le serán útiles.

1. Determine el público potencial de su texto.
2. Decida el tipo de texto que redactará: una carta al periódico local, un artículo para una revista científica, un ensayo para su clase de medio ambiente, etc.
3. Indique su objetivo al escribir este texto.
4. Dependiendo de su público lector, seleccione la información que incluirá en su texto.
5. Planifique algunas estrategias para captar el interés de sus lectores: un título provocativo, preguntas, invitación a la reflexión, etc.

9-39 ¡A escribir! Ahora responda a las preguntas de *Preocupada* utilizando la información que recogió en la actividad **9-38**.

9-40 ¡A editar! Después de unas horas, lea su escrito, pensando en su lector. Haga lo siguiente:

● Afine sus ideas.

● Asegúrese que ha hecho la distinción entre las opiniones y los hechos.

● Aclare aquellos puntos confusos y asegúrese de que el vocabulario sea preciso.

● Mejore el estilo de su texto. Varíe el vocabulario. Use sinónimos y antónimos.

● Verifique la precisión de las estructuras gramaticales que usó.

● Revise la ortografía, los acentos, la puntuación, etc.

 **A explorar**

09-45

9-41 Desastres ecológicos. **Primera fase: Investigación.** Hagan una investigación sobre un desastre ecológico causado por los seres humanos: un derrame (*spill*) de petróleo, un incendio, el desecho (*waste*) de sustancias químicas o basura, erosión de terrenos, etc. Hagan lo siguiente:

1. Identifiquen el tipo de desastre y los responsables.
2. Tomen nota de dónde y cómo ocurrió.

Segunda fase: Preparación. Preparen una hoja informativa que le enseñe a la población del lugar a prevenir un desastre ecológico semejante al de la *Primera fase*. La hoja informativa debe incluir lo siguiente:

1. El tipo de desastre
2. Una enumeración de las acciones irresponsables de los ciudadanos o las compañías
3. Una descripción de los efectos de esta conducta en el medio ambiente
4. Algunas recomendaciones para resolver el problema o eliminar el peligro para la vida humana / animal / vegetal

Tercera fase: Presentación. Hagan su presentación usando la información que prepararon en la *Segunda fase*. Incluyan fotos y descríbanlas.

9-42 Organizaciones ecologistas. Primera fase: Investigación. En los países hispanos, al igual que en el resto del mundo, hay numerosas organizaciones ecologistas que trabajan para preservar la Tierra y sus recursos. Busque en Internet algunas de estas organizaciones. Escoja una y tome nota de lo siguiente:

1. Localización de la organización
2. Los objetivos de la organización
3. Una o dos acciones que hizo esta organización para resolver o protestar por algún problema ecológico

Segunda fase: Preparación. Prepare una presentación sobre la organización ecologista que investigó, incluyendo fotos y su opinión personal sobre la misión de esta organización y sus estrategias de trabajo.

Tercera fase: Presentación. Comparta con la clase la información que recogió en la *Primera fase* y describa las fotos que incluye.

🔊 Vocabulario del capítulo

La geografía

la altura	height
la Amazonía	Amazon
el bosque	forest, woods
el campo	countryside
la costa	coast
el desierto	desert
el llano	plain
la meseta	plateau
la selva	jungle
la selva tropical	rainforest
el (terreno de) pasto	pasture
el valle	valley
la zona desértica	desert

El medio ambiente

la amenaza	threat
la atmósfera	atmosphere
la basura	garbage, waste
el calentamiento	warming
la calidad del aire	air quality
el cambio climático	climate change
la capa de ozono	ozone layer
la conservación	conservation
la contaminación	pollution
la contención del mar	sea wall
la deforestación	deforestation
la degradación	deterioration
el derrame	spill
la desertización	desertification
el dióxido de carbono	carbon dioxide
el ecosistema	ecosystem
el efecto invernadero	greenhouse effect
la energía eólica	wind power
la escasez	scarcity
la especie	species
la extinción	extinction
la fábrica	factory
la granja	farm
el hielo	ice
la inundación	flood
la pluviosidad	rainfall
la protección	protection
el reciclaje	recycling
la sequía	drought
el suelo	earth, ground
la supervivencia	survival
la tala	cutting, felling (trees)

Características

alto/a	high, tall
árido/a	arid
caluroso/a	hot
fluvial	fluvial, pertaining to a river
helado/a	frozen
húmedo/a	humid
medioambiental	environmental
montañoso/a	mountainous
seco/a	dry
variado/a	varied

Verbos

advertir (ie, i)	to warn
ahorrar	to save
congelarse	to freeze (over)
contaminar	to pollute, to contaminate
criar	to raise
degradar	to degrade
derretirse (i, i)	to melt
evitar	to avoid
frenar	to curb
fundirse	to melt
llover (ue)	to rain
multar	to fine
ocupar	to occupy
pescar (q)	to fish
preservar	to preserve
proteger (j)	to protect
recoger (j)	to gather
reforzar (ue) (c)	to reinforce, strengthen
sumergir (se)	to submerge
tirar	to throw away, dispose of

Palabras y expresiones útiles

a lo largo de	along, all through
la carretera	road
de repente	suddenly
el peligro	danger
tomar medidas	to take steps, measures
la soja	soy, soybean

Notas: For verbs that require a preposition before an infinitive, see page 259.

Nuestro futuro

10

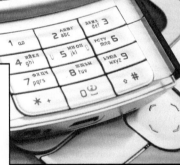

Objetivos comunicativos
- Talking about current issues and values
- Giving opinions on controversial issues

Contenido temático y cultural
- Globalization and multinational corporations
- Advantages and disadvantages of technology

A pesar de los aspectos positivos de la globalización, con frecuencia se señala el alto costo que pagan los trabajadores. En muchos casos, la producción en países pobres se lleva a cabo (*is carried out*) en condiciones deplorables, en fábricas de explotación laboral (*sweatshops*). Pero también se dice que muchos trabajadores en los países desarrollados pierden sus trabajos, pues estos se van a países donde los salarios son más bajos.

En esta nueva economía global, los países ya no son entidades aisladas, sino piezas de un complejo puzzle donde los obreros de un país fabrican productos diseñados en otro, utilizando materiales producidos en un tercer país para venderlos en otro país diferente. El mundo, pues, se ha convertido en una red interconectada por la que circulan grandes cantidades de dinero, mercancías e información.

Los adelantos en tecnologías de la comunicación durante las últimas décadas, especialmente Internet y los teléfonos móviles, forman la base de una nueva economía mundial. Las computadoras y los teléfonos establecen conexiones entre culturas diferentes propiciando lo que algunos llaman una *aldea global*. Además ofrecen grandes oportunidades económicas, tanto a los países desarrollados, como a los que están en vías de desarrollo.

Vista panorámica

Imágenes como esta serán mucho más comunes en el futuro, a medida que el uso de la energía alternativa sea más común. En efecto, una de las áreas donde la innovación es más necesaria es, precisamente, en el desarrollo de nuevas fuentes de energía que nos permitan liberarnos de la dependencia del petróleo y otras energías derivadas de fósiles, tales como el carbón.

Grandes avances en la medicina moderna nos permiten prever que, por ejemplo, las prótesis del futuro serán mucho más realistas y funcionales que las de hoy. Estas prótesis estarán conectadas al cerebro y por lo tanto podrán ser controladas mentalmente como si fueran parte del cuerpo.

La nanotecnología, es decir, el diseño de aparatos infinitamente pequeños, tendrá efectos muy importantes en muchas áreas de la vida futura. La nanotecnología ya empieza a utilizarse en la medicina, e inclusive se están empezando a diseñar máquinas microscópicas que pueden inyectarse en el organismo humano para hacer operaciones, erradicar tumores malignos o llevar medicinas precisamente a las células que las necesitan sin afectar a las demás.

El movimiento hacia electrodomésticos inteligentes y conectados es ya una realidad en nuestros días. Basta pensar en las televisiones actuales que pueden conectarse a Internet para acceder a cine, juegos y otras formas de entretenimiento.

A leer

10-01 to
10-10

Vocabulario en contexto

 10-1 Asociaciones globales. Marque (✓) los conceptos que usted asocia con la globalización. Luego, compare sus respuestas con las de su compañero/a.

1. ____ La exportación de bienes de consumo
2. ____ La valoración de la mano de obra nacional
3. ____ El cierre de fábricas o industrias
4. ____ El aumento de impuestos
5. ____ Las medidas proteccionistas por parte de los gobiernos
6. ____ El estímulo del mercado de valores nacional
7. ____ La prosperidad económica
8. ____ El aumento de la pobreza
9. ____ Los tratados de comercio
10. ____ El impulso o el incentivo de la industria nacional

10-2 ¿Ventaja o desventaja? Primera fase. Indique si los siguientes fenómenos representan una ventaja (**V**) o una desventaja (**D**) para los países.

1. ____ La caída del mercado de valores, es decir la bolsa
2. ____ El progreso económico de todos
3. ____ La pérdida de puestos de trabajo
4. ____ La disminución del empleo en los países en vías de desarrollo
5. ____ La creación de pequeñas industrias
6. ____ El aumento de las inversiones extranjeras
7. ____ El aumento del turismo
8. ____ El empleo infantil
9. ____ La pérdida de una casa porque el dueño no puede pagar su hipoteca
10. ____ El aumento de la venta de acciones en la bolsa

 Segunda fase. Escriban una lista de por lo menos cuatro efectos de la globalización en su comunidad o país. Den ejemplos. ¿Cuál perjudica (*harms*) más a la comunidad, según ustedes? Digan por qué.

 10-3 Efectos de la globalización. Observen las siguientes imágenes y hagan lo siguiente:

1. Describan el entorno de cada foto y a las personas cuando sea apropiado.
2. Indiquen qué aspecto relacionado con la globalización presenta cada foto. También determinen si este fenómeno existe en su comunidad o país.
3. Opinen a favor o en contra del tema de cada foto. Si la foto presenta un problema, propongan una solución.

a. _____
_____
_____
_____
_____
_____
_____

b. _____
_____
_____
_____
_____
_____
_____

c. _____
_____
_____
_____
_____
_____
_____

Estrategias de lectura

¿Comprende estas expresiones?
Si tiene dudas, revise
Vocabulario en contexto antes
de leer el siguiente texto.

las acciones	la inversión
los bienes	la mano de
de consumo	obra
la bolsa	el mercado de
el defensor	valores
la fábrica	perjudicar
la hipoteca	rentable
los impuestos	el tratado
el impulso	valorar

1. Use el título para anticipar el contenido.
   Lea el título: "Ventajas e inconvenientes de la globalización". ¿Conoce la palabra *inconvenientes*? Es un cognado falso; no significa *inconveniences* en el sentido de "incomodidades". Si no conoce la palabra, búsquela en el diccionario.
2. Puesto que el texto trata de opuestos (ventajas e inconvenientes), el autor presenta dos perspectivas sobre cada tema. ¿Qué tipo de texto presenta perspectivas opuestas sobre un tema: un reportaje de un evento o un ensayo sobre un tema social?
3. Use la primera oración de cada párrafo para anticipar el contenido. Pase su marcador por la primera oración de cada párrafo. Luego, lea las oraciones para tener una idea del texto en su totalidad.

LECTURA

Ventajas e inconvenientes de la globalización

Como el título indica, este texto trata de ventajas e inconvenientes. ¿Cómo empieza el texto, con las ventajas o con los inconvenientes?

En las últimas décadas, el comercio internacional ha crecido mucho más de lo que los economistas podían prever hace sólo 30 años. El desarrollo tecnológico ha favorecido la comunicación y las transacciones económicas intercontinentales. Además, muchas fábricas se han trasladado a países que tienen una mano de obra más rentable para las empresas. De este comercio internacional se benefician las grandes compañías multinacionales, pero también los países que reciben inversiones extranjeras, algunos de los cuales—China e India sobre todo—se están industrializando rápidamente. Los países en vías de desarrollo pueden vender sus productos agrícolas en los países desarrollados gracias a que varios tratados internacionales han bajado los impuestos para la exportación. Los bienes de consumo producidos en cualquier rincón del planeta se venden hoy en cualquier otro lugar; por eso se puede afirmar que existe un mercado global que ha unido la economía de casi todos los países del mundo y los ha hecho interdependientes. Este proceso de internacionalización del comercio es una de las caras de la llamada *globalización*. 15

Vuelva a leer el párrafo y pase su marcador por todas las ventajas de la globalización que encuentre.

Este párrafo trata del impacto de la internacionalización en la economía de los países. Al leer, busque el problema que provoca la internacionalización.

La otra cara es la internacionalización del mercado financiero. La liberalización de los movimientos del capital y la posibilidad de comprar o vender acciones de cualquier empresa del mundo a través de Internet son dos fenómenos que han dado un gran impulso a la actividad financiera internacional. Las bolsas de los distintos países son dependientes entre sí, por lo que puede decirse que ya hay 20 un solo mercado de valores, lo que conlleva un importante riesgo: si se originara una fuerte crisis económica en un país, arrastraría al resto de los países del mundo en "efecto dominó". Algo parecido ha ocurrido recientemente. Aunque muchos economistas sabían que este riesgo existía, no pudieron predecir la crisis de 2008, originada en la banca de Estados Unidos a causa de las deudas de 25 las hipotecas de alto riesgo (*subprime*), lo cual ha tenido gravísimos efectos en las economías de España y de los demás países europeos.

¿Qué es el efecto dominó que se menciona en este párrafo? Explíquelo en sus propias palabras.

La globalización ha generado un gran debate en torno a sus ventajas e inconvenientes. Los defensores de la globalización sostienen que los países pobres
30 tienen ahora más oportunidades para el desarrollo, y que los índices de pobreza extrema se están reduciendo drásticamente en las regiones que participan en la globalización. Por el contrario, los críticos advierten que el proceso de internacionalización del comercio perjudica a las pequeñas o medianas empresas nacionales, que no pueden competir con las multinacionales; por otro lado, añaden
35 los críticos, si hubiera un mayor control estatal de las economías y se reforzaran las medidas proteccionistas, la economía dejaría de estar en manos de las grandes empresas y no seríamos tan dependientes de cualquier crisis económica que se produjera más allá de nuestras fronteras.

El mundo está cambiando rápidamente y es difícil valorar los efectos de la globalización. Sólo si pudiéramos viajar en el tiempo y viéramos el estado de la
40 economía mundial en el año 2050 podríamos decir con seguridad si los efectos de la globalización han generado más ventajas que problemas. Hoy por hoy, se puede asegurar que el mundo se ha hecho más próspero, pero también más vulnerable.

> En este párrafo se presenta una ventaja de la globalización y un inconveniente. Al leer, pase su marcador por los dos.

> Según el autor del texto, ¿tiene la globalización más ventajas o más inconvenientes? ¿Dónde lo dice?

Comprensión y ampliación

10-4 Comprensión. Asocie los conceptos con las explicaciones más apropiadas.

1. _____ las transacciones económicas intercontinentales
2. _____ la mano de obra
3. _____ los países en vías de desarrollo
4. _____ los países desarrollados
5. _____ las acciones
6. _____ las medidas proteccionistas

a. Se refiere a las personas que trabajan.
b. Son países con una industria potente y un alto nivel de vida.
c. Son políticas que implementan los gobiernos para proteger la economía nacional.
d. Son las actividades comerciales entre distintos países.
e. Son países en proceso de industrialización.
f. Son partes en que está dividido el capital de una empresa.

10-5 Ampliación. Primera fase. Al leer el texto, usted subrayó y anotó algunas de las ventajas e inconvenientes de la globalización, según el autor. Complete el siguiente cuadro con sus propias notas. También puede añadir otras ideas.

Ventajas	Inconvenientes
Las fábricas se trasladan a países que tienen una mano de obra más rentable.	Las pequeñas o medianas empresas no pueden competir con las multinacionales.
Los países en vías de desarrollo pueden vender sus productos.	Si hay una crisis, se produce el "efecto dominó".

Segunda fase. Comparen sus notas y escriban un breve resumen del artículo incluyendo las siguientes ideas.

1. Una definición de la globalización
2. Las ventajas e inconvenientes de la globalización
3. La solución para algunos problemas provocados por la globalización

 10-6 Conexiones. Escriban una lista de las empresas internacionales que conocen. Luego, hagan una investigación sobre una de esas empresas teniendo en cuenta lo siguiente:

1. Qué productos vende la empresa
2. Dónde se producen
3. Dónde se venden
4. Qué tratados internacionales existen entre los países que manufacturan los productos y los que los venden

Aclaración y expansión

10-11 to 10-18

The imperfect subjunctive

In previous chapters you have used the present subjunctive. Now you will start using the imperfect subjunctive, which is also called the past subjunctive.

- The imperfect subjunctive is formed using the **ustedes, ellos/as** form of the preterit. Drop the **-on** preterit ending and add the past subjunctive endings. Note the written accent in the **nosotros/as** form.

	hablar	comer	vivir	estar
	(hablar–)	(comier–)	(vivier–)	(estuvier–)
yo	hablara	comiera	viviera	estuviera
tú	hablaras	comieras	vivieras	estuvieras
Ud., él/ella	hablara	comiera	viviera	estuviera
nosotros/as	hablá**ramos**	comié**ramos**	vivié**ramos**	estuvié**ramos**
vosotros/as	hablar**ais**	comier**ais**	vivier**ais**	estuvier**ais**
Uds., ellos/as	hablar**an**	comier**an**	vivier**an**	estuvier**an**

Imperfect subjunctive

- While the present subjunctive is oriented to the present or the future, the imperfect subjunctive normally focuses on the past.

Present or future → Present subjunctive

Es necesario que **comprendamos** las muchas facetas de la globalización.	*It is necessary that we **understand** the many facets of globalization.*
Se publicará el informe cuando **se termine** la conferencia.	*The report **will be published** when the conference **ends**.*

Preterit, imperfect, conditional → Imperfect subjunctive

Recomendó que la conferencia sobre la globalización **no fuera** muy técnica.	*She **recommended** that the lecture on globalization **not be** very technical.*
Dudaba que los estudiantes **comprendieran** los análisis económicos detallados.	*She **doubted** that the students **would understand** the detailed economic analyses.*
La conferencia **sería** más clara si la presentadora **usara** imágenes visuales.	*The lecture **would be** clearer if the presenter **used** visual images.*

- In general, the same rules that apply to the use of the present subjunctive also apply to the use of the imperfect subjunctive.

1. Expressing wishes, hope, emotions, advice, and doubts

El economista esperaba que su público **hiciera** preguntas después de su presentación.	*The economist hoped that the audience **would ask** questions after his presentation.*

Ojalá (que), which you learned about in Capítulo 5, is followed by the imperfect subjunctive when you want to express a desire that something in the present or future could be different from how it is:

Ojalá que no tuviera que estudiar todo el fin de semana. *I wish I didn't have to study all weekend.*

Ojalá que hiciera mejor tiempo hoy. *I wish the weather were better today.*

2. Referring to unknown or nonexistent antecedents

No había nadie que **conociera** el tema mejor que él.

*There was no one who **understood** the topic better than he did.*

3. After adverbial expressions that require the subjunctive: **a menos que, sin que, para que,** etc.

La profesora organizó una reunión para que los estudiantes **pudieran** hablar con el economista informalmente.

*The professor arranged a meeting so that the students **would be able** to talk with the economist informally.*

● Use the imperfect subjunctive after the expression **como si** (*as if, as though*). The verb in the main clause may be in the present or in the past.

El público reaccionó como si la globalización no nos **afectara** a todos.

*The audience reacted as though globalization **did not affect** us all.*

10-7 Práctica. Escriba la forma apropiada del imperfecto de subjuntivo de los verbos entre paréntesis.

1. El director quería que Carlota y Samuel _____ (hacer) una presentación en la conferencia.
2. Les pidió que _____ (hablar) sobre los productos nuevos.
3. Pero Carlota dudaba que _____ (ser) un tema apropiado para esa conferencia.
4. Samuel le dijo al director que sería mejor que Carlota _____ (tratar) otro tema.
5. Los dos preferían que su presentación _____ (tener) un enfoque principal sobre la política económica de la compañía, no sobre sus productos.
6. Esperaban que el público _____ (responder) con más interés, ya que era una conferencia académica, no comercial.
7. Además, no habría nadie en la conferencia que _____ (querer) vender sus productos.
8. Al final, el director les dijo a Carlota y a Samuel que _____ (escribir) una presentación de acuerdo con su visión del propósito de la conferencia.

10-8 La fábrica que no pudo modernizarse. Una fábrica afectada por la globalización cerrará. Su dueño habla con uno de los administradores. Complete el siguiente texto con el imperfecto de subjuntivo del verbo entre paréntesis para saber lo que ocurrió.

DUEÑO: Era necesario que nosotros (1) _____ (empezar) el proceso de modernización hace cinco años, pero no lo hicimos. Yo insistía en que usted (2) _____ (analizar) la situación, pero no lo hizo. Ahora hemos perdido todo.

ADMINISTRADOR: Desgraciadamente, usted tiene razón, señor. Yo dudaba que el problema (3) _____ (ser) tan grave. No me gustaba que usted (4) _____ (repetir) las mismas preocupaciones todas las semanas. Era esencial que yo (5) _____ (estudiar) el mercado para que nosotros (6) _____ (hacer) una nueva estrategia. Yo acepto la responsabilidad de la situación.

DUEÑO: Yo también debería aceptar una gran parte de la responsabilidad. Yo quería que usted (7) _____ (encargarse) de todos los aspectos de la producción y del presupuesto. Le pedí que (8) _____ (asumir) demasiada responsabilidad.

ADMINISTRADOR: No hablemos más de culpa y responsabilidad. ¿Qué hacemos ahora?

DUEÑO: Me reuní ayer con mi abogado. Me aconsejó que yo (9) _____ (vender) la fábrica. También me sugirió que yo (10) _____ (contratar: *to hire*) a unos especialistas en recursos humanos (*human resources*), para que ellos nos (11) _____ (ayudar) a buscarles trabajo a los empleados.

ADMINISTRADOR: Puede contar con toda mi ayuda y apoyo, señor. Ojalá que nosotros (12) _____ (poder) mejorar la situación.

10-9 La comunicación en nuestra era tecnológica. Escojan las actividades que ustedes recomendarían para incentivar la comunicación entre los amigos.

MODELO: Salir a tomar un café con amigos
E1: *Yo les aconsejaría que salieran a tomar un café por lo menos dos veces por semana.*
E2: *Me parece muy bien. Y yo les recomendaría que...*

1. ____ Llamar a los amigos por teléfono
2. ____ Mandarse mensajes por correo electrónico
3. ____ Buscar actividades para disfrutar juntos
4. ____ Salir con un amigo diferente todas las semanas
5. ____ Invitar a los amigos a formar parte de su comunidad de amigos en Facebook
6. ____ Hacer actividades solitarias en su tiempo libre, como leer, escribir poesía o caminar en las montañas

10-10 Efectos de la globalización. Primera fase. Túrnense para comentar lo que a ustedes les gustaría que pasara en la sociedad donde viven con respecto a los temas a continuación. Su compañero/a debe añadir un comentario relacionado.

MODELO: Los trabajadores agrícolas
E1: *Me gustaría que los trabajadores agrícolas tuvieran mejores condiciones de trabajo.*
E2: *De acuerdo. También sería bueno que vendieran sus productos a un precio más alto.*

1. Los desempleados
2. Las empresas multinacionales
3. El trabajo infantil
4. Los vinos chilenos
5. Los coches japoneses
6. Los productos agrícolas nacionales

Segunda fase. Escriba un párrafo que incluya dos efectos positivos y dos efectos negativos que la globalización ha tenido en su comunidad (país, región o ciudad).

La inmigración

Antes de ver

10-11 Emigrar, una difícil y compleja decisión. Observe las siguientes razones e identifique las que, en su opinión, justifican viajar a otros países (**V**) o emigrar (**E**).

① _____ Para hacer nuevos amigos

② _____ Para escapar de regímenes dictatoriales

③ _____ Para conseguir una mejor situación laboral

④ _____ Para aprender otros idiomas

⑤ _____ Para evitar la persecución religiosa

⑥ _____ Para continuar una carrera universitaria

⑦ _____ Para irse de vacaciones

⑧ _____ Para conocer el lugar de sus ancestros

 ### Mientras ve

10-12 ¿Cierto o falso? Indique si las siguientes afirmaciones son ciertas (**C**) o falsas (**F**) según la información que aparece en el video. Si la respuesta es falsa, corrija la información.

① _____ Todos los seres humanos aspiran a vivir en otro país.

② _____ La presencia de distintos grupos étnicos en España es un fenómeno nuevo.

③ _____ En la actualidad, se estima que el 10% de la población española está compuesto de extranjeros.

④ _____ Los inmigrantes que llegan a España son todos latinoamericanos.

⑤ _____ Los guatemaltecos son el grupo más numeroso de inmigrantes latinoamericanos en España.

⑥ _____ Todos los inmigrantes latinoamericanos tienen automáticamente ciudadanía española.

Después de ver

10-13 Inmigrantes y emigrantes. Primera fase. Algunas personas creen que España debe ayudar a todos los ciudadanos latinoamericanos. Marque (✓) las razones que podrían justificar esta opinión.

① _____ La mayor parte de los países latinoamericanos fueron colonias de España.

② _____ La mayoría de los ciudadanos de América Latina hablan español.

③ _____ A los españoles no les gusta trabajar en la construcción.

④ _____ Gran parte de la población latinoamericana es de ascendencia española.

⑤ _____ España debe ayudar a todos los países del tercer mundo.

⑥ _____ España necesita mano de obra extranjera.

 Segunda fase. Escriba una o dos oraciones que resuman el tema del segmento que acaba de ver. Incluya su opinión sobre las razones que justifican la emigración. Intercambie su resumen con su compañero/a y discutan su punto de vista.

A leer

10-23 to
10-32

Vocabulario en contexto

10-14 ¿Herramientas útiles o inútiles? Primera fase. Indique (✓) si usted
tiene o no los siguientes aparatos y máquinas. Luego, si no los tiene, indique si le
gustaría tenerlos.

	Lo/La tengo	No lo/la tengo	Me gustaría tenerlo/la
una computadora tipo *tablet*			
una computadora de pantalla táctil			
un iPhone			
una cámara digital			
una consola para los videojuegos			
una computadora portátil			
un teclado inalámbrico (*wireless*)			
un teléfono celular inteligente			

Segunda fase. Compare su lista de la *Primera fase* con sus compañeros/as y escojan
los dos aparatos que, según ustedes, son los más útiles. Expliquen su selección a la
clase.

10-15 La importancia de la tecnología. Primera fase. Indiquen si están de
acuerdo o no con las siguientes afirmaciones. Expliquen por qué o den ejemplos.

	Sí	No
1. La gente usa tecnología para localizar a alguien y para chatear.		
2. Muchas personas usan Facebook o Twitter para mantenerse en contacto con otros.		
3. Algunos usan tecnología para quedar con amigos, es decir, para hacer planes.		
4. Los usuarios de la tecnología surfean Internet para encontrar rebajas.		
5. Muchas personas sufren estrés cuando tienen que hacer funcionar un aparato electrónico.		
6. Cuando la conexión a Internet no es buena, es difícil recibir imágenes o videos en la pantalla.		
7. A veces podemos pillar o encontrar a un amigo conectado simultáneamente en Internet.		
8. Ciertas personas prefieren la comunicación virtual porque lo pasan genial, sin tener que gastar dinero.		

Segunda fase. Explique en uno o dos párrafos el efecto de la tecnología en su vida. Incluya la siguiente información:

1. Los aparatos eléctricos o electrónicos que usted tiene
2. La frecuencia con que usted los usa y para qué
3. Un aparato eléctrico o electrónico que usted usa que lo/la afecta positivamente y uno que lo/la afecta negativamente. Explique el efecto que ambos tienen en usted.

 10-16 ¡Qué fácil nos hacen la vida! Primera fase. Digan para qué sirve cada una de las siguientes máquinas o aparatos electrodomésticos.

MODELO: El abrelatas
Se usa para abrir latas de comida (canned food).

1. El microondas
2. El lavaplatos
3. La computadora
4. El teléfono móvil
5. La batidora
6. El frigorífico

Segunda fase. Escoja dos aparatos de la *Primera fase*. Explíquele a su compañero/a por qué las personas generalmente dependen de ellos.

Estrategias de lectura

1. Piense en el significado del título. ¿De qué manera representa la tecnología liberación o esclavitud?
2. Observe las ilustraciones. ¿Qué representan las ilustraciones, la tecnología como liberación o la tecnología como esclavitud? ¿Qué visión del futuro presentan: una visión positiva o negativa? ¿Qué puede descubrir al ver las ilustraciones solamente?
3. Lea las leyendas (*captions*). Ahora lea las leyendas de las ilustraciones. ¿Qué más sabe usted ahora acerca de la visión del futuro que representan?
4. Anticipe el contenido del texto.
   a. Observe el formato. ¿Qué tipo de texto es, un ensayo o una conversación? ¿Cómo lo sabe?
   b. Busque palabras conocidas. ¿Qué palabras o frases vienen directamente del inglés? ¿De qué tipo de conversación trata el texto, una conversación cara a cara o una conversación virtual? ¿Cómo lo sabe?

La tecnología: ¿liberación o esclavitud?

La casa del futuro

⌃ En la cocina del futuro habrá un uso generalizado de pantallas conectadas a Internet que responderán a la voz del usuario. En ellas podremos consultar recetas y hacer nuestras compras accediendo directamente al supermercado.

⌃ Las caídas y los accidentes provocados por la oscuridad serán cuestión del pasado. En las casas del futuro los suelos se iluminarán ligeramente cuando una persona camine sobre ellos, lo que le permitirá ir a la cocina, al baño o responder al llanto de un bebé sin temor de tropezar.

⌃ La almohadas servirán de despertador. Tendrán unos pequeños reflectores luminosos que podrán ser programados para que se enciendan a una hora determinada o, incluso, cuando se reciba una llamada telefónica.

⌃ Las cortinas de baño serán musicales. Con el dedo, el usuario podrá seleccionar canciones MP3 o conectar con la radio. El sonido surgirá de unos altavoces planos integrados en las cortinas.

Hola, Amanda. ¿Qué tal?

Carlos, ¡qué bueno hablar contigo! ¿Dónde estás?

⌃ En el futuro no necesitaremos aparatos electrónicos para comunicarnos con otras personas. Todos tendremos un chip biotecnológico implantado en la piel del brazo que nos permitirá comunicarnos directamente sin usar email ni mensajes de texto.

¿Qué medio de comunicación usa Pedro para hablar con Juan al comienzo de la conversación?

Verifique la comprensión. ¿Qué significa *¡Juaaaan!* al final de esta parte de la conversación?

LENGUA

Text messages users in Spanish-speaking countries have developed many abbreviations for common words and expressions.

100pre	siempre
a2	adiós
asdc	al salir de clase
dnd	dónde
fsta	fiesta
grrr	enfadado/a
hl	hasta luego
k (q)	qué, que
mxo	mucho
q qrs?	¿Qué quieres?
tas OK?	¿Estás bien?
tki	Tengo que irme.

Comunicación sin fronteras

PEDRO:

(*Chat de Facebook*) Hola Juan, qué bien que estás en Facebook. Lo pasé genial en la fiesta y... ¿Juan?, ¿Juan?

(*Chat de Hotmail*) Ah, estás aquí, pues si entraras en Facebook verías que ahora mismo he empezado a contarte que lo pasé muy bien en la fiesta y... ¡Juaaaan!   5

(*Twitter*) Juan, échale un vistazo a tu email, que quiero contarte algo.

(*Email*) Ya que no te veo en Facebook, estaría bien que quedáramos a las 20.30 en el Messenger para chatear.

(*Skype*) ¡Ah, te pillé! Te acabo de enviar un email para proponerte que hablemos a las ocho y media por el Messenger, pero ya que te veo en pantalla, aprovecho   10 para contarte lo de la fiesta del otro día... ¿Juan? ¡Vaya, se ha desconectado!

(*Chat de Yahoo*) ¿Juan? Si estuvieras por aquí te preguntaría qué está ocurriendo con tu Skype; parece que se desconecta.

(*Mensaje de texto*) Ve a Fcbk q tng q cntarte alg!

(*Twitter*) En unos segundos vuelvo a Facebook. Pásate por allí, Juan.   15

(*Chat de Facebook*) Juan, si conectaras el Skype o el Facebook...

(*Skype*) Juan, ¿me ves? ¿Puedes oírme? ¿Me ves en tu pantalla?

(*Chat de Google*) Juan, ¿estás aquí ahora? ¡Juan! No puedo localizarte. Si te llamara por teléfono, quizá... Voy a intentarlo.

JUAN: 20

(*Teléfono*) ¿Diga?

PEDRO:

(*Teléfono*) ¡Hola, Juan! Soy Pedro.

JUAN:

(*Teléfono*) ¡Hola, Pedro!   25

PEDRO:

(*Teléfono*) ¿Has visto mi mensaje?

JUAN:

(*Teléfono*) ¿Cuál de ellos?

PEDRO: 30

(*Teléfono*) Pues el de... ¿Juan? ¿Me oyes?

JUAN:

(*Teléfono*) Te recibo bien, Pedro. Sobre todo, ¡te recibo mucho!

Comprensión y ampliación

10-17 Comprensión. Discutan las siguientes ideas relacionándolas con los textos anteriores y con el impacto de la tecnología en su vida.

1. En el futuro, los electrodomésticos serán tan sofisticados e imprescindibles en nuestras vidas que dependeremos de ellos emocionalmente.
2. Los avances tecnológicos facilitan nuestro trabajo, pero al mismo tiempo ocupan gran parte de nuestro tiempo libre.
3. La gente se siente acelerada y frustrada por el ritmo de vida que les impone la tecnología.
4. Los usuarios de hoy piensan que antes los electrodomésticos se estropeaban (*broke down*) menos.
5. Hoy en día ya no hay privacidad. Todo el mundo sabe dónde estamos y lo que hacemos en cada momento.

10-18 Ampliación. Primera fase. En grupos, elaboren preguntas para entrevistar a los estudiantes de otros grupos. Utilicen las siguientes ideas como guía:

1. Medio de transporte que utiliza regularmente
2. Los aparatos eléctricos o electrónicos que tiene en su habitación
3. Los electrodomésticos que usa con más frecuencia
4. La tecnología que utiliza para socializar
5. El tiempo que pasa utilizando Facebook, Twitter, Skype o videojuegos
6. El uso de la tecnología en sus clases

Segunda fase. Ahora preparen un informe para la clase sobre la influencia de la tecnología en la vida de los estudiantes. Luego, escriban un artículo en español para el periódico de su universidad. Usen la información de su informe y la de los informes de otros compañeros.

10-19 Conexiones. Indiquen (✓) si están de acuerdo con las siguientes predicciones. Luego, escriban una ventaja y una desventaja para cada afirmación y compártanlas con el resto de la clase.

1. _____ La tecnología se aplicará a la agricultura para ayudar a resolver los problemas de hambre en el mundo.
2. _____ El transporte dependerá cada vez más de la eficacia y funcionalidad de la tecnología.
3. _____ Nadie necesitará estudiar matemáticas porque las computadoras harán todas las operaciones aritméticas.
4. _____ La música será generada digitalmente y ya no será necesario tocar bien un instrumento o tener una voz excepcional.
5. _____ Todas las operaciones quirúrgicas (*surgical*) se harán con rayos láser.
6. _____ La educación será principalmente en línea, a través de computadoras y pantallas.

A escuchar

10-20 El futuro de la lectura en papel. El profesor de sociología habla de cómo leeremos en el futuro, en papel o en Internet. Marque (✓) las opiniones de los estudiantes.

1. ____ Los libros en papel dejarán de existir en cuanto haya pocos árboles.
2. ____ Prevalecerá el formato electrónico del libro gracias a los adelantos tecnológicos que se harán con las computadoras y los lectores electrónicos.
3. ____ Es más interesante leer un libro electrónico porque se puede acceder a sitios cibernéticos con imágenes y sonidos.
4. ____ Habrá libros con tal que haya gente a quien le guste tener un contacto físico con la página escrita.

Aclaración y expansión

10-33 to 10-41

Hypothetical conditions using imperfect subjunctive and conditional

- To express that something will not happen or is unlikely to happen under a certain condition, use the imperfect subjunctive in the *if* clause and the conditional in the main clause.

Si yo **fuera** inventor, **inventaría** robots para hacer todo el trabajo doméstico.

If I were an inventor, I would invent robots to do all of the household work.

Los robots **harían** todo el trabajo doméstico si **estuvieran** programados para hacerlo.

Robots would do all of the house chores if they were programmed to do so.

10-21 Práctica. Lea las siguientes afirmaciones relacionadas con la tecnología y, luego, complételas con la forma apropiada del condicional o el imperfecto del subjuntivo.

1. Si en una tienda yo _____ (ver) un robot que hiciera el trabajo doméstico, yo lo _____ (comprar) inmediatamente.
2. Si el robot _____ (cocinar) bien, yo _____ (pagar) mucho dinero por él.
3. Nosotros _____ (estar) muy estresados si un día todos los electrodomésticos de la casa _____ (estropearse).
4. Si en el futuro la comunicación entre la gente sólo se _____ (poder) hacer a través de la tecnología, los humanos _____ (convertirse) en autómatas.
5. Si las casas _____ (ser) totalmente computarizadas, las computadoras nos _____ (dominar).
6. Algunos padres _____ (permitir) que las máquinas criaran a sus hijos si ellos _____ (tener) el dinero para comprarlas.

10-22 ¿Qué ocurriría? Asocie las afirmaciones incompletas con una terminación lógica.

1. _____ Si el petróleo se agotara…
2. _____ Los seres humanos no podrían comunicarse si…
3. _____ El medioambiente se destruiría completamente si…
4. _____ Si no hubiera videojuegos…
5. _____ Si los países se unieran para enfrentar las crisis económicas…
6. _____ Todos podríamos tener una educación si…

a. hubiera un ataque cibernético que destruyera Internet.
b. los cursos en línea fueran gratis.
c. todos nos beneficiaríamos.
d. fuéramos felices.
e. tendríamos que encontrar fuentes de energía alternativas.
f. nadie se comprometiera a protegerlo.
g. inventaríamos otras formas de diversión.
h. usarían energía atómica.

 10-23 ¡Qué dilema! Use su imaginación para completar las siguientes ideas relacionadas con su vida; después compártalas con su compañero/a. Él/Ella le hará preguntas para obtener más detalles.

1. Si tuviera el dinero para comprar un aparato tecnológicamente avanzado…
2. Iría a vivir a otro país si…
3. Si viviera cien años más…
4. Ayudaría más a las personas necesitadas si…
5. Si pudiera cambiar algo en mi vida…
6. Si tuviera que elegir entre tener una vida sencilla y feliz o ser una persona muy importante pero con pocos amigos…

10-24 Hipótesis futuristas. *Primera fase.* Observen las siguientes imágenes del futuro y hagan lo que se indica a continuación.

1. Describan cada imagen.
2. Indiquen uno o dos cambios significativos que sufriría la vida del ser humano actual y/o la comunidad si ocurriera lo que muestra la imagen.
3. Expliquen cómo cambiaría la vida de los actuales seres humanos. Den ejemplos.

⌃ Las viviendas

⌃ La energía

⌃ El transporte

⌃ La comunicación

Segunda fase. Compartan sus respuestas a los puntos 2 y 3 de la *Primera fase.* Luego, respondan a las siguientes preguntas.

1. ¿Qué cambio les gustaría que ocurriera? ¿Por qué?
2. ¿Qué cambio preferirían que no ocurriera? ¿Por qué?

ALGO MÁS //

Summary of uses of *se*

- You have learned that the pronoun **se** has several uses in Spanish. **Se** serves as the third person reflexive pronoun with reflexive verbs and as the third person reciprocal pronoun with reciprocal verbs (Capítulo 7).

A Vanesa le preocupa el futuro de nuestro planeta. Para ahorrar energía en casa, **se ducha** con agua fría.	*Vanesa is concerned about the future of our planet. To save energy at home, she **takes showers** with cold water.* (reflexive)
Mis amigos Lidia y Mateo están muy enamorados. Ellos **se escriben** mensajes de texto constantemente cuando están separados.	*My friends Lidia and Mateo are very much in love. They **text each other** constantly when they are apart.* (reciprocal)

- You have seen **se** used to mean *one* or *people* in impersonal expressions. It is also used in passive statements that emphasize the occurrence of an action rather than who is responsible for that action (Capítulo 4).

  Se dice que, gracias a Internet, **se lee** mucho más que antes.

  They say that, thanks to the Internet, ***people read*** much more than before. (impersonal)

  En esta universidad **se estudian** las nuevas tecnologías cibernéticas.

  *The newest Internet technologies **are studied** at this university.* (passive)

- You have also learned that in sentences with two object pronouns that start with **l-** (**le, les, lo, la, los, las**), the indirect object pronoun changes from **le/les** to **se** (Capítulo 6).

  Me encantan los mensajes de texto. **Se los escribo** a mis amigos varias veces al día.

  *I love text messages. I **send them to my friends** several times a day.* (indirect object pronoun)

10-25 Las reacciones y costumbres. Indique (✓) la función de **se** en cada oración. Luego, compare sus respuestas con las de su compañero/a. Si no están de acuerdo, justifiquen su selección.

	Reflexivo	Recíproco	Impersonal	Objeto indirecto
1. Todas las personas se ponen nerviosas cuando deben usar aparatos electrónicos sofisticados.				
2. Los buenos amigos se envían regalos para ocasiones especiales como los cumpleaños, las graduaciones y las bodas.				
3. No se puede mantener una relación íntima y duradera (*long-lasting*) por Internet.				
4. Los buenos amigos siempre se ofrecen a escuchar los problemas de sus amigos.				
5. Cuando los hijos necesitan ayuda, la familia siempre se la da.				
6. Los amigos íntimos se llaman a todas horas para contarse los detalles de su vida.				
7. Si a mi amigo le gusta una canción puedo bajársela de Internet.				
8. La tecnología se usa más en las universidades que en las escuelas primarias.				

10-26 Facebook en el año 2050. Complete el siguiente relato con la forma apropiada de **se** + el verbo entre paréntesis.

Es el 1 de enero del año 2050. En los congestionados muros de Facebook vemos que muchas personas (1) _____ (saludar) cariñosamente y (2) _____ (desear) un año de mucha suerte. Los jóvenes (3) _____ (gritar) virtualmente al escuchar una canción que su grupo favorito canta en YouTube. (4) _____ (calcular) que hay más de mil millones de usuarios de Facebook, quienes, casi hipnotizados por la sensación de tener millones de amigos, (5) _____ (escribir) mensajes a cada instante y comparten historias íntimas. Por el contrario, tú te sientes solitario; rehúsas ser un número más en Facebook. Piensas que la esencia humana (6) _____ (perder) en Facebook. No quieres que Facebook sea tu único medio de comunicación, en el que el contacto directo (7) _____ (perder) y (8) _____ (favorecer) el contacto virtual en vez del contacto humano.

10-27 ¿Cómo se vivirá? Discutan el papel de la tecnología en el futuro. Digan qué cambios tecnológicos se producirán y cómo se sentirá la gente respecto a ellos. Hablen de los temas siguientes o inventen otros y prepárense para compartir sus ideas con el resto de la clase.

Modelo: *En diez años, Google dejará de existir. Se inventará otro programa mejor en el que será posible transportarse virtualmente de un lugar a otro y así los amigos se comunicarán más fácilmente.*

1. Facebook
2. Los teléfonos móviles
3. La biblioteca universitaria
4. Los deportes

A escribir

10-42

Estrategias de redacción: el ensayo argumentativo

En este capítulo usted practicará una vez más la argumentación. Recuerde lo siguiente:

- Piense en su público lector y en estrategias para captar su atención.

- Infórmese detalladamente sobre el tema, consultando una variedad de fuentes.

- Distinga los hechos de las opiniones y sepárelos adecuadamente.

- Presente clara y coherentemente los argumentos contrarios de quienes opinan sobre el tema; incorpore también sus propios argumentos.

- Trate de convencer al lector de la superioridad de los argumentos de uno de los dos lados.

- Al final de su ensayo, resúmalo, manteniendo en mente la tesis defendida a lo largo del texto.

10-28 Análisis. El autor del siguiente artículo discute los efectos de la tecnología en la vida contemporánea. Léalo y luego, marque (✓) la alternativa adecuada.

1. Este es un ensayo
   _____ expositivo.
   _____ argumentativo.

2. El lector potencial de este ensayo es…
   _____ un lector especializado en asuntos del futuro.
   _____ un público general.

3. Este ensayo se escribió para…
   _____ hacer que el público reflexione sobre el trágico futuro del planeta.
   _____ convencer al público de que las predicciones sobre el futuro del planeta son especulativas y representan intereses económicos de quienes las hacen.
   _____ convencer al público de que todas las predicciones del futuro son ciertas y comprobables.

4. Con respecto a su estructura, este ensayo…
   _____ tiene una introducción.
   _____ presenta una tesis defendida por el autor a lo largo del texto.
   _____ tiene una conclusión clara.
   _____ le plantea una pregunta al lector para que piense y la resuelva.

5. El autor del ensayo utiliza las siguientes estrategias discursivas a través del ensayo:
   _____ el análisis
   _____ la comparación
   _____ el contraste
   _____ la ejemplificación
   _____ la presentación de datos que sustentan su tesis
   _____ la explicación

Predicciones del futuro del planeta

A pesar de los rigurosos estudios científicos que se han realizado en las más prestigiosas instituciones que se dedican al estudio del futuro de nuestro planeta y de la humanidad, la polémica sobre el tema continúa. Utilizando los métodos de análisis más sofisticados, estos centros de estudio e investigación predicen los riesgos del futuro a través de escenarios basados en las ciencias naturales, las matemáticas, la economía, la sociología y la psicología. Sin embargo, hay muchos optimistas que se niegan a aceptar las predicciones apocalípticas e insisten en que no hay que alterar nuestro estilo de vida ni la manera en que aprovechamos los finitos recursos naturales de la Tierra.

Los expertos han comprobado sin lugar a dudas que, si no se implementan cambios drásticos en nuestra forma de vida, el futuro de la humanidad será terrible. Las predicciones y especulaciones sobre el planeta indican un futuro en el que las repercusiones debidas al calentamiento global y a otras catástrofes naturales, al colapso económico mundial y a los conflictos humanos serán muy graves. Las previsiones a continuación representan el trabajo de algunos de los más importantes centros mundiales sobre el tema. Los datos y conclusiones a las que se han llegado describen un futuro devastador.

Según algunos estudios, para 2020, los esfuerzos de los países ricos por asegurarse un bienestar económico provocarán guerras y consecuentemente grandes migraciones. Esta teoría está reforzada por el informe *Mapping the Global Future* del Gobierno de Estados Unidos, en el cual se asegura que el aumento del consumo en Occidente tendrá como consecuencia un incremento de la pobreza en el resto del mundo. Aunque el Banco Mundial sostiene que con la participación y colaboración de todas las naciones del mundo el desarrollo del planeta podría ser sostenible, sería muy difícil coordinar un proyecto de esta magnitud. Esta colaboración mundial debería guiarse por reglas muy claras que modificarán la trayectoria que se ha seguido durante los últimos dos siglos, pero los expertos aseguran que un alto porcentaje de países no están dispuestos a cumplir esas reglas.

Por otro lado, los expertos afirman que para 2030 la situación del petróleo estará en plena crisis. La producción bajará a un tercio y el precio del crudo se elevará por encima de los 500 dólares por barril. Aunque los expertos de la Agencia Internacional de la Energía predicen que el aumento de las fuentes alternativas de energía ayudará a aliviar el agotamiento del petróleo, será difícil y costoso satisfacer las demandas energéticas de un número cada vez mayor de habitantes en el planeta.

Con respecto al clima, algunos científicos predicen cambios drásticos para el 2050: grandes porciones de la Tierra estarán sumergidas bajo el agua, habrá más huracanes y sequías, todos ellos consecuencias del efecto invernadero y del calentamiento global. Los optimistas opinan que los científicos no saben lo suficiente para predecir el clima a largo plazo. Sin embargo, las estadísticas muestran claramente que las predicciones más terribles se van a cumplir a no ser que se tomen medidas urgentes.

En 2080, el crecimiento económico de las grandes potencias, como Estados Unidos y la Unión Europea, y de los países en vías de desarrollo, tales como India y China, acabarán con los existentes recursos energéticos. Los optimistas refutan estas predicciones, arguyendo que las nuevas tecnologías permitirán un crecimiento sin límite. Sin embargo, un análisis del crecimiento económico combinado de China e India nos lleva a la conclusión de que estos dos países tendrán un impacto significativo en el consumo energético regional y mundial, el cual crecerá un 50% en los próximos veinte años. Este aumento del consumo no podrá ser satisfecho por la oferta global de energía (incluida la energía alternativa), y esto tendrá consecuencias muy negativas para la humanidad.

En cuanto al papel de la tecnología para solucionar los problemas inminentes, los científicos están divididos. Algunos ven el futuro de la tecnología y sus usos con pesimismo y otros, con más optimismo. Estos últimos proponen el uso de la nanotecnología como la salvación de la humanidad, pero los primeros la responsabilizan de su desaparición.

Sea cual sea la predicción de los expertos, es indudable que muchas de estas predicciones ya son una realidad. Existen el calentamiento global, los conflictos, los desastres naturales y la crisis económica en todo el planeta. Está claro que si no hacemos caso de las recomendaciones de los científicos, el futuro del planeta está en peligro y hay que preguntarse si el empuje y la inteligencia del ser humano serán suficientes para garantizar su supervivencia.

 10-29 Preparación. Primera fase. Seleccione un tema de esta lista o proponga otro relacionado con la ciencia o la tecnología. Luego, busque en Internet uno o dos artículos relacionados con el tema que seleccionó, léalos y tome apuntes.

1. El futuro de la biosfera
2. La globalización y el futuro de la educación
3. El futuro de las lenguas extranjeras en un mundo globalizado
4. La clonación

Segunda fase. Ahora haga lo siguiente:

- Enfoque y delimite (*define*) el tema sobre el cual usted escribirá su ensayo, haciendo preguntas específicas tales como quién, qué, dónde, cuándo, por qué y cómo.
- Escriba una tesis.
- Haga una lista de los argumentos que presentará y la fundamentación de cada uno de ellos. Recuerde que los argumentos deben reflejar las diferentes perspectivas que existan sobre el tema.
- Escriba las fuentes que usará en su ensayo.

10-30 Planificación. Prepárese holísticamente para escribir su ensayo.

1. Haga un bosquejo.

   - Determine y conozca a su lector. Provea a su lector de una cantidad y el tipo de información apropiados para que comprenda su mensaje.
   - Establezca su propósito al escribir este ensayo.
   - Verifique que su tesis está reflejada en el título de su ensayo.
   - Mantenga un registro de sus fuentes para citarlas, siguiendo las convenciones de la investigación.
   - Organice la información que recogió (*gathered*) para lograr su propósito.

2. Prepare el vocabulario. Haga una lista de palabras clave sobre su tema, de sinónimos o antónimos, de expresiones de transición.
3. Planifique las estructuras gramaticales que necesitará. Seleccione los modos y tiempos que usará para argumentar, presentar datos o información factual, especular, convencer a alguien, etc.
4. Revise su bosquejo. Verifique la cantidad, calidad y organización de la información o datos que presentará.

LENGUA

Las siguientes expresiones lo/la ayudarán a hacer transiciones lógicas dentro y entre los párrafos de su ensayo para indicar lo siguiente:

causa: **ya que..., puesto que..., dado que..., debido a..., a causa de...**

contradicción **al contrario, sino, sino que, sin embargo, no obstante, pero**

efecto: **como consecuencia (de)..., entonces, por eso, como resultado (de)..., por tal razón, por lo tanto..., etc.**

condición: **en caso (de) que..., con tal (de) que..., a menos que..., a condición (de) que...**

certeza: **por supuesto, sin duda, indudablemente, obviamente, claro que, evidentemente**

introducción de un tema o una idea: **con respecto a..., con motivo de..., en lo tocante a ...**

incertidumbre: **a lo mejor, quizá(s), al parecer, pareciera que ...**

10-31 ¡A escribir! Escriba un ensayo argumentativo sobre el tema que escogió y delimitó en la actividad **10-30**, siguiendo la planificación que acaba de hacer. Use los datos o la información recolectados.

10-32 ¡A editar! Lea su ensayo críticamente tantas veces como sea necesario. Examine mínimamente lo siguiente:

- El contenido: la cantidad y la claridad de la información para su público lector
- La forma: la cohesión y coherencia de las ideas, la división de los párrafos, las transiciones lógicas dentro y entre los párrafos, etc.
- La mecánica: la puntuación, acentuación, ortografía, mayúsculas, minúsculas, uso de la diéresis, etc.

Finalmente, haga los cambios necesarios que lo/la ayuden a lograr su propósito.

A explorar

10-33 Las incertidumbres del futuro. Primera fase: Investigación.
Seleccionen uno de los siguientes temas y lean un artículo de periódico o de revista relacionado con el tema: el medioambiente, el uso de la tecnología, las aplicaciones de la ciencia, el estilo de vida humana, la salud, la alimentación o el transporte.

Segunda fase: Preparación. Preparen un informe sobre el tema cubriendo lo siguiente:

1. Indiquen el título del artículo y su relación con el tema elegido.
2. Resuman el contenido del artículo y justifiquen la importancia (seriedad, gravedad) del tema para la vida humana en el futuro.
3. Finalmente indiquen qué se debe hacer para enfrentar el problema o situación que se plantea en el artículo. ¿Qué medidas se deben tomar? ¿Cuándo se deben implementar estas medidas? ¿Qué ocurriría si no se hiciera nada?

Tercera fase: Presentación. Presenten su informe a la clase utilizando el apoyo visual necesario para captar el interés de sus compañeros/as.

10-34 La tecnología aplicada. Primera fase: Investigación. Lean y discutan los siguientes párrafos sobre diversos aspectos del futuro, y asócienlos con una o más de las siguientes categorías. Elijan uno de estos temas para investigar.

educación	genética	nutrición	botánica	electrónica	tecnología

1. La nanotecnología es una ciencia del futuro que se propone construir máquinas minúsculas de precisión atómica que puedan intervenir en procesos que mejoren la calidad de vida. Estas máquinas casi invisibles podrán construir edificios, erradicar enfermedades, producir alimentos, etc. _____
2. El diagnóstico por medio de marcadores genéticos permitirá detectar las enfermedades antes de que los pacientes de riesgo las contraigan. Conocida como medicina predictiva, esta ciencia tiene indudable valor terapéutico ya que todos aquellos que vivan con la angustia de sufrir una determinada enfermedad podrán obtener esta información y prevenir o tratar los síntomas. _____
3. En un futuro no muy lejano es posible que podamos hablar de universidades sin aulas. Cada vez se desarrollan más los cursos a través de Internet, las teleconferencias, la educación a distancia y otros medios de aprendizaje individual. Ya no es necesario estar en el mismo espacio físico para compartir un mismo aprendizaje. Las charlas y discusiones en Internet, además de intercambiar ideas, hacen suponer un futuro diferente para la educación. _____

Segunda fase: Preparación. Preparen un póster o una presentación para la clase que incluya los siguientes puntos:

1. Identificación y descripción del tema elegido
2. Argumentos a favor y en contra, si los hay
3. Una opinión personal o grupal sobre el tema descrito o presentado
4. Datos (estadísticas), fotos o cualquier otro apoyo visual para apoyar el punto de vista o la opinión

Tercera fase: Presentación. Presenten el tema a la clase usando apoyo visual.

🔊 Vocabulario del capítulo

La tecnología

el aparato	*apparatus; appliance*
el aparato de DVD	*DVD player*
el aprendizaje	*learning*
la banca	*banking sector*
la batidora	*blender*
la cámara digital	*digital camera*
la computadora portátil	*laptop*
la consola	*game console*
la eficacia	*efficiency, effectiveness*
el horno microondas	*microwave oven*
la máquina	*machine*
la pantalla	*screen*
la red	*network; Web (usually cap.)*
el teclado inalámbrico	*wireless keyboard*

Los negocios

las acciones	*shares*
el aumento	*increase*
el beneficio	*benefit*
los bienes	*goods*
los bienes de consumo	*consumer goods*
la bolsa	*stock exchange*
en desarrollo	*developing*
el desempleado/ la desempleada	*unemployed person*
el empleo	*job, employment*
la empresa	*company, corporation*
la exportación	*export; exportation*
la globalización	*globalization*
la hipoteca	*mortgage*
la importación	*importation*
los impuestos	*taxes*
la inversión	*investment*
el libre comercio	*free trade*
el mercado de valores	*stock market*
la mercancía	*merchandise*
la prosperidad	*prosperity*
el salario	*salary, wage*
el trabajo infantil	*child labor*
el tratado	*treaty*

Características

extranjero/a	*foreign*
financiero/a	*financial*
rentable	*cost-effective*
último/a	*last*

Verbos

aprovechar	*to take advantage*
aumentar	*to increase*
beneficiar	*to benefit*
crecer (zc)	*to grow*
echar un vistazo	*have a look at*
elegir (i, i, j)	*to choose; to select*
fabricar (q)	*to make; to produce*
facilitar	*to make easier; to facilitate*
localizar (c)	*to locate; to get hold of*
pasarlo genial	*to have a great time*
pasar por	*to go through/via*
perjudicar	*to damage*
pillar	*to catch, find*
predecir (i, g)	*to predict*
provocar (q)	*to cause; to bring about*
revisar	*to check; to review*
seguir (i, i)	*to follow; to continue*
valorar	*to assess; to attach a value to*

Palabras y expresiones útiles

a largo plazo	*long-term*
la crisis	*crisis*
en contra de	*against*
el defensor	*defender*
el estrés	*stress*
el impulso	*boost*
la incertidumbre	*uncertainty*
el inconveniente	*disadvantage, drawback*
mismo/a	*same*
no obstante	*nevertheless*
el papel	*role*
la desaparición	*disappearance*
la manera	*way, manner*
por lo menos	*at least*

Notas: For abbreviations used in text messages, see page 280.
For words and expressions that may be used as connectors, see page 290.

Guía gramatical

Descriptive adjectives

1. In Spanish, descriptive adjectives agree in gender and number with the noun they modify. Normally the adjective follows the noun. Most Spanish adjectives end in **-o** in the masculine singular and **-a** in the feminine singular. They form the plural by adding **-s**.

el/un teatro roman**o**	los/unos teatros roman**os**
la/una ciudad grieg**a**	las/unas ciudades grieg**as**

2. The following adjectives have the same form for both masculine and feminine. They add **-s** to form the plural.

- Adjectives ending in **-e**

el/un caso interesant**e**	los/unos casos interesant**es**
la/una ciudad interesant**e**	las/unas ciudades interesant**es**

- Adjectives ending in **-ista**

el/un gobierno social**ista**	los/unos gobiernos social**istas**
la/una clase social**ista**	las/unas clases social**istas**

- Adjectives of nationality ending in **-a**

el/un científico israelit**a**	los/unos científicos israelit**as**
la/una ciudad may**a**	las/unas ciudades may**as**

3. Adjectives of nationality ending in a consonant in the masculine singular add **-a** to form the feminine. To form the plural, they add **-es** and **-s**, respectively.

el ciudadano español	los ciudadanos español**es**
una ciudad español**a**	unas ciudades español**as**

4. Other adjectives ending in a consonant have the same form for both masculine and feminine, except those ending in **-dor**. To form the plural, they add **-es** and **-s**, respectively.

el grupo liberal	los grupos liberal**es**
una persona liberal	unas personas liberal**es**
un señor trabaja**dor**	unos señores trabaja**dores**
una señora trabaja**dora**	unas señoras trabaja**doras**

5. If an adjective modifies two or more nouns, and one of them is masculine, the masculine plural form is used. From a stylistic point of view, it is best to make the masculine noun the last one.

Hay murallas y templos **romanos**.

Adjectives that change meaning depending on their position

1. The following adjectives have different meanings when placed before or after a noun.

Adjectives	Before the noun	After the noun
antiguo	*former*	*ancient*
cierto	*certain, some*	*certain, sure*
mismo	*same*	*the person or thing itself*
nuevo	*another, different*	*brand new*
pobre	*pitiful*	*destitute*
viejo	*former, long standing*	*old, aged*

Ayer vi a mi **antiguo** jefe en una *Yesterday I saw my **former** boss at an*
exposición de pinturas **antiguas**. *exhibit of **old** paintings.*

Adjectives that have a shortened form

1. The adjectives **bueno** and **malo** drop the final **-o** before all masculine singular nouns.

el hombre bueno/el **buen** hombre un momento malo/un **mal** momento

2. Grande shortens to **gran** when it precedes any singular noun. Note the change in meaning.

Es una casa **grande**. *It's a **big** house.*
Es una **gran** casa. *It's a **great** house.*

Demonstrative adjectives

Demonstrative adjectives agree in gender and number with the noun they modify. English has two sets of demonstrative adjectives (*this, these* and *that, those*), but Spanish has three sets.

this	**este** escritorio		*these*	**estos** escritorios
	esta mesa			**estas** mesas
that	**ese** diccionario		*those*	**esos** diccionarios
	esa señora			**esas** señoras
that	**aquel** edificio		*those*	**aquellos** edificios
(over there)	**aquella** casa		(over there)	**aquellas** casas

1. Use **este, esta, estos,** and **estas** when referring to people or things that are close to you in space or time.

Este auto es nuevo. Lo compré *This car is new. I bought it **this** week.*
esta semana.

2. Use **ese, esa, esos,** and **esas** when referring to people or things that are not relatively close to you. Sometimes they are close to the person you are addressing.

Esa silla es muy cómoda. *That chair is very comfortable.*

3. Use **aquel, aquella, aquellos,** and **aquellas** when referring to people or things that are far away from the speaker and the person addressed.

Aquellos niños deben estar aquí. *Those children (over there) should be here.*

Demonstrative pronouns

1. Demonstratives can be used as pronouns. A written accent may be placed on the stressed vowel to distinguish demonstrative pronouns from demonstrative adjectives. The use of the written accent is no longer required.

> Voy a comprar esta blusa y **ésa**.   *I'm going to buy this blouse and **that one**.*

2. To refer to a general idea or concept, or to ask for the identification of an object, use **esto, eso,** or **aquello**.

> Estudian mucho y **esto** es muy bueno.   *They study a lot and **this** is very good.*
> ¿Qué es **eso**?   *What's **that**?*
> Es un regalo para Alicia.   *It's a present for Alicia.*

Possessive adjectives

Unstressed possessive adjectives

mi(s)	*my*
tu(s)	*your (familiar)*
su(s)	*your (formal), his, her, its, their*
nuestro(s), nuestra(s)	*our*
vuestro(s), vuestra(s)	*your (familiar plural)*

1. Unstressed possessive adjectives precede the noun they modify. They change number to agree with the object or objects possessed, not the possessor. **Nuestro(s), nuestra(s), vuestro(s),** and **vuestra(s)** are the only forms that change gender to agree with what is possessed.

mi hermano	**mi** hermana	**mis** hermanos	**mis** hermanas
nuestro hermano	**nuestra** hermana	**nuestros** hermanos	**nuestras** hermanas

2. Su and **sus** have multiple meanings. To ensure clarity, you may use **de** + name of the possessor or the appropriate pronoun.

> su familia = la familia
> - **de él** (la familia de Pablo)
> - **de ella** (la familia de Silvia)
> - **de usted**
> - **de ustedes**
> - **de ellos** (la familia de Pablo y Berta)
> - **de ellas** (la familia de Berta y Olga)

Stressed possessive adjectives

SINGULAR		PLURAL		
masculine	feminine	masculine	feminine	
mío	mía	míos	mías	*my, (of) mine*
tuyo	tuya	tuyos	tuyas	*your, (familiar), (of) yours*
suyo	suya	suyos	suyas	*your (formal), his, her, its, their, (of) yours, his, hers, theirs*
nuestro	nuestra	nuestros	nuestras	*our, (of) ours*
vuestro	vuestra	vuestros	vuestras	*your (familiar), (of) yours*

1. Stressed possessive adjectives follow the noun they modify. These adjectives agree in gender and number with the object or objects possessed.

El **escritorio mío** es muy pequeño.   *My desk is very small.*
Las **blusas tuyas** están allí.   *Your blouses are there.*

2. Use the stressed possessives to emphasize the possessor rather than the thing possessed.

Prefiero ir en el **auto mío**.   *I prefer to go in **MY** car.*
Los **amigos tuyos** no llegaron temprano.   ***YOUR** friends did not arrive early.*

Possessive pronouns

	SINGULAR			PLURAL		
	masculine		**feminine**		**masculine**	**feminine**
	mío		mía		míos	mías
	tuyo		tuya		tuyos	tuyas
el	suyo	la	suya	los	suyos	las	suyas
	nuestro		nuestra		nuestros	nuestras
	vuestro		vuestra		vuestros	vuestras

1. Possessive pronouns have the same form as stressed possessive adjectives.

2. The definite article precedes the possessive pronoun, and they both agree in gender and number with the noun they refer to.

Tengo el libro **tuyo**. (possessive adjective)/Tengo **el tuyo**. (possessive pronoun) *I have your book. I have yours.*

3. Since **el/la suyo/a** and **los/las suyos/as** have multiple meanings, to be clearer and more specific you may us use **de** + name of the possessor or the appropriate pronoun.

	la de él	*his*
	la de ella	*hers*
la familia suya/la suya *or*	**la de usted**	*yours* (singular)
	la de ustedes	*yours* (plural)
	la de ellos	*theirs* (masculine, plural)
	la de ellas	*theirs* (feminine, plural)

Uses and omissions of subject pronouns

1. Because Spanish verb forms have different endings for each grammatical person (except in some tenses), the subject pronouns are generally omitted.

Converso con mis amigos en la cafetería.   *I talk to my friends in the cafeteria.*
Nunca trabajamos los sábados.   *We never work on Saturdays.*

2. Subject pronouns are used in the following cases:

- To avoid ambiguity when the verb endings are the same for the **yo, usted, él,** and **ella** verb forms (imperfect indicative, the conditional, and all subjunctive tenses).

Yo quería ir al cine hoy, pero **ella** no podía.

*I wanted to go to the movies today, but **she** couldn't.*

Espero que **él** pueda venir mañana.

*I hope that **he** can come tomorrow.*

■ To emphasize or contrast the subject(s).

Yo he dicho eso muchas veces.

I have said that many times.

Usted se queda y **ellos** se van.

*You stay and **they** go.*

Present indicative

1. Spanish and English use the present tense:

■ to express repeated or habitual actions.

Siempre **hablan** español con sus hijos.

*They always **speak** Spanish with their children.*

■ to describe states or conditions that last for short or long periods of time.

La Mezquita de Córdoba **es** un ejemplo excelente de la arquitectura árabe en España.

*The Great Mosque of Cordoba **is** an excellent example of Muslim architecture in Spain.*

2. Spanish also uses the present tense:

■ to express ongoing actions.

Marta **habla** con su amiga por teléfono.

*Marta **is talking** to her friend on the phone.*

■ to express future action.

Marta y su amiga **salen** esta noche.

*Marta and her friend **are going out** tonight.*

More relative pronouns

el cual forms	
el cual	los cuales
la cual	las cuales

1. These relative pronouns are used in clauses set off by commas to identify precisely the person or thing referred to. They are preferred in both formal writing and speech.

Los productos que exportan esas compañías, **los cuales** son excelentes, han tenido mucho éxito en el extranjero.

The products that those companies export, which are excellent, have been very successful abroad. (the products are excellent)

Los productos que exportan esas compañías, **las cuales** son excelentes, han tenido mucho éxito en el extranjero.

The products that those companies export, which are excellent, have been very successful abroad. (the companies are excellent)

Passive voice

1. The passive voice in Spanish is formed with the verb **ser** + past participle. The preposition **por** indicates who or what performs the action.

El acueducto de Segovia **fue construido por** los romanos.

*The aqueduct in Segovia **was built by** the Romans.*

For the use of the present tense with **hace** + time expressions, see page 60.

2. The past participle functions as an adjective and therefore agrees in gender and number with the subject.

El templo **fue destruido** por el huracán.	*The temple **was destroyed** by the hurricane.*
Las casas **fueron destruidas** por el huracán.	*The houses **were destroyed** by the hurricane.*

3. The passive voice is most often found in written Spanish, especially in newspapers and formal writing. In conversation, Spanish speakers normally use a third person plural verb or a **se** + verb construction.

Construyeron un acueducto en Segovia.	*They **built** an aqueduct in Segovia.*
Se construyó un acueducto en Segovia.	*An aqueduct **was built** in Segovia.*

Cardinal numbers

0	cero	40	cuarenta
1	uno	50	cincuenta
2	dos	60	sesenta
3	tres	70	setenta
4	cuatro	80	ochenta
5	cinco	90	noventa
6	seis	100	cien
7	siete	101	ciento uno…
8	ocho	400	cuatrocientos/as
9	nueve	500	quinientos/as
10	diez	600	seiscientos/as
11	once	700	setecientos/as
12	doce	800	ochocientos/as
13	trece	900	novecientos/as
14	catorce	1.000	mil
15	quince	1.001	mil uno…
16	dieciséis, diez y seis	2.000	dos mil
17	diecisiete, diez y siete	100.000	cien mil
18	dieciocho, diez y ocho	101.000	ciento un mil
19	diecinueve, diez y nueve	200.000	doscientos mi…
20	veinte	1.000.000	un millón (de)
21	veintiuno, veinte y uno. . .	2.000.000	dos millones (de)
30	treinta	1.000.000.000	un millardo, mil millones (de)
31	treinta y uno. . .		

1. Numbers from 16 to 19 and from 21 to 29 may be written as one word or three words.

2. Use **cien** for 100 used alone or followed by a noun, and **ciento** for numbers from 101 to 199.

  100 anuncios **cien** anuncios   120 anuncios **ciento veinte** anuncios

3. In many Spanish-speaking countries, a period is used to separate thousands, and a comma to separate decimals ($1.000, $19,50), but some countries use the same system as in the United States.

4. Use **mil** for *one thousand*. **Un mil** is only used if it forms part of the previous number: 201.000 (**doscientos un mil**).

5. If a noun follows **millón/millones,** use **de** before the noun: 1.000.000 (**un millón**), 1.000.000 personas (**un millón de personas**).

Ordinal numbers

1°	primero	6°	sexto
2°	segundo	7°	séptimo
3°	tercero	8°	octavo
4°	cuarto	9°	noveno
5°	quinto	10°	décimo

1. Ordinal numbers are adjectives and agree with the noun they modify.

  el **cuarto** edificio   la **segunda** casa.

2. The ordinal numbers **primero** and **tercero** drop the final **o** before a masculine singular noun.

  el **primer** edificio   el **tercer** piso

Syllable stress and the written accent in Spanish

In Spanish, normal word stress falls on the next-to-last syllable of words ending in a vowel, **-n,** or **-s,** and on the last syllable of words ending in other consonants.

a**mi**ga	**cla**se	**vi**no	**li**bros	e**xa**men
co**mer**	ver**dad**	espa**ñol**	come**dor**	liber**tad**

When a word does not follow this pattern, a written accent is used to signal the stressed syllable as shown below.

1. If the stress is on the next-to-last syllable of words ending in a consonant other than **-n** or **-s.**

  árbol   **lá**piz   di**fí**cil   **mó**dem   a**zú**car

2. If the stress is on the last syllable of words ending in a vowel, **-n,** or **-s.**

  ha**bló**   co**mí**   es**tán**   in**glés**   sal**dré**

3. If the stress is on the third-to-last syllable.

  sábado   **fí**sica   sim**pá**tico   **tí**pico   **nú**mero

4. If the stress is on the fourth-to-last syllable. This only occurs when two object pronouns are attached to a present participle.

  ¿Está dándole el dinero? Sí, está **dán**doselo.

Diphthongs

A diphthong is the combination of an unstressed **i** or **u** with another vowel that forms a single syllable. When the diphthong is on the stressed syllable of a word and a written accent is required, it is written over the other vowel, not over the **i** or **u**.

Dios   a**diós**   bien   tam**bién**   seis   dieci**séis**

The combination of **i** and **u** also forms a diphthong. If the diphthong is on the stressed syllable and a written accent is required, it is written over the second vowel.

cuídate   lin**güís**tica

The combination of a stressed **i** or **u** with another vowel does not form a diphthong. The vowels form two separate syllables. A written accent is required over the **í** or **ú**.

pa**ís**   cafete**rí**a   **mí**o   le**ís**te   conti**nú**a

Interrogative and exclamatory words

Interrogative and exclamatory words always require a written accent.

¿**Cómo** te llamas?   ¡**Qué** día!
¿**Dónde** vives?   ¡**Cuánto** trabajo!

Monosyllabic words

Words that have only one syllable do not carry an accent mark, except those that have to be distinguished from other words with the same spelling but a different meaning and grammatical function.

dé	*give* (formal command)	**de**	*of*
él	*he*	**el**	*the*
más	*more*	**mas**	*but*
mí	*me*	**mi**	*my*
sé	*I know, be* (informal command)	**se**	*him/herself, (to) him/her/them*
sí	*yes*	**si**	*if*
té	*tea*	**te**	*(to) you*
tú	*you*	**tu**	*your*

Punctuation

Spanish and English punctuation are similar, except in the following cases:

1. All questions start with an upside-down question mark.

¿Cuándo empieza la clase?

2. All exclamations begin with an upside-down exclamation point.

¡Cuánto siento que no puedas venir!

3. When quoting what a person has said or written, use a colon before the quotation and a period after the quotation. If the quotation is by itself, the period is placed before the final quotation mark.

José Martí dijo: "Yo abrazo a todos los que saben amar".
"Yo abrazo a todos los que saben amar." Estas palabras muestran los sentimientos de José Martí.

Peer-Editing or Self-Assessment Editorial Checklist[*]

The following Editorial Checklist is by no means exhaustive. It has been designed to guide students through the process of editing either their own text or that of a peer.

I. Intended Audience

_____ An expert on the subject
_____ A general audience
_____ A student
_____ A professor

II. Purpose of Text

Mark all that apply.

1. The writer's purpose or intent is

_____ to inform
_____ to convey an opinion
_____ to amuse, entertain
_____ to provoke discussion
_____ to convince readers
_____ to persuade readers to change their minds/behavior
_____ to persuade readers to take action
_____ to make readers feel . . .
_____ Other: _____

2. Achievement of paper's purpose

_____ The text (narrative, essay, etc.) fulfilled its purpose.
_____ The text partially fulfilled its purpose.
_____ The text failed to fulfill its purpose.

3. If it did not fulfill its purpose, why? How can the writer achieve the desired effect?

III. Organization

4. Is the text well organized?

_____ Yes   _____ No

Reasons: Mark all that apply.

_____ Text has an attractive title. It motivates the audience to read.

[*]Instructors may edit this document to tailor it to their students' needs.

_____ Author introduces the topic with an attention getter (a provoking idea, a question, a new idea, etc.).
_____ Introduction states purpose.
_____ Body of text is logically arranged.
_____ Text has good transitions. Ideas are connected smoothly between and within paragraphs.
_____ Text has an appropriate conclusion. All arguments are tied together, all questions are answered.
_____ There are too many questions or doubts unanswered.
_____ The end is too abrupt.
_____ Other _____

IV. Topic Handling†. Make a check mark next to the appropriate response.

5. Has the writer focused/narrowed down the topic?

_____ Yes   _____ No

Reasons:
_____ Subject is discussed from a very specific angle.
_____ All paragraphs center around the main topic/issue.
_____ Every paragraph contributes to support the main idea (thesis/hypothesis) of the whole text.
_____ Content can be covered well within the length of the text.
_____ Other _____

6. Has the topic been presented interestingly?

_____ Yes   _____ No

Reasons: Mark all that apply

_____ Idea (thesis/hypothesis/discussion, etc.) is original.
_____ Topic is discussed from a new perspective or angle.
_____ Author presents new information about topic (findings, data, polls, statistics, etc.).
_____ Author asks questions to arise interest.
_____ Author uses thought-provoking ideas/arguments.
_____ Author uses humor.
_____ Other: _____

7. What suggestion(s) can you make? _____

V. Development of Ideas

8. Does the author provide the audience with enough information about the topic?

_____ Yes   _____ No

Reasons:
_____ Author answers the vast majority of fundamental questions of potential audience.
_____ Some fundamental questions have not been addressed by author.

†Sections IV, V, and VI apply to essay writing.

_____ Author leaves reader with many doubts or unanswered questions.
_____ Other: _____

9. Is there one well-developed idea?

_____ Yes   _____ No

Reasons:

_____ After reading the text, the main idea may be easily stated in one sentence.
_____ The main idea was not sufficiently developed. It lacks details, examples.
_____ There is more than one main idea/thesis/hypothesis. Text is confusing, hard
         to follow.
_____ Other: _____

VI. Research/Analysis (where applicable)

Degree of completeness of research

10. Was the topic/subject/issue covered comprehensibly?

_____ Yes   _____ No

Reasons:

_____ Investigation covers all points/angles/positions, etc. necessary.
_____ Investigation is incomplete. Some relevant aspects/issues/arguments, etc.
         were disregarded.
_____ No evidence author did the research that was required.
_____ Other: _____

VII. Language

11. Did author accommodate the language to his/her intended audience?

_____ Yes   _____ No

Reasons: Mark all answers that apply.

_____ Language was clear and direct.
_____ Author used appropriate tone.[‡]
_____ Author used language that is too abstract.
_____ Author did not vary vocabulary words (did not use synonyms, antonyms, etc.).
_____ Author used too many empty words (things, stuff, etc.).
_____ Author used vivid words.
_____ Other: _____

VIII. Accuracy/Grammar

12. Is the text grammatically accurate?

_____ Yes   _____ No

[‡]Possible tones: _____sarcastic _____ angry _____ serious _____ (un)friendly
_____ formal _____ informal _____ Other?

13. Did errors interfere with comprehension of text?

____ Yes ____ No

Reasons:

There are problems with specific grammar features:

____ agreement (gender, number, subject-verb, noun-adjective, etc.)
____ wrong tense (present-past/future, preterit-imperfect, etc.)
____ wrong mode (indicative-subjunctive)
____ omission (missing parts of speech: articles, prepositions, conjunctions, etc.)
____ misuse (inappropriate use of rules, parts of speech, lexicon, etc.)
____ wrong word order
____ wrong sentence structure
____ other(s): _____

IX. Mechanics of Writing

14. In general, did the author adhere to the formalities of writing in Spanish?

____ Yes ____ No

Reasons:

____ There are serious spelling problems that distract the reader's attention to content.
____ Few or no spelling errors.
____ Punctuation is flawless.
____ Many punctuation problems (e.g. missing or inappropriately used commas, periods, etc.).
____ Author did not quote sources correctly (did not use quotation marks appropriately).
____ Author quoted and documented all sources consulted.
____ Other: _____

Verb Charts

REGULAR VERBS: SIMPLE TENSES

Infinitive Present Participle Past Participle	INDICATIVE					SUBJUNCTIVE		IMPERATIVE
	Present	Imperfect	Preterit	Future	Conditional	Present	Imperfect	
hablar hablando hablado	hablo hablas habla hablamos habláis hablan	hablaba hablabas hablaba hablábamos hablabais hablaban	hablé hablaste habló hablamos hablasteis hablaron	hablaré hablarás hablará hablaremos hablaréis hablarán	hablaría hablarías hablaría hablaríamos hablaríais hablarían	hable hables hable hablemos habléis hablen	hablara hablaras hablara habláramos hablarais hablaran	habla tú, no hables hable usted hablemos hablen Uds.
comer comiendo comido	como comes come comemos coméis comen	comía comías comía comíamos comíais comían	comí comiste comió comimos comisteis comieron	comeré comerás comerá comeremos comeréis comerán	comería comerías comería comeríamos comeríais comerían	coma comas coma comamos comáis coman	comiera comieras comiera comiéramos comierais comieran	come tú, no comas coma usted comamos coman Uds.
vivir viviendo vivido	vivo vives vive vivimos vivís viven	vivía vivías vivía vivíamos vivíais vivían	viví viviste vivió vivimos vivisteis vivieron	viviré vivirás vivirá viviremos viviréis vivirán	viviría vivirías viviría viviríamos viviríais vivirían	viva vivas viva vivamos viváis vivan	viviera vivieras viviera viviéramos vivierais vivieran	vive tú, no vivas viva usted vivamos vivan Uds.

Vosotros Commands

hablar	comer	vivir
hablad, no habléis	comed, no comáis	vivid, no viváis

REGULAR VERBS: PERFECT TENSES

	INDICATIVE					SUBJUNCTIVE	
Present Perfect	**Past Perfect**	**Preterit Perfect**	**Future Perfect**	**Conditional Perfect**		**Present Perfect**	**Past Perfect**
he hablado	había hablado	hube hablado	habré hablado	habría hablado		haya hablado	hubiera hablado
has comido	habías comido	hubiste comido	habrás comido	habrías comido		hayas comido	hubieras comido
ha vivido	había vivido	hubo vivido	habrá vivido	habría vivido		haya vivido	hubiera vivido
hemos	habíamos	hubimos	habremos	habríamos		hayamos	hubiéramos
habéis	habíais	hubisteis	habréis	habríais		hayáis	hubierais
han	habían	hubieron	habrán	habrían		hayan	hubieran

IRREGULAR VERBS

Infinitive / Present Participle / Past Participle	INDICATIVE					SUBJUNCTIVE		IMPERATIVE
	Present	**Imperfect**	**Preterit**	**Future**	**Conditional**	**Present**	**Imperfect**	
andar andando andado	ando	andaba	anduve	andaré	andaría	ande	anduviera	
	andas	andabas	anduviste	andarás	andarías	andes	anduvieras	anda tú,
	anda	andaba	anduvo	andará	andaría	ande	anduviera	no andes
	andamos	andábamos	anduvimos	andaremos	andaríamos	andemos	anduviéramos	ande usted
	andáis	andabais	anduvisteis	andaréis	andaríais	andéis	anduvierais	andemos
	andan	andaban	anduvieron	andarán	andarían	anden	anduvieran	anden Uds.
caer cayendo caído	caigo	caía	caí	caeré	caería	caiga	cayera	
	caes	caías	caíste	caerás	caerías	caigas	cayeras	cae tú,
	cae	caía	cayó	caerá	caería	caiga	cayera	no caigas
	caemos	caíamos	caímos	caeremos	caeríamos	caigamos	cayéramos	caiga usted
	caéis	caíais	caísteis	caeréis	caeríais	caigáis	cayerais	caigamos
	caen	caían	cayeron	caerán	caerían	caigan	cayeran	caigan Uds.
dar dando dado	doy	daba	di	daré	daría	dé	diera	
	das	dabas	diste	darás	darías	des	dieras	da tú, no des
	da	daba	dio	dará	daría	dé	diera	dé usted
	damos	dábamos	dimos	daremos	daríamos	demos	diéramos	demos
	dais	dabais	disteis	daréis	daríais	deis	dierais	den Uds.
	dan	daban	dieron	darán	darían	den	dieran	

IRREGULAR VERBS (CONTINUED)

Infinitive / Present Participle / Past Participle	INDICATIVE					SUBJUNCTIVE		IMPERATIVE
	Present	Imperfect	Preterit	Future	Conditional	Present	Imperfect	
decir diciendo dicho	digo dices dice decimos decís dicen	decía decías decía decíamos decíais decían	dije dijiste dijo dijimos dijisteis dijeron	diré dirás dirá diremos diréis dirán	diría dirías diría diríamos diríais dirían	diga digas diga digamos digáis digan	dijera dijeras dijera dijéramos dijerais dijeran	di tú, no digas diga usted digamos decid vosotros, no digáis digan Uds.
estar estando estado	estoy estás está estamos estáis están	estaba estabas estaba estábamos estabais estaban	estuve estuviste estuvo estuvimos estuvisteis estuvieron	estaré estarás estará estaremos estaréis estarán	estaría estarías estaría estaríamos estaríais estarían	esté estés esté estemos estéis estén	estuviera estuvieras estuviera estuviéramos estuvierais estuvieran	está tú, no estés esté usted estemos estad vosotros, no estéis estén Uds.
haber habiendo habido	he has ha hemos habéis han	había habías había habíamos habíais habían	hube hubiste hubo hubimos hubisteis hubieron	habré habrás habra habremos habréis habrán	habría habrías habría habríamos habríais habrían	haya hayas haya hayamos hayáis hayan	hubiera hubieras hubiera hubiéramos hubierais hubieran	
hacer haciendo hecho	hago haces hace hacemos hacéis hacen	hacía hacías hacía hacíamos hacíais hacían	hice hiciste hizo hicimos hicisteis hicieron	haré harás hará haremos haréis harán	haría harías haría haríamos haríais harían	haga hagas haga hagamos hagáis hagan	hiciera hicieras hiciera hiciéramos hicierais hicieran	haz tú, no hagas haga usted hagamos haced vosotros, no hagáis hagan Uds.

IRREGULAR VERBS (*CONTINUED*)

Infinitive / Present Participle / Past Participle	INDICATIVE					SUBJUNCTIVE		IMPERATIVE
	Present	Imperfect	Preterit	Future	Conditional	Present	Imperfect	
ir / yendo / ido	voy / vas / va / vamos / vais / van	iba / ibas / iba / íbamos / ibais / iban	fui / fuiste / fue / fuimos / fuisteis / fueron	iré / irás / irá / iremos / iréis / irán	iría / irías / iría / iríamos / iríais / irían	vaya / vayas / vaya / vayamos / vayáis / vayan	fuera / fueras / fuera / fuéramos / fuerais / fueran	ve tú, no vayas / vaya usted / vamos, no vayamos / id vosotros, no vayáis / vayan Uds.
oír / oyendo / oído	oigo / oyes / oye / oímos / oís / oyen	oía / oías / oía / oíamos / oíais / oían	oí / oíste / oyó / oímos / oísteis / oyeron	oiré / oirás / oirá / oiremos / oiréis / oirán	oiría / oirías / oiría / oiríamos / oiríais / oirían	oiga / oigas / oiga / oigamos / oigáis / oigan	oyera / oyeras / oyera / oyéramos / oyerais / oyeran	oye tú, no oigas / oiga usted / oigamos / oigan Uds.
poder / pudiendo / podido	puedo / puedes / puede / podemos / podéis / pueden	podía / podías / podía / podíamos / podíais / podían	pude / pudiste / pudo / pudimos / pudisteis / pudieron	podré / podrás / podrá / podremos / podréis / podrán	podría / podrías / podría / podríamos / podríais / podrían	pueda / puedas / pueda / podamos / podáis / puedan	pudiera / pudieras / pudiera / pudiéramos / pudierais / pudieran	
poner / poniendo / puesto	pongo / pones / pone / ponemos / ponéis / ponen	ponía / ponías / ponía / poníamos / poníais / ponían	puse / pusiste / puso / pusimos / pusisteis / pusieron	pondré / pondrás / pondrá / pondremos / pondréis / pondrán	pondría / pondrías / pondría / pondríamos / pondríais / pondrían	ponga / pongas / ponga / pongamos / pongáis / pongan	pusiera / pusieras / pusiera / pusiéramos / pusierais / pusieran	pon tú, no pongas / ponga usted / pongamos / pongan Uds.
querer / queriendo / querido	quiero / quieres / quiere / queremos / queréis / quieren	quería / querías / quería / queríamos / queríais / querían	quise / quisiste / quiso / quisimos / quisisteis / quisieron	querré / querrás / querrá / querremos / querréis / querrán	querría / querrías / querría / querríamos / querríais / querrían	quiera / quieras / quiera / queramos / queráis / quieran	quisiera / quisieras / quisiera / quisiéramos / quisierais / quisieran	quiere tú, no quieras / quiera usted / queramos / quieran Uds.

IRREGULAR VERBS (CONTINUED)

Infinitive / Present Participle / Past Participle	INDICATIVE					SUBJUNCTIVE		IMPERATIVE
	Present	Imperfect	Preterit	Future	Conditional	Present	Imperfect	
saber / sabiendo / sabido	sé	sabía	supe	sabré	sabría	sepa	supiera	
	sabes	sabías	supiste	sabrás	sabrías	sepas	supieras	sabe tú, no sepas
	sabe	sabía	supo	sabrá	sabría	sepa	supiera	sepa usted
	sabemos	sabíamos	supimos	sabremos	sabríamos	sepamos	supiéramos	sepamos
	sabéis	sabíais	supisteis	sabréis	sabríais	sepáis	supierais	
	saben	sabían	supieron	sabrán	sabrían	sepan	supieran	sepan Uds.
salir / saliendo / salido	salgo	salía	salí	saldré	saldría	salga	saliera	
	sales	salías	saliste	saldrás	saldrías	salgas	salieras	sal tú, no salgas
	sale	salía	salió	saldrá	saldría	salga	saliera	salga usted
	salimos	salíamos	salimos	saldremos	saldríamos	salgamos	saliéramos	salgamos
	salís	salíais	salisteis	saldréis	saldríais	salgáis	salierais	
	salen	salían	salieron	saldrán	saldrían	salgan	salieran	salgan Uds.
ser / siendo / sido	soy	era	fui	seré	sería	sea	fuera	sé tú, no seas
	eres	eras	fuiste	serás	serías	seas	fueras	sea usted
	es	era	fue	será	sería	sea	fuera	seamos
	somos	éramos	fuimos	seremos	seríamos	seamos	fuéramos	sed vosotros, no seáis
	sois	erais	fuisteis	seréis	seríais	seáis	fuerais	
	son	eran	fueron	serán	serían	sean	fueran	sean Uds.
tener / teniendo / tenido	tengo	tenía	tuve	tendré	tendría	tenga	tuviera	ten tú, no tengas
	tienes	tenías	tuviste	tendrás	tendrías	tengas	tuvieras	tenga usted
	tiene	tenía	tuvo	tendrá	tendría	tenga	tuviera	tengamos
	tenemos	teníamos	tuvimos	tendremos	tendríamos	tengamos	tuviéramos	tened vosotros, no tengáis
	tenéis	teníais	tuvisteis	tendréis	tendríais	tengáis	tuvierais	
	tienen	tenían	tuvieron	tendrán	tendrían	tengan	tuvieran	tengan Uds.
traer / trayendo / traído	traigo	traía	traje	traeré	traería	traiga	trajera	trae tú, no traigas
	traes	traías	trajiste	traerás	traerías	traigas	trajeras	traiga usted
	trae	traía	trajo	traerá	traería	traiga	trajera	traigamos
	traemos	traíamos	trajimos	traeremos	traeríamos	traigamos	trajéramos	traed vosotros, no traigáis
	traéis	traíais	trajisteis	traeréis	traeríais	traigáis	trajerais	
	traen	traían	trajeron	traerán	traerían	traigan	trajeran	traigan Uds.

IRREGULAR VERBS (CONTINUED)

Infinitive Present Participle Past Participle	INDICATIVE					SUBJUNCTIVE		IMPERATIVE
	Present	Imperfect	Preterit	Future	Conditional	Present	Imperfect	
venir viniendo venido	vengo vienes viene venimos venís vienen	venía venías venía veníamos veníais venían	vine viniste vino vinimos vinisteis vinieron	vendré vendrás vendrá vendremos vendréis vendrán	vendría vendrías vendría vendríamos vendríais vendrían	venga vengas venga vengamos vengáis vengan	viniera vinieras viniera viniéramos vinierais vinieran	ven tú, no vengas venga usted vengamos venid vosotros, no vengáis vengan Uds.
ver viendo visto	veo ves ve vemos véis ven	veía veías veía veíamos veíais veían	vi viste vio vimos visteis vieron	veré verás verá veremos veréis verán	vería verías vería veríamos veríais verían	vea veas vea veamos veáis vean	viera vieras viera viéramos vierais vieran	ve tú, no veas vea usted veamos ved vosotros, no veáis vean Uds.

STEM-CHANGING AND ORTHOGRAPHIC-CHANGING VERBS

Infinitive Present Participle Past Participle	INDICATIVE					SUBJUNCTIVE		IMPERATIVE
	Present	Imperfect	Preterit	Future	Conditional	Present	Imperfect	
dormir (ue, u) durmiendo dormido	duermo duermes duerme dormimos dormís duermen	dormía dormías dormía dormíamos dormíais dormían	dormí dormiste durmió dormimos dormisteis durmieron	dormiré dormirás dormirá dormiremos dormiréis dormirán	dormiría dormirías dormiría dormiríamos dormiríais dormirían	duerma duermas duerma durmamos durmáis duerman	durmiera durmieras durmiera durmiéramos durmierais durmieran	duerme tú, no duermas duerma usted durmamos dormid vosotros, no durmáis duerman Uds.

STEM-CHANGING AND ORTHOGRAPHIC-CHANGING VERBS (*CONTINUED*)

incluir (y) / incluyendo / incluido

	INDICATIVE					SUBJUNCTIVE		IMPERATIVE
	Present	Imperfect	Preterit	Future	Conditional	Present	Imperfect	
	incluyo	incluía	incluí	incluiré	incluiría	incluya	incluyera	incluye tú, no incluyas
	incluyes	incluías	incluiste	incluirás	incluirías	incluyas	incluyeras	incluya usted
	incluye	incluía	incluyó	incluirá	incluiría	incluya	incluyera	incluyamos
	incluimos	incluíamos	incluimos	incluiremos	incluiríamos	incluyamos	incluyéramos	incluid vosotros, no incluyáis
	incluís	incluíais	incluisteis	incluiréis	incluiríais	incluyáis	incluyerais	incluyan Uds.
	incluyen	incluían	incluyeron	incluirán	incluirían	incluyan	incluyeran	

pedir (i, i) / pidiendo / pedido

	INDICATIVE					SUBJUNCTIVE		IMPERATIVE
	Present	Imperfect	Preterit	Future	Conditional	Present	Imperfect	
	pido	pedía	pedí	pediré	pediría	pida	pidiera	pide tú, no pidas
	pides	pedías	pediste	pedirás	pedirías	pidas	pidieras	pida usted
	pide	pedía	pidió	pedirá	pediría	pida	pidiera	pidamos
	pedimos	pedíamos	pedimos	pediremos	pediríamos	pidamos	pidiéramos	pedid vosotros, no pidáis
	pedís	pedíais	pedisteis	pediréis	pediríais	pidáis	pidierais	pidan Uds.
	piden	pedían	pidieron	pedirán	pedirían	pidan	pidieran	

pensar (ie) / pensando / pensado

	INDICATIVE					SUBJUNCTIVE		IMPERATIVE
	Present	Imperfect	Preterit	Future	Conditional	Present	Imperfect	
	pienso	pensaba	pensé	pensaré	pensaría	piense	pensara	piensa tú, no pienses
	piensas	pensabas	pensaste	pensarás	pensarías	pienses	pensaras	piense usted
	piensa	pensaba	pensó	pensará	pensaría	piense	pensara	pensemos
	pensamos	pensábamos	pensamos	pensaremos	pensaríamos	pensemos	pensáramos	pensad vosotros, no penséis
	pensáis	pensabais	pensasteis	pensaréis	pensaríais	penséis	pensarais	piensen Uds.
	piensan	pensaban	pensaron	pensarán	pensarían	piensen	pensaran	

STEM-CHANGING AND ORTHOGRAPHIC-CHANGING VERBS (*CONTINUED*)

Infinitive / Present Participle / Past Participle	INDICATIVE						SUBJUNCTIVE		IMPERATIVE
	Present	Imperfect	Preterit	Future	Conditional		Present	Imperfect	
produdir (zc) produciendo producido	produzco produces produce producimos producís producen	producía producías producía producíamos producíais producían	produje produjiste produjo produjimos produjisteis produjeron	produciré producirás producirá produciremos produciréis producirán	produciría producirías produciría produciríamos produciríais producirían		produzca produzcas produzca produzcamos produzcáis produzcan	produjera produjeras produjera produjéramos produjerais produjeran	produce tú, no produzcas produzca usted produzcamos pruducid vosotros, no produzcáis produzcan Uds.
reír (i, i) riendo reído	río ríes ríe reímos reís ríen	reía reías reía reíamos reíais reían	reí reíste rio reímos reísteis rieron	reiré reirás reirá reiremos reiréis reirán	reiría reirías reiría reiríamos reiríais reirían		ría rías ría riamos riáis rían	riera rieras riera riéramos rierais rieran	ríe tú, no rías ría usted riamos reíd vosotros, no riáis rían Uds.
seguir (i, i) (ga) siguiendo seguido	sigo sigues sigue seguimos seguís siguen	seguía seguías seguía seguíamos seguíais seguían	seguí seguiste siguió seguimos seguisteis siguieron	seguiré seguirás seguirá seguiremos seguiréis seguirán	seguiría seguirías seguiría seguiríamos seguiríais seguirían		siga sigas siga sigamos sigáis sigan	siguiera siguieras siguiera siguiéramos siguierais siguieran	sigue tú, no sigas siga usted sigamos seguid vosotros, no sigáis sigan Uds.
sentir (ie, i) sintiendo sentido	siento sientes siente sentimos sentís sienten	sentía sentías sentía sentíamos sentíais sentían	sentí sentiste sintió sentimos sentisteis sintieron	sentiré sentirás sentirá sentiremos sentiréis sentirán	sentiría sentirías sentiría sentiríamos sentiríais sentirían		sienta sientas sienta sintamos sintáis sientan	sintiera sintieras sintiera sintiéramos sintierais sintieran	siente tú, no sientas sienta usted sintamos sentid vosotros, no sintáis sientan Uds.

STEM-CHANGING AND ORTHOGRAPHIC-CHANGING VERBS (*CONTINUED*)

Infinitive Present Participle Past Participle	INDICATIVE					SUBJUNCTIVE		IMPERATIVE
	Present	Imperfect	Preterit	Future	Conditional	Present	Imperfect	
volver (ue) volviendo vuelto	vuelvo	volvía	volví	volveré	volvería	vuelva	volviera	
	vuelves	volvías	volviste	volverás	volverías	vuelvas	volvieras	vuelve tú, no vuelvas
	vuelve	volvía	volvió	volverá	volvería	vuelva	volviera	vuelva usted
	volvemos	volvíamos	volvimos	volveremos	volveríamos	volvamos	volviéramos	volvamos
	volvéis	volvíais	volvisteis	volveréis	volveríais	volváis	volvierais	volved vosotros, no volváis
	vuelven	volvían	volvieron	volverán	volverían	vuelvan	volvieran	vuelvan Uds.

Spanish–English Glossary

NOTE: Numbers indicate the chapters where the vocabulary words and phrases appear.

A

abrazar (c) *to embrace* 7
academia, la *academy* 4
acciones, las *shares* 10
aceite, el *oil* 6
aceituna, la *olive* 6
aceptar *to accept* 7
acueducto, el *aqueduct* 3
adelanto, el *progress, step forward* 3
adobe, el *adobe, mud brick* 4
adorar *to worship* 1
adornado/a *adorned, decorated* 3
advertir (ie, i) *to warn* 9
afianzar (c) *to strengthen* 7
aficionado/a, el/la *fan* 5
africano/a, el/la *African* 1
agricultor/a, el/la *farmer* 4
águila, el *eagle* 4
ahijada, la *goddaughter* 7
ahijado, el *godson* 7
ahorrar *to save* 9
aimara, el/la *Aymara* 1
ají, el *(a type of) hot pepper* 6
ajo, el *garlic* 6
alargar *to prolong, to lengthen* 7
a largo plazo *long-term* 10
alcachofa, la *artichoke* 6
almendra, la *almond* 6
a lo largo de *along, all through* 9
altibajos, los *ups and downs* 7
altiplano, el *plateau* 1
alto/a *high, tall* 9
altura, la *height* 9
amar *to love* 7
amargo/a *bitter* 6
Amazonía, la *Amazon region* 9
ambiente, el *atmosphere* 2
amenaza, la *threat* 9
a menudo *often* 7
amistad, la *friendship* 7
amor, el *love* 7
amplio/a *broad, wide* 2
animado/a *cheerful, lively* 7
anís, el *aniseed* 6
antecedentes, los *background* 1
antes *before* 1
anuncio, el *advertisement* 2
aparato de DVD, el *DVD player* 10
aparato, el *apparatus; appliance* 10
aparecer (zc) *to appear; to come into view* 7
apertura, la *opening* 8
a pesar de *in spite of* 5
aplacar (q) *to approve, to placate* 7
apreciar *to appreciate* 4
aprendizaje, el *learning* 10
aprovechar *to take advantage* 10
árabe, el *Arabic* 2
árbitro, el *referee* 5
archivo, el *archive* 5
arco, el *arch* 4
árido/a *arid* 9
aritmética, la *arithmetic* 3
arquitecto/a, el/la *architect* 4
arroz, el *rice* 6
artesanía, la *handicrafts* 4

artístico/a *artistic* 4
asar *to roast* 6
aséptico/a *sterile* 7
así *so, in this way, thus* 3
asociar *to associate* 2
astronomía, la *astronomy* 3
atmósfera, la *atmosphere* 9
a través de *through* 2
aula, el *lecture room* 4
aumentar *to increase* 10
aumento, el *increase* 10
autóctono/a *indigenous* 1
autor/a, el/la *author* 2
avanzado/a *advanced* 3
azafrán, el *saffron* 6
azteca, el/la *Aztec* 1

B

baile, el *dance* 5
baloncesto, el *basketball* 5
balsa, la *raft* 3
banca, la *banking sector* 10
barco, el *ship* 8
barro, el *clay* 4
basura, la *garbage, waste* 9
batidora, la *blender* 10
béisbol, el *baseball* 5
bélico/a *warlike* 5
beneficiar *to benefit* 10
beneficio, el *benefit* 10
besar *to kiss* 7
bien, el *good* 3
bienes, los *goods* 10
bienes de consumo, los *consumer goods* 10
billete, el *paper currency; ticket* 1
bolera, la *bowling alley* 2
bolsa, la *stock exchange* 10
bosque, el *forest, woods* 9
bosquejo, el *outline* 2
brillo, el *brightness, shine* 7

C

cacao, el *cocoa plant* 6
cacique, el *chief, boss* 3
calentamiento, el *warming* 9
calidad del aire, la *air quality* 9
caluroso/a *hot* 9
cámara digital, la *digital camera* 10
cambiar de código lingüístico *to code-switch* 2
cambio climático, el *climate change* 9
campeonato, el *championship* 5
campesino/a, el/la *peasant* 4
campo, el *countryside* 9
cancha, la *court; field (sports)* 5
canela, la *cinnamon* 6
cantante, el/la *singer* 1
capa de ozono, la *ozone layer* 9
carbohidrato, el *carbohydrate* 6
cariño, el *affection, love* 7
carnaval, el *carnival* 5
carne (molida), la *(ground) meat* 6
carretera, la *road* 9

castellano, el *Castilian Spanish (language)* 1; *Spanish (language)* 2
castigar *to punish* 7
castigo, el *punishment* 7
castigo físico, el *physical punishment* 8
castillo, el *castle* 4
cebolla, la *onion* 6
celebrar *to celebrate* 3
celos, los *jealousy* 7
celoso/a *jealous* 3, 7
celta, el *Celtic* 2
ceniza, la *ash* 2
censurar *to censure* 4
cerámica, la *ceramics, pottery* 4
cerdo, el *pork* 6
ceremonial *ceremonial* 3
ceviche, el *marinated raw fish* 6
chile, el *chile pepper* 6
chocolate, el *chocolate* 6
ciclismo, el *bicycling, cycling* 5
claves, las *Cuban percussion instrument* 1
cocinar *to cook* 6
código lingüístico, el *linguistic code* 2
colorista *colorful* 4
comenzar (c, ie) *to begin* 4
comino, el *cumin* 6
compadrear *to go out with friends, in a group of friends* 2
comparar *to compare* 1
compartir *to share* 1
competencia, la *competition* 5
complejo/a *complex* 4
comportamiento, el *behavior* 7
comportarse *to behave* 7
compositor/a, el/la *composer* 1
comprobar (ue) *to check; to verify* 4
comprometerse a *to commit oneself; to promise* 7
compromiso, el *commitment* 5, 7
computadora portátil, la *laptop* 10
comunidad lingüística, la *linguistic community* 2
concierto, el *concert* 4
conectarse *to connect* 5
conga, la *conga* 1
congelarse *to freeze (over)* 9
conquistador, el *conqueror* 3
conquista, la *conquest* 3
conquistar *to conquer* 1
conseguir (i, i) *to get, to obtain* 2
conservación, la *conservation* 9
consola, la *game console* 10
construir (y) *to build* 4
consumir *to consume; to eat* 6
contaminación, la *pollution* 9
contaminar *to pollute, to contaminate* 9
contar (ue) *to tell; to count* 8
contendiente, el/la *contestant/opponent* 5
controlador/a *controlling* 7
convivencia, la *living together* 7
cordero, el *lamb* 6
correo electrónico, el *e-mail* 5
correr *to run* 5
corrido, el *Mexican song form* 1
cortar en rodajas *to slice, to cut into slices* 6
cosmopolita *cosmopolitan* 2
costa, la *coast* 9

costumbre, la *custom* 1
crecer (zc) *to grow* 10
criar *to raise* 9
criollo/a, el/la *Creole* 1
crisis, la *crisis* 10
crisol, el *melting pot* 1, 3
cristiano/a *Christian* 3
crítica, la *critique* 4
criticar (q) *to critique; to criticize* 4
crudo/a *raw* 6
cruzar (c) *to cross* 4
cruz, la *cross* 4
cuadrado/a *square* 1
cuadro, el *picture* 4, 8
cualquier/a *any* 3
cultivar *to grow, to cultivate* 6
cumbia, la *music and dance from Caribbean coast of Colombia* 1

D

danza, la *dance* 3
danzarina, la *dancer* 3
danzarín, el *dancer* 3
dar de alta *to discharge* 7
dar un consejo *to advise, to give advice* 7
dato, el *fact, piece of information* 3
de acuerdo con *according to* 8
defensor, el *defender* 10
deforestación, la *deforestation* 9
degradación, la *deterioration* 9
degradar *to degrade* 9
demás, los *the others, the rest* 7
democracia, la *democracy* 8
demonio, el *devil, demon* 3
depender de *to depend on* 5
deportista, el/la *sportsman, sportswoman, athlete* 5
derechos humanos, los *human rights* 8
de repente *suddenly* 9
derrame, el *spill* 9
derretirse (i, i) *to melt* 9
derrota, la *defeat* 5
desaparecer (zc) *to disappear* 3
desaparición, la *disappearance* 10
desarrollo, el *development* 8
desbordante *boundless, unlimited* 5
desempleado/a, el/la *unemployed person* 10
desenlace, el *outcome, ending* 2
desertización, la *desertification* 9
desesperado/a *desperate, hopeless* 7
desfile, el *parade* 6
desierto, el *desert* 9
desligado/a *separate, disconnected* 5
deslizar *to slide* 5
destacar (q) *to emphasize* 1
destruir (y) *to destroy* 3
diablo, el *devil* 3
dialecto, el *dialect* 2
dibujar *to draw* 4
dibujo, el *drawing* 4
dictador/a, el/la *dictator* 8
dictadura, la *dictatorship* 8
difusión, la *spreading, diffusion* 4
dios/a, el/la *god/goddess* 3
dióxido de carbono, el *carbon dioxide* 9
disciplinar *to discipline* 7
discriminación, la *discrimination* 8
diseñar *to design* 4
diseño, el *design* 4
disfrutar *to have fun; to enjoy* 5
distinto/a *different* 2
diversidad, la *diversity* 1
divinidad, la *deity* 3
droga, la *drug* 8
dulce *sweet* 6
duro/a *hard* 7

E

echar un vistazo *have a look at* 10
ecosistema, el *ecosystem* 9
efecto invernadero, el *greenhouse effect* 9
eficacia, la *efficiency, effectiveness* 10
egoísta *selfish* 7
elegir (i, i, j) *to choose, to select* 10
empate, el *draw, tie* 5
emperador, el *emperor* 3
emperatriz, la *empress* 3
empezar (ie, c) *to begin* 8
empleo, el *job, employment* 10
empresa, la *company, corporation* 10
enamorado/a *in love* 7
en conjunto, el *as a whole, overall* 8
en contra de *against* 10
encontrar (ue) *to find* 1, 2
en desarrollo *developing* 10
energía eólica, la *wind power* 9
enfadarse *to get angry* 7
enfermedad, la *illness* 8
enfrentamiento (bélico), el *(military) clash, confrontation* 5
enojarse *to get angry* 7
ensayar *to rehearse* 3
ensayo *essay* 2
entenderse (ie) *to communicate, to understand each other* 2
entrenador/a, el/la *trainer, coach* 5
entretener (g, ie) *to entertain* 7
entrevista, la *interview* 2
envidioso/a *envious* 7
envolver (ue) *to wrap* 6
equipo, el *team; equipment* 5
erupción, la *eruption* 3
escasez, la *scarcity* 9
esclavitud, la *slavery* 8
esclavo/a, el/la *slave* 8
escoger (j) *to choose* 1
escritor/a el/la, *writer* 1, 2
escudo nacional, el *coat of arms* 1
escultor/a, el/la *sculptor* 1
escultura, la *sculpture* 3, 4
espanglish, el *Spanglish* 2
español/a, el/la *Spaniard* 1
español, el *Spanish (language)* 1
especia, la *spice* 6
especie, la *species* 9
esposa, la *wife* 7
esposo, el *husband* 7
espumoso/a *foamy* 6
establecer (zc) *to establish, to settle* 2
estar al día *to be up to date* 5
estar de acuerdo *to agree* 5
estar en desacuerdo *to disagree* 5
estético/a *aesthetic* 4
estrés, el *stress* 10
étnico/a *ethnic* 1
evitar *to avoid* 9
evolucionar *to develop, evolve* 1; *to evolve* 2
exigente *demanding* 7
experimentar *to experience* 5
explicar (q) *to explain* 1, 2
explotación, la *exploitation* 8
exportación, la *export; exportation* 10
exposición de arte, la *art exhibit* 4
extinción, la *extinction* 9
extrañar *to miss* 2
extranjero/a *foreign* 10

F

fábrica, la *factory* 9, 10
fabricar (q) *to make, to produce* 10
facilitar *to make easier, to facilitate* 10

festejo, el *festivity* 3
fibra, la *fiber* 6
financiero/a *financial* 10
física, la *physics* 3
fluvial *fluvial, pertaining to a river* 9
folleto, el *brochure* 2
formulario, el *form* 2
frágil *fragile* 7
francés, el *French (language)* 2
freír (i, i) *to fry* 6
frenar *to curb* 9
fresco/a *fresh* 6
frontera, la *border* 1
fugaz *fleeting* 5
funcionar *to work (machine), to function* 5
fundirse *to melt* 9
furioso/a *furious* 7
fútbol, el *soccer* 5

G

ganado, el *cattle* 6
ganar *to win* 5
género, el *gender* 1
giro, el *whirl; twirl* 1
globalización, la *globalization* 10
gobierno, el *government* 8
godo, el *Gothic* 2
gradas, las *stands* 5
grafiti, el *graffiti* 4
gramática, la *grammar* 2
granja, la *farm* 9
grano (integral), el *(whole) grain* 6
grasa, la *fat* 6
griego/a, el/la *Greek* 1
guaraní, el *Guarani* 2
guerra, la *war* 2
guerrero/a *warlike* 3
guerrero/a, el/la *warrior* 3
guerrillero/a, el/la *freedom fighter* 4
güiro, el *percussion instrument used in Caribbean music* 1
guisar *to cook* 6

H

habitante, el/la *inhabitant* 3
hablante, el/la *speaker* 2
harina, la *flour* 6
hebreo, el *Hebrew* 2
hecho, el *fact* 8
helado/a *frozen* 9
helado, el *ice cream* 6
heredar *to inherit* 1
herencia, la *heritage* 1
heterogéneo/a *heterogeneous* 1
hidráulica, la *hydraulics* 3
hielo, el *ice* 9
hija, la *daughter* 7
hijastra, la *stepdaughter* 7
hijastro, el *stepson* 7
hijo, el *son* 7
hincha, el/la *fan* 5
hipoteca, la *mortgage* 10
hispano/a, el/la *Hispanic* 1
hito, el *milestone* 5
homogéneo/a *homogeneous, same* 1, 2
hornear *to bake* 6
horno microondas, el *microwave oven* 10
hoy en día *nowadays* 3
huella, la *trace, mark* 1
huevo, el *egg* 6
húmedo/a *humid* 9
humillación, la *humiliation* 8
huracán, el *hurricane* 2

I

identificarse (q) *to identify with* 5
idioma, el *language* 2
imborrable *unforgettable* 3
imperio, el *empire* 3
importación, la *importation* 10
impuestos, los *taxes* 10
impulso, el *boost* 10
inca, el/la *Inca* 1
incertidumbre, la *uncertainty* 10
inclinado/a *inclined, sloping* 4
inconveniente, el *disadvantage, drawback* 10
independencia, la *independence* 8
indígena, el/la *indigenous person* 1
individualismo, el *individualism* 7
inestable *unstable* 7
infarto, el *heart attack* 7
infeliz *unhappy* 7
influenciar *to influence* 4
inglés, el *English* 2; *English (language)* 1
ingresado/a *to be admitted* 7
inquietud, la *worry, concern* 7
inseparable *inseparable* 7
interesarse *to be interested in* 4
intolerante *intolerant* 7
inundación, la *flood* 9
inversión, la *investment* 10
inversor/a, el/la *investor* 8
irradiar *to radiate* 7

J

jengibre, el *ginger* 6
juego, el *match, game* 5
jugador/a, el/la *player* 5
jugar (ue) a *to play* 5
juntos/as *together* 7

L

ladrón, el *thief, robber* 3
latín, el *Latin (language)* 1
latino/a, el/la *Latino/a* 1
lazo, el *bond, tie* 7
lechuga, la *lettuce* 6
lengua franca, la *lingua franca* 2
lengua, la *language* 1
levantarse en contra de *to rise up against; to protest* 8
libertad (de expresión), la *freedom (of speech)* 8
libre comercio, el *free trade* 10
ligero/a *light* 5
lima, la *lime* 6
limón, el *lemon* 6
liviano/a *light* 6
llamativo/a *striking, appealing* 4
llano, el *plain* 9
llegar (u) *to arrive, to reach* 2
llevar *to wear* 5
llevar pegado/a *to remain close by* 7
llover (ue) *to rain* 9
lluvia, la *rain* 2
localizar *to locate; to get a hold of* 10
logro, el *accomplishment* 1
lucha, la *fight, struggle* 8
luchar *to fight* 8

M

madera, la *wood* 4
madrina, la *godmother* 7
maestro/a, el/la *master* 4

maíz, el *corn* 6
mal, el *evil* 3
malherido/a *wounded* 3
maltrato, el *mistreatment* 8
manera, la *way, manner* 10
mano de obra, la *labor, manpower* 8
manta, la *blanket* 4
mantener (ie, g) *to maintain* 1, 2
maqueta, la *scale model* 4
máquina, la *machine* 10
mar, el *sea* 3
marginado/a *outcast, marginalized* 8
marido, el *husband* 7
marinar *to marinate* 6
marisco, el *seafood, shellfish* 6
maya, el/la *Maya* 2; *Mayan* 1
mecánica, la *mechanics* 3
medioambiental *environmental* 9
medios de comunicación, los *media* 2
mejoras, las *improvements, progress* 8
mensaje de texto *text message* 10; *text message, SMS* 5
mentir (ie, i) *to lie* 3
mentira, la *lie* 7
mentiroso/a *lying* 3
mercado callejero, el *street market* 2
mercado de valores, el *stock market* 10
mercancía, la *merchandise* 10
meseta, la *plateau* 9
mestizo/a el/la *person of mixed race* 1
metal, el *metal* 3
mezcla, la *mix, blend* 3
mezclar *to mix, to mix up* 2
miel, la *honey* 6
mina, la *mine* 3
minero, el *miner* 3
mismo/a *same* 10
mito, el *myth* 3
monolito, el *monolith* 3
morir (ue, u) *to die* 3
mostrar (ue) *to show* 4
mujer, la *woman; wife* 7
multar *to fine* 9
muralismo, el *muralism* 4
muralista, el/la *mural artist* 1; *muralist* 4
museo, el *museum* 4
músico, el/la *musician* 1

N

nación, la *nation* 2
náhuatl, el *Nahuatl* 2
naranja, la *orange* 6
narcotráfico, el *drug traffic* 8
negocio, el *business* 8
nivel de vida, el *standard of living* 8
no obstante *nevertheless* 10
novela, la *novel* 2
novia, la *girlfriend, fiancée* 7
novio, el *boyfriend, fiancé* 7

O

obra, la *work (of art)* 4
océano, el *ocean* 3
ocio, el *leisure* 5
ocupar *to occupy* 9
ocurrir *to occur* 2
odio, el *hatred* 7
ofrecerse (zc) *to offer oneself; to volunteer* 3
ofrenda, la *offering* 3
óleo, el *oil paint, oil painting* 4
opresión, la *oppression* 8
oprimido/a *oppressed* 8

ordenador portátil, el *laptop* 5
orfebrería, la *goldsmithing* 3
oro, el *gold* 3
ovalado/a *oval* 1

P

padrastro, el *stepfather* 7
padrino, el *godfather* 7
paisaje, el *landscape (painting)* 4
país emergente, el *developing country* 8
palacio, el *palace* 4
pantalla, la *screen* 10
pantalla táctil, la *touch screen* 5
papa, la *potato* 6
papel, el *role* 10
paracaidismo, el *parachuting* 5
parecer (zc) *to seem* 4
pared, la *wall* 4
parrillada, la *grilled meats* 6
participar *to participate in; to play* 5
partido, el *game, match* 5
pasar el tiempo *to spend time* 7
pasarlo genial *to have a great time* 10
pasar por *to go through/via* 10
pasillo, el *corridor* 7
pastel, el *cake* 6
pasto, el *pasture* 9
patata, la *potato* 6
patear *to kick* 5
patinador/a, el/la *skater* 5
patrimonio, el *heritage* 2
pelear *to fight* 7
peligro, el *danger* 9
pelota, la *ball* 5
perder (ie) *to lose* 5
perenne *perennial, evergreen; constant* 7
perfeccionar *to improve, to perfect* 2
perfeccionista *perfectionist* 7
perjudicar *to damage* 10
permisivo/a *permissive* 7
personaje, el *character (in a story)* 3
peruano/a, el/la *Peruvian* 1
pescado, el *fish* 6
pescar (q) *to fish* 9
picante *hot (spicy)* 6
piedra, la *stone* 3
pillar *to catch, find* 10
pimienta, la *pepper* 6
pintar *to paint* 4
pintor/a, el/la *painter* 1
pintura, la *paint, painting* 4
pirámide, la *pyramid* 4
plano, el *map, plan* 4
plátano, el *banana* 6
pluma, la *feather* 3
pluviosidad, la *rainfall* 9
población, la *population* 8
pobladores, los *dwellers, inhabitants* 3
poco a poco *little by little* 7
poder, el *power* 8
poesía, la *poetry* 2
polifacético/a *multifaceted* 4
política, la *politics* 8
político/a *political* 8
pollo, el *chicken* 6
ponerse *to put on clothing; to become* 7
por lo menos *at least* 10
portal, el *vestibule, entrance hall* 2
portarse *to behave* 7
portugués, el *Portuguese* 1
portuguesa, la *Portuguese* 1
postre, el *dessert* 6
potencia, la *power (economic, military)* 8
pozo, el *mine shaft* 3

predecir (i, g) *to predict* 10
premio, el *award, prize* 1
preocuparse por *to worry about* 7
préstamo, el *loan* 2
prestar *to lend* 4
privar *to deprive* 8
probar (ue) *to taste* 6
procesión, la *procession* 3
prohibir *to prohibit, to forbid* 7
propiciado/a *favored* 8
propio/a *own* 1
prosperidad, la *prosperity* 10
protección, la *protection* 9
proteger (j) *to protect* 9
provocar (q) *to cause; to bring about* 10
prueba, la *proof; sign* 3
pueblo, el *people; town* 2
puente, el *bridge* 4
puenting, el *bungee jumping* 5
puerco, el *pork* 6
puerto, el *port, harbor* 1
puesto, el *position* 8

Q

quechua, el *Quechua* 2
quedar *to remain, to be left (over); to fit (clothing)* 4
quedarse rezagado/a *to be outdated* 5
quejarse de *to complain* 7
queso, el *cheese* 6

R

raíz, la (las raíces) *root(s)* 3
realizar (c) *to carry out, to execute* 4
reciclaje, el *recycling* 9
reciprocidad, la *reciprocity* 7
recoger (j) *to gather* 9
recuperación, la *recovery* 8
recuperarse *to recover* 7
recurso, el *resource* 8
Red, la *Internet, World Wide Web* 5; *network; Web (usually cap.)* 10
redondo/a *round* 1
red social, la *social network* 5
reforzar (ue) (c) *to reinforce, strengthen* 9
regalar *to give as a gift* 4
reivindicar *to claim, to assert* 2
relatar *to tell, to report* 2
relato, el *story* 3
rellenar *to fill; to stuff* 6
remontarse a *to date back to* 3
rendimiento, el *performance* 5
rentable *cost effective* 10
repartido/a *distributed* 8
representar *to represent* 3
reproductor portátil de música, el *portable music/media player* 5
res, la *beef* 6
resolver (ue) *to solve* 8
respetar *to respect* 8
respeto, el *respect* 8
restos, los *remains* 1
retrato, el *portrait* 4

reunirse *to get together* 7
revisar *to check, to review* 10
rico/a, el/la *wealthy person* 8
riesgo, el *risk* 5
riqueza, la *richness* 3; *wealth* 1
romper *to break (up)* 7
ruinas, las *ruins* 1
rumba, la *rumba* 1

S

sabor, el *taste, flavor* 6
sacrificio, el *sacrifice* 3
salado/a *salty* 6
salario, el *salary, wage* 10
salir (g) *to go out* 7
sal, la *salt* 6
saludable *healthy* 1
saludar *to greet* 7
samba, la *samba* 1
sangre, la *blood* 1
seco/a *dry* 9
seguidor/a, el/la *supporter/fan* 5
seguimiento, el *following* 5
seguir (i, i) (una dieta) *to follow (to be on a diet)* 7
seguir (i, i) *to follow; to continue* 10
sello postal, el *postage stamp* 1
selva, la *jungle* 9
selva tropical, la *rainforest* 9
semejante *similar* 2
semejanza, la *similarity* 1
semilla, la *seed* 6
sentimiento, el *feeling* 7
sentir(se) (ie, i) *to be sorry; to feel* 2, 7
sequía, la *drought* 9
servicial *helpful* 7
sésamo, el *sesame* 6
significado, el *meaning* 1, 2
sincretismo, el *syncretism* 3
sin duda *no doubt* 1
soja, la *soy, soybean* 9
soler (ue) *to be accustomed to, to be in the habit of* 2
solidaridad, la *solidarity, support* 5
soportar *to bear, to tolerate* 8
suelo, el *earth, ground* 9
sufrimiento, el *suffering* 8
sumergir(se) *to submerge* 9
supervivencia, la *survival* 9

T

tala, la *cutting, felling (trees)* 9
taller, el *workshop; studio* 4
tardar *to take a certain amount of time to do something* 2
teatro, el *theater* 3
techo, el *roof* 4
teclado, el *keyboard, keypad* 5
teclado inalámbrico, el *wireless keyboard* 10
teclear *to key in, to type (in)* 5
teléfono móvil, el *cell phone* 5
temblor de tierra, el *earth tremor* 3
temer *to fear, to be afraid* 3

templo, el *temple* 3
tenis, el *tennis* 5
terremoto, el *earthquake* 3
terreno de pasto, el *pasture* 9
territorio, el *territory* 2
tesoro, el *treasure* 3
tiempo libre, el *free time* 5
tierra, la *land, ground, earth* 3
timbal, el *kettledrum* 1
tirar *to throw away, to dispose of* 9
tocar (q) (un instrumento) *to play (an instrument)* 4
tolerar *to tolerate* 7
tomar medidas *to take steps, measures* 9
tomate, el *tomato* 6
trabajo infantil, el *child labor* 10
tradición, la *tradition, custom* 3
traer (g) *to bring* 2
traficante, el/la *dealer* 8
trama, la *plot* 3
tratado, el *treaty* 10
trigo, el *wheat* 6
triste *sad* 7
triunfo, el *triumph* 3; *victory* 5

U

último/a *last* 10
uso, el *use* 2
usuario/a, el/la *user* 5
uva, la *grape* 6

V

vainilla, la *vanilla* 6
valle, el *valley* 9
valorar *to assess; to attach a value to* 10
valor/es, el/los *(moral) value/values* 1
variado/a *varied* 9
variar *to vary* 2
variedad, la *variety* 2
vasallo, el *vassal* 8
vasija, la *vessel, pot (container)* 4
vejación, la *abuse* 8
vencer (z) *to beat* 5
verbena, la *night festival* 3
verdadero/a *true* 7
videojuego, el *video game* 5
viento, el *wind* 1
violación, la *violation* 8
volcán, el *volcano* 3

Y

yacimiento, el *field, deposit* 8
yogur, el *yogurt* 6

Z

zanahoria, la *carrot* 6
zona desértica, la *desert* 9

Index

Credits

Tijuana
Mexicali

Nogales

Ciudad
Juárez

Río Bravo del Norte

Río Grande

ESTADOS
UNIDOS

Golfo de
México

SIERRA MADRE OCCIDENTAL

Golfo de California

Baja California

Nuevo Laredo

Monterrey

MÉXICO

SIERRA MADRE ORIENTAL

Guadalajara

Comala

México, D.F.

Veracruz

Taxco

Acapulco

Oaxaca

Península de Yucatán

Mé

Palenque

Tikal

GUATEMALA

Quetzaltenango

Guatemala

Volcán Izalco

EL SALVADOR

S

OCÉANO

PACÍFICO

⊛	Capital
•	Otra ciudad
▲	Volcán
♣	Ruinas

Islas
Galápagos
(Ec.)

México, América Central y el Caribe

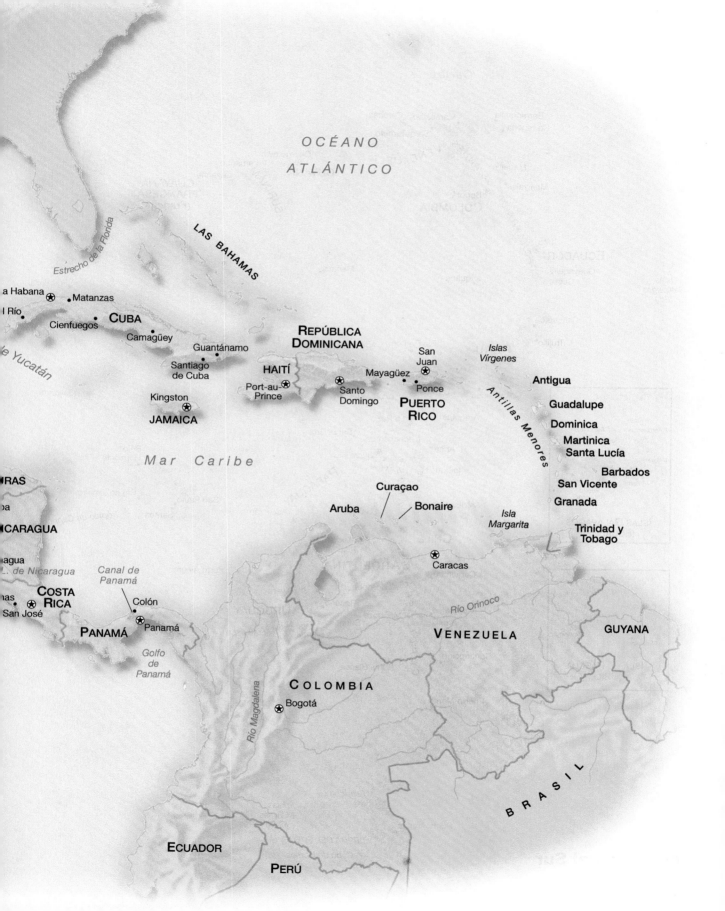

OCÉANO
ATLÁNTICO

LAS BAHAMAS

Estrecho de la Florida

a Habana ✪   • Matanzas

l Río •

Cienfuegos •   **CUBA**

Camagüey •

e Yucatán   Guantánamo •

Santiago •
de Cuba

REPÚBLICA
DOMINICANA

San
Juan

Islas
Vírgenes

Mayagüez •   ✪

HAITÍ   Ponce •

Port-au-   Santo   **PUERTO**
Prince ✪   Domingo   **RICO**

Kingston •
✪

JAMAICA

Antigua

Guadalupe

Dominica

Martinica
Santa Lucía

Antillas Menores

Barbados
San Vicente

Granada

Mar Caribe

RAS

a

ICARAGUA

agua

. de Nicaragua

COSTA
✪ **RICA**

as

• San José

Curaçao

Aruba   **Bonaire**

Isla
Margarita

Trinidad y
Tobago

✪
Caracas

Canal de
Panamá

• Colón

PANAMÁ   ✪
• Panamá

Golfo
de
Panamá

Río Orinoco

VENEZUELA

GUYANA

Río Magdalena

COLOMBIA

✪ • Bogotá

B R A S I L

ECUADOR

PERÚ

América del Sur

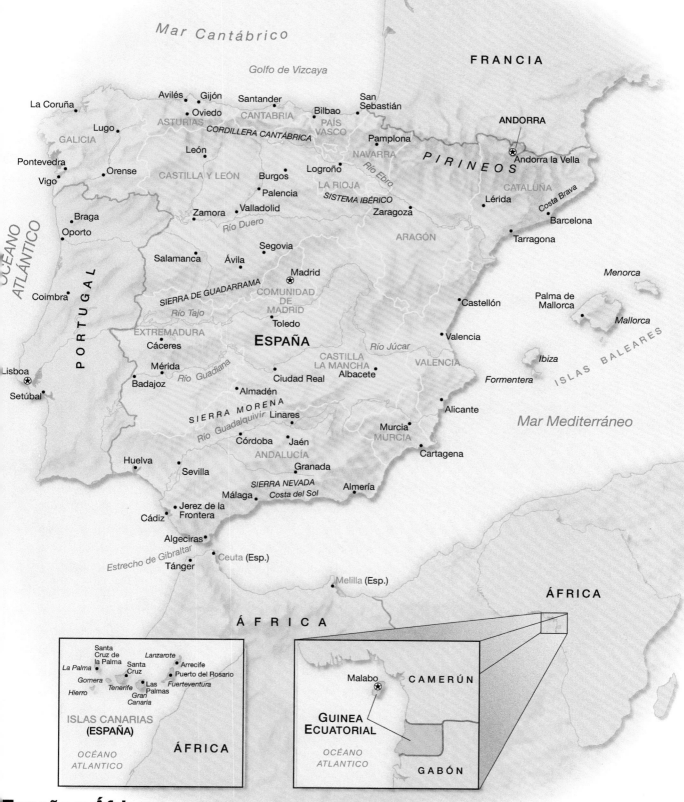

Mar Cantábrico

Golfo de Vizcaya

FRANCIA

La Coruña

Avilés · Gijón
Oviedo
ASTURIAS

Santander
CANTABRIA

Bilbao
PAÍS
VASCO

San
Sebastián

ANDORRA

Lugo
GALICIA

CORDILLERA CANTÁBRICA

León

Pamplona
NAVARRA

PIRINEOS

Andorra la Vella

Pontevedra

Orense

CASTILLA Y LEÓN

Burgos

Logroño
LA RIOJA

Río Ebro

CATALUÑA

Vigo

Palencia

SISTEMA IBÉRICO

Zaragoza

Lérida
Costa Brava

Braga

Zamora
Valladolid

ARAGÓN

Barcelona

OCÉANO
ATLÁNTICO

Oporto

Río Duero

Segovia

Tarragona

Coimbra

Salamanca
Ávila

Madrid
COMUNIDAD
DE
MADRID

Menorca

Palma de
Mallorca

PORTUGAL

SIERRA DE GUADARRAMA

Castellón

Río Tajo

Toledo

Valencia

Mallorca

EXTREMADURA

Cáceres

ESPAÑA

Río Júcar

VALENCIA

Ibiza

ISLAS BALEARES

Lisboa

Mérida

CASTILLA
LA MANCHA

Formentera

Río Guadiana

Ciudad Real
Albacete

Setúbal

Badajoz

Almadén

Alicante

Mar Mediterráneo

SIERRA MORENA

Río Guadalquivir

Linares

Murcia
MURCIA

Córdoba
Jaén

Cartagena

Huelva

ANDALUCÍA

Granada

Sevilla

SIERRA NEVADA

Almería

Cádiz

Málaga
Costa del Sol

Jerez de la
Frontera

Algeciras

Estrecho de Gibraltar

Ceuta (Esp.)

Tánger

Melilla (Esp.)

ÁFRICA

ÁFRICA

CAMERÚN

Malabo

Santa
Cruz de
la Palma

Lanzarote

La Palma

Santa
Cruz

Arrecife

Puerto del Rosario

GUINEA
ECUATORIAL

Gomera

Tenerife

Las
Palmas

Fuerteventura

OCÉANO
ATLÁNTICO

Hierro

Gran
Canaria

ISLAS CANARIAS
(ESPAÑA)

ÁFRICA

OCÉANO
ATLÁNTICO

GABÓN

España y África